구원 핸드북
코어

KB192397

구원 핸드북

코어

초판 1쇄 발행 2022년 2월 11일

지 은 이 이수은, 이진우
발 행 인 권선복
편   집 유수정
디 자 인 노유경
전 자 책 노유경
발 행 처 도서출판 행복에너지
출판등록 제315-2011-000035호
주   소 (157-010) 서울특별시 강서구 화곡로 232
전   화 010-3267-6277, 02-2698-0404
팩   스 0303-0799-1560
홈페이지 www.happybook.or.kr
이 메 일 ksbdata@daum.net

값 25,000원

ISBN 979-11-5602-961-8 (93230)

Copyright ⓒ 이수은, 이진우 2022

Icon made by Freepik from 'www.flaticon.com'

도서출판 행복에너지는 독자 여러분의 아이디어와 원고 투고를 기다립니다. 책으로 만들기를 원하는 콘텐츠가 있으신 분은 이메일이나 홈페이지를 통해 간단한 기획서와 기획의도, 연락처 등을 보내주십시오. 행복에너지의 문은 언제나 활짝 열려 있습니다.

구원 핸드북

코어

이수은·이진우

도서
출판 행복에너지

일러두기

* 더 참고할 성경 구절
  성경을 더 깊이 이해할 수 있게 참고할 성경 구절을 적어두었다.

☞ **디딤돌**
  문제에 대한 풀이를 적어두었다.
  (첫 단락에서 핵심 내용을 요약한 뒤에 이어서 상세한 내용을 적어두었다.)

■ **한마디**
  각 주제의 내용을 한마디로 함축하는 성경 구절을 적어두었다.

■ **삶으로의 여행**
  각 주제의 내용을 삶에 적용해보게 했다.

  성경 본문은 개역개정판을 사용했다.
– 코어(core): 성경의 핵심이자 역사의 핵심인 예수님이 우리 각자의 핵심이 되어야 한다는 소망
              을 담았다.

성경을 관통하다! 📖

지금 우리에게 가장 중요한 것은 구원을 얻는 것이다. 그리고 그 구원을 얻는 유일한 길은 예수님을 믿는 것이다. 예수님은 우리의 유일한 구속주며 우리가 영원한 생명을 얻는 말씀이다. 그는 우리의 구원이자 복음(福音)이다.

아직 믿음 생활을 하지 않거나 다시 믿음 생활을 시작하려는 분들을 위해 혼자 읽어가며 성경을 쉽게 이해할 수 있도록 내용을 구성했다. 각 문제마다 '☞ 디딤돌'란을 두어 문제에 대한 풀이를 상세하게 적어두었기 때문에 각 질문에 마음으로 답하고 그것을 '☞ 디딤돌'란을 통해 확인해가며 성경을 깊이 있게 읽고 또 체계적으로 이해할 수 있을 것이다. 아울러 오랫동안 믿음 생활을 한 분들도 성경을 더 깊이 그리고 더 체계적으로 이해하는 데 도움을 얻을 수 있을 것이다.

척추는 우리를 곧추 세워준다. 성경도 그렇게 하는 말씀들이 있다. 이 말씀들을 성경의 핵심이라고 하자. 이 핵심은 이 책의 제목인 '코어'이기도 한데, 그것은 예수님을 믿고 구원을 얻으라는 것이다. 이 점에서, 이 책은 우리 모두에게 '구원 핸드북'이다.

개혁주의 전통에 서서 성경을 관통하는 주제들을 정하고, 각 주제마다 꼭 필요한 구절을 활용하여 성경을 깊이 그리고 체계적으로 이해하게 했다. 각 주제와 관련하여 쉬운 질문부터 시작해서 어려운 질문까지 제시하여 성경에서 말하는 바를 최대한 다루려고 했다. 웨스트민스터신앙고백서 등 4대 신앙고백서와 함께 개혁주의 조직신학과 성경신학의 핵심 내용은 충실하게 반영하되, 무엇보다 성경에 입각하여 성경의 핵심을 간결하게 설명하고 있다.

모두 2부로 되어 있다. 제1부는 전제적 읽기로서 '계획과 행위'와 '말씀'을 다루었다. 이 두 주제는 성경을 이해하는 전제에 해당하는데, 이 전제가 바르게 정립되어 있으면 성경을 정확하게 이해할 수 있다. 그리고 제2부는 '창조'부터 '심판'까지 성경을 관통하는 주제들을 다루었다. 이 주제들을 읽다 보면 누구나 그 안에서 구속주 예수님을 발견하게 될 것이다. 제2부는 가능하면 순서대로 읽을 것을 권한다.

〈부록〉에는 'TEN 복음'란을 마련하여 복음을 쉽게 이해하고 또 그것을 전하는 데 도움을 주고자 했다. 그리고 '참고'란에는 성경을 더 깊이 그리고 더 체계적으로 이해할 수 있도록 각 주제에 대해 필요한 내용을 적어두었다. 또한 코어선교회는 CORE 공통 과정을 이수하고 다른 교회나 단체를 섬기는 코어 회원과 역시 그 과정을 이수하고 나서 CORE+ 과정을 이수하면서 코어선교회나 코어선교회가 개척한 교회를 섬기는 코어+ 회원으로 구성되는데, 참고할 수 있도록 간사와 각 회원의 서약서 양식을 첨부했다.

'다른 복음'은 없다. 이 책을 읽는 분 모두 예수님을 나의 주님으로 영접하여 구원을 얻기를 간절히 바란다. 그리고 이단에 대처하고, 또 '희석된 복음'을 잘 분별하여 나 자신을 세우고 각자 섬기는 교회를 세워갔으면 한다. 교회가 세상에 좋은 영향을 미쳤으면 한다.

책의 기획부터 출간까지 그 모든 과정을 인도하신 하나님께 영광을 올려드린다. 그리고 어려운 출판 여건에도 불구하고 출간을 허락해주시고 책이 나오기까지 그 모든 과정을 알뜰히 챙겨주신 권선복 대표 이사님께도 감사의 마음을 전한다. 아울러 원고를 꼼꼼히 교정해준 유수정 씨와 또한 내지 편집과 디자인 그리고 그 이후 여러 가지를 꼼꼼히 챙겨준 노유경 씨에게도 감사의 마음을 전한다. 끝으로 이 책을 읽는 분 모두의 가정에 하나님의 은혜가 있기를 기도드린다.

2022년 2월

CONTENT

✝ ──────── PART 1. 전제 ──────── ✝

Chapter 1
토대 쌓다 1 - 계획과 행위

Chapter 2

토대 쌓다 2 - 말씀

✝ ─────── PART 2. 시작과 마침 ─────── ✝

ONE. 시작하다

Chapter 1

시작하다 - 창조

TWO. 벗어나다

Chapter 1
벗어나다 - 죄

〈하나님의 계획〉

Chapter 2
죽다 – 죽음

THREE. 회복하다

Chapter 1
회복하다 – 예수 그리스도

Chapter 2
구원을 얻다 – 구원을 얻으려면?

〈오직 믿음〉

예수님을 '하나님의 아들'로 고백하다

FOUR. 마치다

Chapter 1
마치다 – 하나님 나라

〈하나님 나라 1: 일반론〉

〈하나님 나라 2: 생활론〉

Chapter 2
다시 오다 – 재림

Chapter 3

심판하다 – 심판

부록

PART 1.

전제

Chapter 1. '계획과 행위'에서는 하나님은 어떤 분이시고 또 그 분과 우리는 어떤 관계에 있는지,

Chapter 2. '말씀'에서는 성경이 무엇인지 또 우리는 그 성경을 어떻게 대해야 하는지 그 전반에 대해 살펴보도록 하겠다.

chpater 1.

토대 쌓다 1 — 계획과 행위

우리 행위는
하나님이 우리 각자에게 계획한 뜻을 이룬다

01. 하나님은 어떤 분인가?

> "하나님도 한 분이시니 곧 만유의 아버지시라, 만유 위에 계시고 만유를 통일하시고 만유 가운데 계시도다."(엡 4:6)

☞ 디딤돌

하나님은 천지 만물을 다스리는, 만유(萬有)의 아버지다. 그가 어떤 속성(성품)을 가진 분인지를 알면 우리 믿음 생활에 큰 도움이 된다.

하나님의 속성(성품)

하나님은 영으로 존재한다(요 4:24). 성경이 계시하는 그의 속성을 요약하면 이러하다. 그 존재에 있어서 영원하고 무한하고 불변하다. 그가 다스리는 만유 위에 초월하여 있을 뿐 아니라, 그 만유를 통일하며 무소부재(편재)하다. 완전하고 전지(全知)하고 전능(全能)하다. 거룩하고 선하고 진실하고 의롭고 공의로워서 우리 죄를 미워하고 우리를 징계하며 심판할 뿐 아니라, 또한 사랑과 긍휼이 많고 자비롭고 인자하고 은혜로워서 우리 죄를 오래 참고 우리를 용서한다.

전능함과 같은 속성은 그에게만 있고, 진실함과 의로움과 자비로움과 같은 속성은 물론 그와 비교할 수 없지만 우리에게도 있다. 전자를 비공유적(非共有的) 속성, 후자를 공유적(共有的) 속성이라 한다. 우리는 전능함과 같은 그의 비공유적 속성을 알고 그만 경외하되, 또한 우리가 그 정도는 다르지만 진실함과 의로움과 자비로움과 같은 공유적 속성을 갖고 있다는 사실을 알고 그것을 우리 삶에 적용하며 살아야 한다.

우리의 이해를 초월하는 하나님

하나님은 우리 마음(양심)과 천지 만물 그리고 역사를 통해서도 자신을 계시하지만(일반계시 /자연계시), 성경을 통해 자신을 가장 명확하게 계시했다(특별계시). 우리는 그가 성경에서 자신을 계시한 만큼 그를 알 수 있다. 하지만 우리는 그 성경도 온전히 이해하지 못하고 있다. 그 앞에, 그리고 그의 말씀 앞에 항상 겸손해야 한다. "하나님은 복되시고 유일하신 주권자이시며 만왕의 왕이시며 만주의 주시요 오직 그에게만 죽지 아니함이 있고 가까이 가지 못할 빛에 거하시고 어떤 사람도 보지 못하였고 또 볼 수 없는 이시니 그에게 존귀와 영원한 권능을 돌릴지어다."(딤전 6:15-16)

우리는 또한 그가 세상에서 행하는 일들도 다 알지 못한다. "내가 마음을 다하여 지혜를 얻고자 하며 세상에서 행해지는 일을 보았는데 밤낮으로 자지 못하는 자도 있도다. 또 내가 하나님의 모든 행사를 살펴보니 해 아래에서 행해지는 일을 사람이 능히 알아낼 수 없도다. 사람이 아무리 애써 알아보려고 할지라도 능히 알지 못하나니 비록 지혜자가 아노라 할지라도 능히 알아내지 못하리라."(전 8:16-17)

요컨대 우리 이성으로는 그를 다 알 수 없다. "네가 하나님의 오묘함을 어찌 능히 측량하며 전능자를 어찌 능히 완전히 알겠느냐."(욥 11:7) "하나님은 높으시니 우리가 그를 알 수 없고 그의 햇수를 헤아릴 수 없느니라."(욥 36:6) "여호와는 위대하시니 크게 찬양할 것이라, 그의 위대하심을 측량하지 못하리로다."(시 145:3) "우리 주는 위대하시며 능력이 많으시며 그의 지혜가 무궁하시도다."(시 147:5)

우리가 우리 이성으로 그를 다 알 수 없다고 해서 그가 존재하지 않는 것은 아니다. 그가 우리에게 자신을 계시하면 우리는 그를 밝히 알 수 있다. "우리 주 예수 그리스도의 하나님, 영광의 아버지께서 지혜와 계시의 영을 너희에게 주사 하나님을 알게 하시고"(엡 1:17).

우리가 지금은 그를 온전히 알 수 없지만 장차 천국에서는 그를 친히 뵙고 온전히 알게 될 것이다. "우리가 지금은 거울로 보는 것 같이 희미하나 그때에는 얼굴과 얼굴을 대하여 볼 것이요, 지금은 내가 부분적으로 아나 그때에는 주께서 나를 아신 것 같이 내가 온전히 알리라."(고전 13:12)

주권자 하나님

하나님은 시간을 초월하여 영원히 존재한다. 그는 영원 전에 창조와 구속 그리고 그 이후에 완성될 영원한 '하나님 나라'를 계획(작정)했다. 그는 그 계획에 따라 태초에 창조 사역을 하고, 그 이후 예수님을 통해 구속 사역을 성취했으며, 이제는 장차 완성될 그 영원한 '하나님 나라'를 바라보고 있다. 그는 그 나라를 이루기 위해 지금도 주권적으로 역사를 다스리고 있다. "여호와여 주권도 주께 속하였사오니 주는 높으사 만물의 머리이심이니이다. 부와 귀가 주께로 말미암고 또 주는 만물의 주재가 되사 손에 권세와 능력이 있사오니 모든 사람을 크게 하심과 강하게 하심이 주의 손에 있나이다."(대상 29:11-12)

    그는 모든 일을 그의 뜻대로 행한다. "오직 우리 하나님은 하늘에 계셔서 바라는 모든 것을 행하셨나이다."(시 115:3) "땅의 모든 사람들을 없는 것 같이 여기시며 하늘의 군대에게든지 땅의 사람에게든지 그는 자기 뜻대로 행하시나니 그의 손을 금하든지 혹시 이르기를 네가 무엇을 하느냐고 할 자가 아무도 없느니라."(단 4:35) 그리고 우리는 그의 이 다스림을 '섭리'(攝理)라고 한다.

02. 영원한 하나님께 인류의 현재와 먼 과거와 미래는 어떠한가?

> "온갖 좋은 은사와 온전한 선물이 다 위로부터 빛들의 아버지께로부터 내려오나니 그는 변함도 없으시고 회전하는 그림자도 없으시니라."(약 1:17)

☞ **디딤돌**

우리는 시간을 단선적(單線的)으로 이해한다. 즉 이미 지나간 과거가 있고, 지금 우리가 살아가고 있는 현재가 있고, 장차 다가올 미래가 있다. 하지만 하나님은 영원한 분이기에 그에게는 인류의 현재는 물론 먼 과거와 미래도 마치 현재처럼 밝히 드러나 있다. 그에게는 '영원한 현재'밖에 없다.

영원한 하나님

하나님은 그가 영원 전에 계획한 대로 태초에 시간을 만들었다. 그리고 그는 그 이후 지금까지 인류 역사를 이끌어왔고, 지금도 그것을 이끌어가고 있고, 또 앞으로도 그것을 이끌어갈 것이다. 하지만 그는 영원하여 그와 같은 '과거-현재-미래'라는 단선적인 시간에 구속받지 않는다. "누가 처음부터 만대를 불러내었느냐, 나 여호와라,

처음에도 나요 나중 있을 자에게도 내가 곧 그니라."(사 41:4) "내가 시초부터 종말을 알리며 아직 이루지 아니한 일을 옛적부터 보이고 이르기를 나의 뜻이 설 것이니 내가 나의 모든 기뻐하는 것을 이루리라."(사 46:10)

그는 역사 속에서 모든 것을 주권적으로 이끌어가지만, 또한 그 역사를 초월하여 있다. 전자를 내재성(內在性), 후자를 초월성(超越性)이라 하자. 그의 내재성을 강조하여 초월성을 무시하거나, 반대로 그의 초월성을 강조하여 내재성을 무시하면 안 된다. 현대신학 논쟁사를 살펴보면, 특정 시대의 특정 이론이 그 둘 가운데 어느 하나만을 강조하는 데서 그 맹점이 나타난다. 그는 어느 시대나 그 역사 속에 내재하여 있지만 또한 그 역사를 초월하여 있다. 그는 "만유 위에 계시고 만유를 통일하시고 만유 가운데 계시도다."(엡 4:6)

영원한 현재

하나님은 영원하여 인류의 현재는 물론 먼 과거와 미래도 마치 현재처럼 밝히 알고 있다. 그에게는 현재는 물론 먼 과거와 미래 등 모든 시간대가 '영원한 현재'다. "너희 무리는 마땅히 일어나 영원부터 영원까지 계신 너희 하나님 여호와를 송축할지어다."(느 9:5) "산이 생기기 전, 땅과 세계도 주께서 조성하시기 전 곧 영원부터 영원까지 주는 하나님이시니이다."(시 90:2) "그는 살아 계시는 하나님이시요 영원히 변하지 않으실 이시며"(단 6:26). "그는 변함도 없으시고 회전하는 그림자도 없으시니라."(약 1:17)

03. 하나님의 계획과 우리 행위는 어떤 관계에 있는가?

1) 가룟 유다

"형제들아 성령이 다윗의 입을 통하여 예수 잡는 자들의 길잡이가 된 유다를 가리켜 미리 말씀하신 성경이 응하였으니 마땅하도다."(행 1:16)

2) 빌라도

"과연 헤롯과 본디오 빌라도는 이방인과 이스라엘 백성과 합세하여 하나님께서 기름 부으신 거룩한 종 예수를 거슬러 하나님의 권능과 뜻대로 이루려고 예정하신 그것을 행하려고 이 성에 모였나이다."(행 4:27-28)

3) 요셉과 그의 형들

"하나님이 큰 구원으로 당신들의 생명을 보존하고 당신들의 후손을 세상에 두시려고 나를 당신들보다 먼저 보내셨나니 그런즉 나를 이리로 보낸 이는 당신들이 아니요 하나님이시라."(창 45:7-8)

☞ 디딤돌

우리 행위는 하나님의 영원한 계획 안에 있다. "여호와의 계획은 영원히

서고 그의 생각은 대대에 이르리로다."(시 33:11)

하나님의 계획과 우리 행위

하나님은 우리 각자에게 계획을 갖고 있지만 우리는 그것을 알 수 없다. 하지만 우리 행위는 결과적으로 그가 영원 전에 우리 각자에게 계획한 뜻을 이룬다. "내 형질이 이루어지기 전에 주의 눈이 보셨으며, 나를 위하여 정한 날이 하루도 되기 전에 주의 책에 다 기록이 되었나이다."(시 139:16) "의인들이나 지혜자들이나 그들의 행위나 모두 다 하나님의 손 안에 있으니"(전 9:1).

1) 가룟 유다

성령은 이미 오래 전에 다윗의 입을 통해 가룟 유다가 예수님을 팔 것을 말했다. 선지자 스가랴도 이미 오래 전에 성령을 의탁하여 가룟 유다가 은 삼십에 예수님을 팔고 그 죄책감 때문에 스스로 목숨을 끊을 것을 예언했다. 가룟 유다는 그의 죄성(罪性)에 따라 그의 행위로 예수님을 은 삼십에 팔고 그 죄책감 때문에 스스로 목숨을 끊었다. 그가 이처럼 큰 죄를 짓고 구원을 얻지 못한 책임은 전적으로 그 자신에게 있다. 그의 행위는 결과적으로 하나님이 그에게 계획한 뜻을 이루었다.

2) 빌라도

하나님은 타락한 인류를 구원하기 위해 이미 오래 전에 예수님을 십자가에 희생 제물로 내줄 것을 계획했다. 그리고 때가 되자 유대 왕 헤롯과 로마 총독 본디오 빌라도는 그 당시 이방인과 이스라엘 백성과 합세하여 예수님을 십자가에 못 박아 죽였다. 그들은 모두 다 그들의 죄성에 따라 그들의 행위로 그렇게 했지만, 그들의 행위는 결과적으로 하나님이 이미 오래 전에 그들 각자에게 계획한 뜻을 이루었다. 그들은 "하나님의 권능과 뜻대로 이루려고 예정하신 그것을 행하려고"(행 4:28) 예루살렘 성에 모였고 또 예수님을 십자가에 못 박아 죽였다. "그가 하나님께서 정하신 뜻과 미리 아신 대로 내준 바 되었거늘 너희가 법 없는 자들의 손을 빌려 못 박아 죽였으나"(행 2:23-24). 요컨대 그들의 행위는 결과적으로 하나님의 계획을 이루었다.

3) 요셉과 그의 형들

야곱은 노년에 얻은 요셉을 특히 사랑하여 그에게만 채색 옷을 지어 입혔는데, 요셉의 형들은 이를 못마땅하게 생각했다. 게다가 요셉은 두 번이나 꿈을 꾸었는데, 꿈에서 형들이 다 그에게 절을 했다. 이는 그가 장차 그들의 지도자가 된다는 것이었다. 그가 이 꿈을 그들에게 이야기하며 떠벌리자, 그들은 그를 더욱 미워하여 그를 애굽에 종으로 팔았다. 이처럼 야곱은 그의 행위로 요셉을 편애했고, 요셉도 그의 행위로 겸손하지 못해 형들에게 미움을 샀고, 또 형들도 그들의 행위로 요셉을 시기하여 그를 애굽에 종으로 팔았다.

요셉은 그곳 애굽에서 누명을 쓰고 감옥에 갇히기도 했지만 하나님의 은혜로 애굽의 국무총리가 된다. 그즈음 아버지 야곱과 형들이 사는 가나안 땅에 큰 기근이 들자, 그는 온 가족을 애굽에 데려와 그들을 기근에서 구해 낸다. 그리고 형들은 그의 앞에 엎드려 절을 했다. 그의 꿈이 이루어진 것이다.

요셉은 형들에게 하나님이 온 가족을 기근에서 구하려고 그를 먼저 애굽에 보냈다고 고백한다. "당신들은 나를 해하려 하였으나 하나님은 그것을 선으로 바꾸사 오늘과 같이 많은 백성의 생명을 구원하게 하시려 하셨나니"(창 50:20). 요컨대 요셉은 형들의 행위가 결과적으로 하나님이 그를 통해 이루고자 계획한 뜻을 이루었다고 고백한다.

– 이스라엘 열두 지파의 형성

그것은 이스라엘 열두 지파가 형성되는 과정을 봐도 잘 알 수 있다. 야곱은 외삼촌 라반의 둘째 딸 라헬을 무척 사랑했다. 그는 칠 년간 일하는 조건으로 라헬을 아내로 맞기로 했다. 그러나 칠 년 기한이 끝나자, 라반은 야곱의 첫날밤 신혼 방에 라헬 대신 첫째 딸 레아를 들여보냈다. 야곱이 아침에 일어나 이를 알고 따지자, 라반은 그에게 "언니보다 아우를 먼저 주는 것은 우리 지방에서 하지 아니하는 바"(창 29:26)라고 말한다. 라반은 야곱을 오랫동안 붙잡아두고 일을 시키려고 그에게 이 말을 미리 하지 않았던 것이다. 야곱은 어쩔 수 없이 또 칠 년간 더 일하는 조건으로 라헬을 아내로 맞았다.

이처럼 라반은 그의 죄악된 욕심을 채우려고 그의 행위로 야곱에게 두 딸 레아와 라헬을 차례로 주었다. 그리고 이후 레아와 라헬도 역시 그들의 죄악된 욕심을 채우려고 그들의 행위로 야곱에게서 경쟁적으로 자녀를 더 많이 갖고자 했고, 또 이를 위해 그에게 각각 그들의 여종 실바와 빌하를 주었다. 그러나 하나님은 라반과 야곱 그리고 야곱의 네 아내를 통해 이스라엘 열두 지파를 형성했다. 그들은 결과적으로 하나님이 그들 각자에게 계획한 뜻을 이루었다.

하나님의 계획과 그의 섭리

모든 일은 하나님의 계획과 그의 섭리 아래 있다. "마음의 경영은 사람에게 있어도 말의 응답은 여호와께로부터 나오느니라."(잠 16:1) "사람이 마음으로 자기의 길을 계획할지라도 그의 걸음을 인도하시는 이는 여호와시니라."(잠 16:9) "제비는 사람이 뽑으나 모든 일을 작정하기는 여호와께 있느니라."(잠 16:33) "사람의 마음에는 많은 계획이 있어도 오직 여호와의 뜻만이 서리라."(잠 19:21) "사람의 걸음은 여호와로 말미암나니 사람이 어찌 자기의 길을 알 수 있으랴."(잠 20:24) "왕의 마음이 여호와의 손에 있음이 마치 봇물과 같아서 그가 임의로 인도하시느니라."(잠 21:1) "주권자에게 은혜를 구하는 자가 많으나 사람의 일의 작정은 여호와께로 말미암느니라."(잠 29:28) "만군의 여호와께서 맹세하여 이르시되 내가 생각한 것이 반드시 되며 내가 결정한 것을 반드시 이루리라."(사 14:24) "여호와여 내가 알거니와 사람의 길이 자신에게 있지 아니하니 걸음을 지도함이 걷는 자에게 있지 아니하니이다."(렘 10:23)

다만, 하나님은 거룩하고 선하여 악을 행하거나 악을 조장하지 않는다. "진실로 하나님은 악을 행하지 아니하시며 전능자는 공의를 굽히지 아니하시느니라."(욥 34:12) 그리고 우리는 자유의지가 있기에 하나님이 계획해 놓은 프로그램대로 움직이는 자동 로봇이 아니다. 따라서 어떤 일을 잘못했다면 그 책임은 전적으로 나 자신에게 있다. 앞의 '하나님의 계획과 우리 행위'에서 언급한 인물들 가운데 특히 가룟 유다와 빌라도를 예로 든다면, 하나님은 그의 섭리 아래 그들의 행위를 허용했고 또 그들의 행위가 결과적으로 하나님이 그들 각자에게 계획한 뜻을 이루었다고 할 수 있지만, 그 책임은 각자 그들 자신에게 있다. 그러므로 우리는 생각 하나, 말 하나, 행동 하나도 신중해야 한다.

우리에게는 좋은 일도 나쁜 일도 일어난다. 하지만 하나님은 그 모두가 합력하여 선을 이루게 한다. 그는 그렇게 하여 그가 우리 각자에게 계획한 뜻을 정확하게 이루어간다(롬 8:28). 그의 이러한 계획과 그의 섭리를 알면 우리에게 많은 유익이 있다. 이와 관련하여 아래에 두 글을 소개한다.

① 하나님께서는 자연계 일반보다는 인간들에게, 또 인간들 일반보다는 당신님의 자녀가 된 사람들에게는 더 특별한 섭리를 하시기 때문입니다. 일반적으로 인간들에게 미치는 섭리를 특별섭리라고 하고, 그 중에 하나님의 자녀들에게 미치는 섭리를 '아주 특별한 섭리'(특특별섭리)라고 불러 왔습니다. 그러므로 하나님의 자녀된 이들은 그저 세상 만사를 하나님께서 다 섭리하신다는 수준 이상으로 나아가, 자녀된 자신들에 대해서 하나님께서 아주 특별한 관심을 가지고 섭리하시는 줄 알고서, 그 인도하시는 하나님의 손길을 의식하고 그 인도하심에 잘 따라가야 할 것입니다(이승구, 『진정한 기독교적 위로: 성부 하나님과 성자 하나님의 사역과 그 위로』, 나눔과섬김, 2011, 69쪽).

② **하이델베르크요리문답**
질문 : 하나님의 창조와 섭리에 대한 지식이 어떻게 우리를 도울 수 있습니까?
대답 : 우리는 사태가 우리에게 불리할 때 인내할 수 있으며, 사태가 잘 되

어갈 때 감사할 수 있고, 미래에 대해서도 우리를 그의 사랑에서 떼어놓을 수 없는 우리의 신실한 아버지이신 하나님께 선한 신뢰를 둘 수 있습니다. 모든 피조물들이 온전히 그의 손에 있어서, 그의 뜻이 아니면 그들이 움직일 수도 없고 움직여질 수도 없는 것입니다(위의 책, 171쪽, 재인용).

04. 하나님의 계획과 운명은 어떻게 다른가?

☞ 디딤돌

어떤 사람들은 '운명'(運命)을 말하지만, 성경은 하나님의 '계획'을 말한다. 그리고 그들은 자신의 운명을 알 수 있다고 말하지만, 성경은 우리가 하나님의 그 계획을 알 수 없다고 말한다.

하나님의 주권을 인정해야

어떤 사람들은 운명을 말하며 또 내가 그것을 알 수 있다고 말한다. 그래서 그들은 좋은 것은 취하고 나쁜 것은 피하려고 노력한다. 하지만 성경은 우리가 하나님의 계획을 전혀 알 수 없다고 말한다. "하나님이 하시는 일의 시종을 사람으로 측량할 수 없게 하셨도다."(전 3:11) "형통한 날에는 기뻐하고 곤고한 날에는 되돌아보아라, 이 두 가지를 하나님이 병행하게 하사 사람이 그의 장래 일을 능히 헤아려 알지 못하게 하셨느니라."(전 7:14) "만사를 성취하시는 하나님의 일을 네가 알지 못하느니라."(전 11:5)

우리는 내일 일도 알 수 없다. "너는 내일 일을 자랑하지 말라, 하루 동안에 무슨 일이 일어날는지 네가 알 수 없음이니라."(잠 27:1) 그러므로 우리는 모든 일에 하나님의 주권을 인정해야 한다. "들으라 너희 중에 말하기를 오늘이나 내일이나 우리가 어떤 도시에 가서 거기서 일 년을 머물며 장사하여 이익을 보리라 하는 자들아, 내일 일을 너희가 알지 못하는도다. 너희 생명이 무엇이냐. 너희는 잠깐 보이다가 없어지는 안개니라. 너희가 도리어 말하기를 주의 뜻이면 우리가 살기도 하고 이것이나 저것을 하리라 할 것이거늘 이제도 너희가 허탄한 자랑을 하니 그러한 자랑은 다 악한 것이라."(약 4:13-16)

　　북이스라엘의 제8대 왕 아하시야는 하나님의 주권을 인정하지 않아 죽임을 당했다. 그는 다락 난간에서 떨어져 병이 들었을 때 사자를 보내 자신의 병이 낫겠는지 에그론의 신 바알세붑에게 물어보게 했다. 그때 하나님은 그에게 선지자 엘리야를 보내 그가 반드시 죽을 것이라고 했다. "이스라엘에 하나님이 없어서 너희가 에그론의 신 바알세붑에게 물으러 가느냐."(왕하 1:3) 바벨론의 마지막 왕 벨사살도 하나님의 주권을 무시하여 죽임을 당했다. "왕이 또 보지도 듣지도 알지도 못하는 금, 은, 구리, 쇠와 나무, 돌로 만든 신상들을 찬양하고 도리어 왕의 호흡을 주장하시고 왕의 모든 길을 작정하시는 하나님께는 영광을 돌리지 아니한지라. (중략) 그 날 밤에 갈대아 왕 벨사살이 죽임을 당하였고"(단 5:23, 30). 우리는 하나님의 주권을 인정할 뿐 아니라 또 그를 의지하며 모든 일에 최선을 다해야 한다.

05. 성경은 우연을 어떻게 말하는가?

"한 사람이 무심코 활을 당겨 이스라엘 왕의 갑옷 솔기를 맞힌지라, 왕이 그 병거 모는 자에게 이르되 내가 부상하였으니 네 손을 돌려 내가 전쟁터에서 나가게 하라 하였으나 이 날에 전쟁이 맹렬하였으므로 왕이 병거 가운데에 붙들려 서서 아람 사람을 막다가 저녁에 이르러 죽었는데 상처의 피가 흘러 병거 바닥에 고였더라, 해가 질 녘에 진중에서 외치는 소리가 있어 이르되 각기 성읍으로 또는 각기 본향으로 가라 하더라, 왕이 이미 죽으매 그의 시체를 메어 사마리아에 이르러 왕을 사마리아에 장사하니라, 그 병거를 사마리아 못에서 씻으매 개들이 그의 피를 핥았으니 여호와께서 하신 말씀과 같이 되었더라."(왕상 22:34-38)

☞ 디딤돌

우연은 없다. 우연처럼 보이는 일도 다 하나님의 계획 안에 있다.

모든 일은 하나님의 계획 안에

하나님은 선지자 미가야를 통해 북이스라엘의 아합 왕이 아람과 맞서 싸우다가 죽게 될 것이라고 했다. 그리고 때가 되자 아합은 남유다의 여호사밧 왕과 연합하여 아람과 맞서 싸웠는데, 이때 그는 병사 옷을 입고 여호사밧은 왕복을 입게 했다. 따라서 아람 병사들은 그가 왕이라는 사실을 전혀 알 수 없었다. 하지만 그는 어떤 아람 병사가 "무심코" 쏜 화살에 맞아 죽는다. 이는 우연처럼 보이지만, 하나님이 그에 대해 이미 선지자 미가야를 통해 한 말씀을 정확하게 성취한 것이다.

하나님은 이 세상에서 일어나는 모든 일의 '제1 원인'이다. 그리고 자연 법칙은 '제2 원인'이라고 하는데, 그는 이 자연 법칙도 다스린다(욥 28:25-26 /렘 33:25). 그래서 그는 일반적으로는 자연 법칙을 사용하지만 필요한 경우에는 그것을 초월하여 기적을 행한다. 그리고 우리 행위도 '제2 원인'이라고 할 수 있는데, 그것은 앞에서 말했듯이 우리 행위도 결과적으로는 하나님의 계획 안에 있기 때문이다.

또 어떤 일은 그것이 좋든 나쁘든 어떤 사실들이나 어떤 사람들의 인과 관계에 따라 서로 맞물려 일어나는데, 이 인과 관계도 우리 행위에 따라 일어나기에 '제2 원인'이라 할 수 있다. 예를 들어, 내가 교통사고를 당해 어떤 병원에 입원했는데 그곳에서 나와 평생을 함께 할 배우자를 만난다거나, 또는 내가 어떤 사람을 만났는데 그를 통해 또 다른 사람을 만나 내가 전혀 예상하지 못한 일을 경험하는 것과 같은 것이다. 이 일들도 우연처럼 보이지만 다 하나님의 계획 안에 있다.

모든 일은 하나님의 계획 안에 있다. 그의 계획 없이 일어나는 일은 아무것도 없다. 우연은 없다. 오늘의 역사는 현재 이 세상에 사는 모든 사람들이 각자 그들의 행위로 만들어간다. 하지만 하나님이 그들의 배후에서 그들을 모두 주관하기 때문에 역사는 하나님의 계획에 따라 그가 섭리한 필연의 산물이다. 그래서 '역사'(history)는 고대 그리스어 '히스토리아'(ἱστορία: historia /보다, 조사 등을 통해 알다)에서 유래했지만 그것을 하나님의 섭리와 관련하여 생각하면 '그의 이야기'(his+story)라 할 수 있다.

제1 원인

하나님

섭리

역사

(필연의 산물)

■ 한마디

"깊도다 하나님의 지혜와 지식의 풍성함이여, 그의 판단은 헤아리지 못할 것이며 그의 길은 찾지 못할 것이로다, 누가 주의 마음을 알았느냐, 누가 그의 모사가 되었느냐."(롬 11:33-34)

욥은 온전하고 정직하여 하나님을 경외하며 악에서 떠나 있었다. 하나님도 그것을 인정했다. 그러나 욥은 자녀 열 명과 모든 재산을 잃고 병까지 얻었다. 그리고 그를 방문한 세 친구는 그를 위로하기는커녕 오히려 그를 정죄했다. 욥은 극심한 고난 가운데서 하나님의 뜻을 몰라 힘들어했다. 그는 하나님의 공의를 의심하며 자기 의를 내세우기도 했고, 자기 생일을 저주하기도 했다.

하지만 그는 하나님이 창조주며 주권자임을 깨닫고 겸손하게 회개한다. 그는 그에게 일어난 모든 일은 다 하나님의 계획 안에 있었다는 사실을 깨달았다. "주께서는 못 하실 일이 없사오며 무슨 계획이든지 못 이루실 것이 없는 줄 아오니 무지한 말로 이치를 가리는 자가 누구니이까, 나는 깨닫지도 못한 일을 말하였고 스스로 알 수도 없고 헤아리기도 어려운 일을 말하였나이다."(욥 42:2-3)

하나님은 욥을 통해 오고 가는 모든 세대에게 다음 사실을 교훈
하고자 했다. 즉 사람은 다 죄인이라는 것, 그리고 설령 그가 욥처럼
의를 행한다고 해도 그 의가 결코 하나님을 만족시킬 수 없으며 따
라서 그는 그 의에도 불구하고 오히려 고난을 당할 수 있다는 것, 그
리고 그 고난 가운데서도 끝까지 신실한 하나님만 의지해야 한다는
것, 무엇보다 욥이 예표하는 바 참된 중보자 예수님을 바라봐야 한
다는 것 등이다.

　　우리는 하나님의 무한한 지혜를 도저히 헤아릴 수 없다. 그는 모
든 일을 그가 영원 전에 계획한 대로 행한다. 그리고 그를 사랑하는
자 곧 그의 뜻대로 부르심을 입은 자들에게는 모든 것이 합력하여
선을 이룬다. 그는 그렇게 하여 결과적으로 그가 우리 각자에게 계
획한 뜻을 정확하게 이룬다.

■ 삶으로의 여행

※ 하나님의 계획과 그의 섭리를 모른다면 어떻게 살아야 하는가?

> "내가 희락을 찬양하노니 이는 사람이 먹고 마시고 즐거워하는 것보다 더 나은 것이 해 아래에는 없음이라, 하나님이 사람을 해 아래에서 살게 하신 날 동안 수고하는 일 중에 그러한 일이 그와 함께 있을 것이니라."(전 8:15)

☞ 디딤돌

우리는 하나님의 계획과 그의 섭리를 모르기 때문에 항상 하나님을 경외하는 가운데 '그 안에서' 일상의 소소한 행복을 소중하게 여기고 그것을 잘 누려야 한다.

일상의 소소한 행복을 누려야

먹고 마시고 즐거워하는 것은 일상의 소소한 행복을 말한다고 하겠는데, 참된 행복은 이 일상의 소소한 행복을 때마다 잘 누리는 데 있다. 일상의 소소한 행복은 평범해 보이지만, 그 속에 삶의 참된 안식과 여유가 있다. 열심히 일하고 나서 마시는 커피 한 잔에 삶의 여유와 행복이 있다.

우리가 때마다 일상의 소소한 행복을 잘 누려야 하는 이유는 이 세상이 너무 부조리하기 때문이다. 올바른 상황에서는 의인들이 상을 받고 악인들이 벌을 받아야 한다. 이것이 정의다. 하지만 이 세상은 너무 부조리하여, 오히려 의인이 악인의 행위에 따라 벌을 받고 악인이 의인의 행위에 따라 상을 받는 경우도 있다. "세상에서 행해지는 헛된 일이 있나니 곧 악인들의 행위에 따라 벌을 받는 의인들도 있고 의인들의 행위에 따라 상을 받는 악인들도 있다는 것이라, 내가 이르노니 이것도 헛되도다."(전 8:14)

남유다가 바벨론에 멸망하기 직전에도 그랬다. 그때 선지자 예레미야와 하박국은 하나님께 각각 이렇게 기도한다. "여호와여 내가 주와 변론할 때에는 주께서 의로우시니이다, 그러나 내가 주께 질문하옵나니 악한 자의 길이 형통하며 반역한 자가 다 평안함은 무슨 까닭이니이까?"(렘 12:1) "주께서는 눈이 정결하시므로 악을 차마 보지 못하시며 패역을 차마 보지 못하시거늘 어찌하여 거짓된 자들을 방관하시며 악인이 자기보다 의로운 사람을 삼키는데도 잠잠하시나이까?"(합 1:13)

우리는 지금도 이런 부조리한 세상에서 살고 있다. 내가 그 피해자가 될 수 있다. 예수님이 재림할 때가 가까이 다가오면 이런 부조리한 상황은 더 심화될 것이다. 그렇기 때문에 항상 하나님을 경외하는 가운데 '그 안에서' '먹고 마시고 즐거워하는 것', 이 일상의 소소한 행복을 소중하게 여기고 그것을 잘 누려야 한다.

삶으로의 여행

chpater 2.

토대 쌓다 2 – 말씀

하나님의
능력과 지혜

01. 성경은 어떻게 기록되었는가?

> "먼저 알 것은 성경의 모든 예언은 사사로이 풀 것이 아니니 예언은 언제든지 사람의 뜻으로 낸 것이 아니요 오직 성령의 감동하심을 받은 사람들이 하나님께 받아 말한 것임이라."(벧후 1:20-21)

☞ **디딤돌**

성경은 성령의 감동을 받은 사람들이 하나님께 받아 기록했다.

성령의 감동으로

성경을 기록한 사람들은 말 그대로 '기자'(記者)며, 하나님이 성경의 '저자'(著者)다. 사도 바울도 이렇게 말한다. "내가 전한 복음은 사람의 뜻을 따라 된 것이 아니니라. 이는 내가 사람에게서 받은 것도 아니요 배운 것도 아니요 오직 예수 그리스도의 계시로 말미암은 것이라."(갈 1:11-12) 사도 베드로도 바울이 기록한 성경에 대해, "그 받은 지혜대로"(벧후 3:15) 썼다고 했다. "모든 성경은 하나님의 감동으로 된 것"(딤후 3:16)이다.

성경은 약 천육백여 년에 걸쳐 사십여 명이 기록했지만 통일성을 이루고 있다. 그들은 일관되게 예수님을 증거하는데, 그것은 원저자인 성령이 그들에게 동일하게 영감을 주었기 때문이다.

성령의 감동(영감)에 대한 견해

역대상 28장을 보면, 하나님은 다윗에게 성령으로 감동을 주어 성전의 설계도를 그리게 했다. "다윗이 성전의 복도와 그 집들과 그 곳간과 다락과 골방과 속죄소의 설계도를 그의 아들 솔로몬에게 주고, 또 그가 영감으로 받은 모든 것 곧 여호와의 성전의 뜰과 사면의 모든 방과 하나님의 성전 곳간과 성물 곳간의 설계도를 주고"(대상 28:11-12). "여호와의 손이 내게 임하여 이 모든 일의 설계도를 그려 나에게 알려주셨느니라."(대상 28:19)

- 기계적 /축자(逐字) 영감론

하나님이 성경을 기록한 선지자들과 사도들에게 성령으로 감동을 주어, 그들이 계시의 말씀을 한 자 한 자 기계적으로 받아쓰게 했다고 본다.

- 유기적 영감론

하나님이 성경을 기록한 선지자들과 사도들에게 성령으로 감동을 주되, 그들의 인격과 삶의 경험, 문체, 영적 배경과 지성적 통찰력 그리고 그들이 살던 시대의 역사와 문화적 배경 등을 배제하지 않으면서, 단어나 문장 그리고 내용과 사상 등에 주권적으로 역사하여 기록하게 했다고 본다(눅 1:1-4).

02. 성경은 왜 기록되었는가?

"오직 이것을 기록함은 너희로 예수께서 하나님의 아들 그리스도 이심을 믿게 하려 함이요 또 너희로 믿고 그 이름을 힘입어 생명을 얻게 하려 함이니라."(요 20:31)

* 더 참고할 성경 구절: 롬 15:4

☞ 디딤돌

성경은 예수님이 '하나님의 아들' 그리스도임을 믿고 그 이름을 힘입어 구원을 얻게 하기 위해 기록되었다.

성경은 예수님을 믿는 모든 사람에게 구원을 주는 하나님의 능력이 되며, 예수님 안에 있는 믿음으로 말미암아 구원에 이르는 지혜를 준다(딤후 3:15). 성경은 예수님을 증거하는데, 이 예수님은 하나님의 능력이요 하나님의 지혜다(고전 1:24). 따라서 구원을 얻으려면 성경을 가까이 하여 예수님을 믿어야 한다.

오직 성경만을 믿어야

성경은 우리가 구원을 얻는 데 전혀 부족함이 없다. 성경 외에 다른 복음은 없다. "그리스도의 은혜로 너희를 부르신 이를 이같이 속히 떠나 다른 복음을 따르는 것을 내가 이상하게 여기노라, 다른 복음은 없나니 다만 어떤 사람들이 너희를 교란하여 그리스도의 복음을 변하게 하려 함이라, 그러나 우리나 혹은 하늘로부터 온 천사라도 우리가 너희에게 전한 복음 외에 다른 복음을 전하면 저주를 받을지어다."(갈 1:6-8)

하나님은 우리가 구원을 얻는 데 전혀 부족함이 없도록 우리에게 특별계시인 성경을 주었다. 성경은 이제 더 이상 더할 수도 뺄 수도 없는 '정경'(正經)으로 완성되었다. 하나님의 직접 계시는 완료되었다. "주의 말씀의 강령은 진리이오니 주의 의로운 모든 규례들은 영원하리이다."(시 119:160) 성령은 이제 성경을 통해 말한다.

그런데도 이단은 성경 이외에 그들이 하나님께 직접 받았다는 계시의 말을 강조하며, 그들의 말을 믿어야 구원을 얻는다고 사람들을 유혹한다. 그러나 성경 외에 그 어떤 것도 믿을 필요가 없다. "내 아들아 지식의 말씀에서 떠나게 하는 교훈을 듣지 말지니라."(잠 19:27)

성경에 우리 말을 더하거나 성경에서 어떤 말씀을 빼거나 약화시키면 안 된다(신 12:32). 하나님은 그에 대해 반드시 심판한다. "너는 그의 말씀에 더하지 말라, 그가 너를 책망하시겠고 너는 거짓말하는 자가 될까 두려우니라."(잠 30:6) "내가 이 두루마리의 예언의 말씀을 듣는 모든 사람에게 증언하노니, 만일 누구든지 이것들 외에 더하면 하나님이 이 두루마리에 기록된 재앙들을 그에게 더하실 것이요, 만일 누구든지 이 두루마리의 예언의 말씀에서 제하여 버리면 하나님이 이 두루마리에 기록된 생명나무와 및 거룩한 땅에 참여함을 제하여 버리시리라."(계 22:18-19)

03. 율법과 복음은 어떤 관계에 있는가?

"우리가 알거니와 무릇 율법이 말하는 바는 율법 아래에 있는 자들에게 말하는 것이니 이는 모든 입을 막고 온 세상으로 하나님의 심판 아래에 있게 하려 함이라, 그러므로 율법의 행위로 그의 앞에 의롭다 하심을 얻을 육체가 없나니 율법으로는 죄를 깨달음이니라, 이제는 율법 외에 하나님의 한 의가 나타났으니 율법과 선지자들에게 증거를 받은 것이라, 곧 예수 그리스도를 믿음으로 말미암아 모든 믿는 자에게 미치는 하나님의 의니 차별이 없느니라."(롬 3:19-22)

* 더 참고할 성경 구절: 갈 3:10-14

☞ 디딤돌

복음은 율법을 폐기하지 않고 그것을 완성한다.

모든 사람을 심판 아래

율법은 한마디로 우리가 말씀을 우리 행동으로 무엇보다 우리 마음으로 지킬 수 없다는 사실을 분명하게 깨닫게 해준다. '살인하지 말라!' 이 말은 문자대로 살인하지 말라는 것이 아니라, 다른 사람을 미워하는 것도 살인하는 것이니 마음으로도 다른 사람을 미워하지 말라는 것이다. "옛 사람에게 말한 바 살인하지 말라, 누구든지 살인하면 심판을 받게 되리라 하였다는 것을 너희가 들었으나 나는 너희에게 이르노니 형제에게 노하는 자마다 심판을 받게 되고 형제를 대하여 라가라 하는 자는 공회에 잡혀가게 되고 미련한 놈이라 하는 자는 지옥불에 들어가게 되리라."(마 5:21-22)

그렇다면, 과연 평생 동안 한번도 다른 사람을 마음으로 미워하지 않는 사람이 있을까? 없다. 십계명에서 제10계명은 특히 우리의 '탐심'(貪心)을 경계하는데, 그것은 우리가 짓는 죄는 다 우리 마음에서 나오기 때문이다. 따라서 율법에 따르면 우리는 모두 다 심판을 받을 수밖에 없다. 이처럼 율법은 모든 사람을 하나님의 심판 아래 있게 한다. "이는 계명으로 말미암아 죄로 심히 죄 되게 하려 함이라."(롬 7:13)

복음의 은혜 아래

율법은 이러한 이유로 우리를 예수님의 은혜의 복음 아래로 인도한다. "그런즉 율법은 무엇이냐, 범법하므로 더하여진 것이라, 천사들을 통하여 한 중보자의 손으로 베푸신 것인데 약속하신 자손이 오시기까지 있을 것이라."(갈 3:19) "성경이 모든 것을 죄 아래에 가두었으니 이는 예수 그리스도를 믿음으로 말미암는 약속을 받는 자들에게 주려 함이라."(갈 3:22) "그리스도는 모든 믿는 자에게 의를 이루기 위하여 율법의 마침이 되시니라."(롬 10:4)

율법은 두 가지 기능이 있다. 하나는 우리를 정죄하고, 또 하나는 우리로 하여금 죄를 억제하여 말씀대로 살게 한다. 즉 율법은 우리가 우리 죄를 더욱 깨닫게 하여 예수님을 믿고 의지하게 한다. 이 점에서, 율법은 원래 거룩하고 선하고 의롭다(롬 7:12). "정직한 규례와 진정한 율법과 선한 율례와 계명을 그들에게 주시고"(느 9:13).

요컨대 율법이 추구하는 바, 그 근본 알맹이는 복음이다. 예수님은 외식하는 서기관들과 바리새인들에게 너희들은 "율법의 더 중한 바 정의와 긍휼과 믿음은 버렸도다."(마 23:23)라며 그들을 책망했다. 그는 율법을 폐기하지 않고 그것을 완성한다. "내가 율법이나 선지자를 폐하러 온 줄로 생각하지 말라, 폐하러 온 것이 아니요 완전하게 하려 함이라, 진실로 너희에게 이르노니 천지가 없어지기 전에는 율법의 일점 일획도 결코 없어지지 아니하고 다 이루리라."(마 5:17–18) "그런즉 우리가 믿음으로 말미암아 율법을 파기하느냐, 그럴 수 없느니라, 도리어 율법을 굳게 세우느니라."(롬 3:31)

우리는 더 이상 율법의 정죄 아래 있지 않고 복음의 은혜 아래 있다. 그러나 참으로 이 은혜를 경험했다면 우리 행동으로 무엇보다 우리 마음으로 율법을 지키려고 노력한다. 즉 율법의 더 중한 바, 정의(공의)와 긍휼(사랑 /자비)을 행하려고 노력한다. "사람아 주께서 선한 것이 무엇임을 네게 보이셨나니 여호와께서 네게 구하시는 것은 오직 정의를 행하며 인자를 사랑하며 겸손하게 네 하나님과 함께 행하는 것이 아니냐."(미 6:8) 그리고 성령은 우리가 그것을 즐겁게 행할 수 있도록 우리에게 능력을 준다.

율법의 세 가지 종류

율법은 의식법(제사법), 시민법(재판법), 도덕법(십계명)이 있다.

의식법은 구약 시대 이스라엘 백성이 성전에서 하나님께 어떻게 제사를 드려야 하는지 그 법으로 그들에게 주어졌다. 예수님은 십자가에서 죽음으로 이 법을 온전히 성취했다. 때문에 우리는 이 법을 문자대로 지키지 않아도 된다.

구약 시대 이스라엘 백성은 또한 그들 나름의 사회 질서를 지켰는데, 시민법은 그런 그들에게 주어졌고 또 그것이 기록된 시대를 반영하고 있다["사람이 소나 양을 도둑질하여 잡거나 팔면 그는 소 한 마리에 소 다섯 마리로 갚고 양 한 마리에 양 네 마리로 갚을지니라."(출 22:1)]. 때문에 우리는 이 법도 문자대로 지키지 않아도 된다.

요컨대 우리는 의식법과 시민법은 문자대로 지키지 않아도 된다. 다만, 하나님이 이 두 법을 통해 구약 시대 이스라엘 백성에게 무엇을 말하고자 했는지, 그 뜻을 잘 헤아리고 그것을 오늘의 상황에 맞게 적용할 줄 알아야 한다. 이 점에서, "천지가 없어지기 전에는 율법의 일점 일획도 결코 없어지지 아니하고 다 이루리라"(마 5:18)는 예수님의 말씀을 새겨야 한다.

하지만 도덕법은 어느 시대나 하나님의 완전한 의의 규칙으로 우리에게 주어졌다. 때문에 우리는 이 법은 항상 지켜야 한다. 도덕법은 '하나님 사랑'(1-4계명)과 '이웃 사랑'(5-10계명)을 우리에게 교훈하는데, '사랑'은 하나님이 우리에게 성경을 준 의도를 한마디로 요약해준다. "네 마음을 다하고 목숨을 다하고 뜻을 다하여 주 너의 하나님을 사랑하라 하셨으니 이것이 크고 첫째 되는 계명이요 둘째도 그와 같으니 네 이웃을 네 자신 같이 사랑하라 하셨으니 이 두 계명이 온 율법과 선지자의 강령이니라."(마 22:37-40) "남을 사랑하는 자는 율법을 다 이루었느니라. (중략) 사랑은 이웃에게 악을 행하지 아니하나니 그러므로 사랑은 율법의 완성이니라."(롬 13:8, 10)

예표와 실체

구약 시대 이스라엘 백성은 율법을 지켜서 구원을 얻는 것이 아니다. 어느 시대 어느 누구도 율법을 온전히 지킬 수 없다. 어느 시대나 예수님을 믿고 구원을 얻는다. 즉 구약 시대 이스라엘 백성은 장차 이 세상에 '올' 예수님을 믿고 구원을 얻고, 오늘의 우리는 이미 이 세상에 '온' 예수님을 믿고 구원을 얻는다.

율법이 예표(모형 /그림자 /본)라면 예수님의 복음은 그것의 실체다. 하나님은 모세에게 율법을 주었는데, 예수님은 자신을 믿지 않는 사람들에게 이 모세에 대해 이렇게 말했다. "모세를 믿었더라면 또 나를 믿었으리니 이는 그가 내게 대하여 기록하였음이라, 그러나 그의 글도 믿지 아니하거든 어찌 내 말을 믿겠느냐."(요 5:46-47) 요컨대 율법은 예수님을 알려주는 예표, 즉 "진리의 모본"(롬 2:20)으로서 그것의 실체는 예수님이다.

04. 성경을 온전히 이해할 수 없다면 어떻게 해야 하는가?

> "그 모든 편지에도 이런 일에 관하여 말하였으되 그 중에 알기 어려운 것이 더러 있으니 무식한 자들과 굳세지 못한 자들이 다른 성경과 같이 그것도 억지로 풀다가 스스로 멸망에 이르느니라."(벧후 3:16)

☞ **디딤돌**

'하나님이 성경에서 계시한 만큼 이해한다.'는 겸손한 자세를 가져야 한다.

계시한 만큼 이해해야

성경은 하나님의 지혜를 기록하고 있기 때문에 우리 지혜로는 그것을 온전히 이해할 수 없다. 성경을 내 지혜로 억지로, 교묘하게 해석하면 안 된다(부록, '성경 해석의 일반적 원리' 참조) "기록된 말씀 밖으로 넘어가지 말라."(고전 4:6) 성경은 하나님이 계시한 만큼 이해해야 한다는 겸손한 마음을 가져야 한다.

05. 설교를 어떤 태도로 들어야 하는가?

> "우리가 하나님께 끊임없이 감사함은 너희가 우리에게 들은 바 하나님의 말씀을 받을 때에 사람의 말로 받지 아니하고 하나님의 말씀으로 받음이니 진실로 그러하도다, 이 말씀이 또한 너희 믿는 자 가운데에서 역사하느니라."(살전 2:13)

☞ 디딤돌

설교를 사람의 말이 아니라 하나님의 말씀으로 들어야 한다.

설교는 하나님의 말씀

성경이 '기록된' 말씀이라면 설교는 '선포되는' 말씀이다. 참된 예언은 기록된 말씀인 성경과 선포되는 말씀인 설교다. 성령은 성경 그리고 목회자의 설교를 통해 말한다. 설교는 사람의 말이 아니라 하나님의 말씀이다. 다만, 오늘에도 거짓 선지자들이 많이 있기 때문에 목회자의 설교를 잘 분별하며 들어야 한다.

06. 에스겔과 요한은 왜 말씀을 먹어야 했는가?

에스겔

"그가 내게 이르시되 인자야 너는 발견한 것을 먹으라, 너는 이 두루마리를 먹고 가서 이스라엘 족속에게 말하라 하시기로 내가 입을 벌리니 그가 그 두루마리를 내게 먹이시며 내게 이르시되 인자야 내가 네게 주는 이 두루마리를 네 배에 넣으며 네 창자에 채우라 하시기에 내가 먹으니 그것이 내 입에서 달기가 꿀 같더라."(겔 3:1-3)

요한

"내가 천사에게 나아가 작은 두루마리를 달라 한즉 천사가 이르되 갖다 먹어버리라, 네 배에는 쓰나 네 입에는 꿀 같이 달리라 하거늘 내가 천사의 손에서 작은 두루마리를 갖다 먹어버리니 내 입에는 꿀 같이 다나 먹은 후에 내 배에서는 쓰게 되더라."(계 10:9-10)

☞ **디딤돌**

선지자 에스겔과 사도 요한은 똑같이 말씀을 먹었다. 그것은 그들이 그 말씀을 그들에게 인격화해야 했기 때문이다.

말씀을 인격화해야

하나님은 에스겔에게 "내가 네게 이르는 말을 듣고 그 패역한 족속 같이 패역하지 말고 네 입을 벌리고 내가 네게 주는 것을 먹으라."(겔 2:8)고 했다. 즉 말씀을 들을 뿐만 아니라 그것을 먹으라는 것이다. 예수님도 요한에게 천사를 통해 그와 똑같이 말했다. 그 이유가 무엇일까? 그것은 그들이 말씀을 그들에게 인격화해야 했기 때문이다. 말씀을 그들에게 인격화해야, 그 말씀이 그들을 사로잡아 마음껏 역사하게 되기 때문이다.

에스겔과 요한은 말씀이 기록된 두루마리를 먹었다. 그러자, 그 말씀이 그들의 입에서는 똑같이 달았다. 그런데 요한이 기록한 요한 계시록에서는 말씀이 그의 배에서 쓰게 되었다고 기록한다. 그것은 그의 부패한 죄성 때문이다. 따라서 말씀을 내게 인격화하려면 말씀으로 내 부패한 죄성을 계속해서 쳐야 한다. 즉 항상 말씀을 읽고 묵상하며 말씀으로 나를 점검해야 한다. 그렇게 하지 않으면 불현듯 내 생각이 말씀보다 앞서게 된다. 말씀은 불처럼 내 죄성을 태우고 방망이처럼 그것을 쳐서 깨뜨린다(렘 23:29). 그 결과, 말씀이 나를 사로잡아 마음껏 역사하게 된다.

선지자 예레미야를 보자. 그는 '눈물의 선지자'로 불릴 만큼 남유다 백성에게 말씀을 전하면서 많은 고난을 당했다. 하나님은 그를 통해 그들에게 계속해서 회개를 촉구했지만, 그들은 끝까지 말씀을 무시했다. 그러나 하나님의 뜻은 예레미야가 그러한 상황에서도 끝까지 포기하지 않고 말씀을 선포하는 것이었다. 하지만 우리는 계속해서 고난을 당하면 모든 것을 포기하고 싶다. 이것이 부패한 죄성을 가진 우리 모두의 성향이다. 예레미야도 자신의 부패한 죄성 때문에 사역을 포기하고 싶었지만, 그는 그때마다 말씀으로 자신의 부패한 죄성을 계속해서 쳤다. 즉 그는 힘들 때마다 말씀을 되새기며 그 말씀으로 자신을 점검했다. 그러자, 그는 말씀을 선포하지 않을 수 없었다. "내가 다시는 여호와를 선포하지 아니하며 그의 이름으로 말하지 아니하리라 하면 나의 마음이 불붙는 것 같아서 골수에 사무치니 답답하여 견딜 수 없나이다."(렘 20:9) 요컨대 그가 말씀을 그에게 인격화하자, 그 말씀이 그를 사로잡아 마음껏 역사했다.

예수님은 우리와 똑같은 사람이었지만 전혀 죄가 없는 "참 하나님"(요일 5:20)의 '말씀'이었다. 그의 성육신(Incarnation)은 '말씀의 육화'라고 할 수 있다. "말씀이 육신이 되어 우리 가운데 거하시매 우리가 그의 영광을 보니 아버지의 독생자의 영광이요 은혜와 진리가 충만하더라."(요 1:14) 그는 하나님의 영광을 가졌고 그에게는 은혜와 진리가 충만했다. 그러나 우리는 부패한 죄성이 있기 때문에 말씀으로 그것을 계속해서 쳐서 '말씀의 인격화'(personification)를 이루어야 한다.

■ 한마디

"태초부터 있는 생명의 말씀에 관하여는 우리가 들은 바요 눈으로 본 바요 자세히 보고 우리의 손으로 만진 바라, 이 생명이 나타내신 바 된지라, 이 영원한 생명을 우리가 보았고 증언하여 너희에게 전하노니 이는 아버지와 함께 계시다가 우리에게 나타내신 바 된 이시니라."(요일 1:1-2)

예수님은 하나님의 '말씀'(복음 /진리) 자체였다. 그가 우리를 구원하기 위해 친히 사람의 몸을 입고 이 세상에 왔다. 그가 사역할 때 제자들은 직접 그에게 말씀을 들었다. 그는 영원 전부터 '생명의 말씀'이었다. 그리고 성경은 "구원의 말씀"(행 13:26)인 그를 믿어야 구원을 얻는다고 증거한다.

■ 삶으로의 여행

※ 말씀을 어떤 마음으로 대해야 하는가?

> "내 말을 듣고 떠는 자 그 사람은 내가 돌보려니와"(사 66:2).

☞ 디딤돌

하나님을 경외하는 사람은 말씀을 두렵고 떨리는 마음으로 받아들인다 (빌 2:12). 그리고 그 말씀에 순종한다. "이에 이스라엘의 하나님의 말씀 으로 말미암아 떠는 자가 사로잡혔던 이 사람들의 죄 때문에 다 내게로 모여오더라."(스 9:4) 우리는 다 "주의 교훈을 따르며 우리 하나님의 명령 을 떨며 준행하는 자"(스 10:3)가 되어야 한다.

영혼의 양식

말씀은 우리 영혼의 양식이다. 우리는 우리 몸에 필요한 음식을 먹 듯이 우리 영혼에 필요한 말씀을 먹어야 한다. 구약 시대 이스라엘 백성은 사십 년 동안 광야에서 생활하며 날마다 하늘에서 내려오는 '만나'를 먹었다. 이 '만나'는 말씀을 상징한다.

만나는 깟씨 같이 희고 맛은 꿀 섞은 과자 같았다(출 16:31). 이처럼 말씀은 거룩하고 순결할 뿐 아니라 은혜를 받은 사람에게는 꿀같이 달다. 예수님은 바로 그 만나의 실체로서 하나님의 말씀이자 '생명의 떡'이었다. "기록된 바 하늘에서 그들에게 떡을 주어 먹게 하였다 함과 같이 우리 조상들은 광야에서 만나를 먹었나이다, 예수께서 이르시되 내가 진실로 진실로 너희에게 이르노니 모세가 너희에게 하늘로부터 떡을 준 것이 아니라 내 아버지께서 너희에게 하늘로부터 참 떡을 주시나니 하나님의 떡은 하늘에서 내려 세상에 생명을 주는 것이니라, 그들이 이르되 주여 이 떡을 항상 우리에게 주소서, 예수께서 이르시되 나는 생명의 떡이니 내게 오는 자는 결코 주리지 아니할 터이요 나를 믿는 자는 영원히 목마르지 아니하리라."(요 6:31-35)

매일 말씀을 읽고 묵상하며 영혼의 양식을 먹어야 한다. 그리고 말씀을 듣고 지키기 위해 힘써야 한다. "내 아들아 너는 듣고 지혜를 얻어 네 마음을 바른 길로 인도할지니라."(잠 23:19) "이 예언의 말씀을 읽는 자와 듣는 자와 그 가운데에 기록한 것을 지키는 자는 복이 있나니 때가 가까움이라."(계 1:3) 말씀을 바로 내게 적용하여 삶의 변화를 꾀해야 한다.

말씀을 정확하게 알고 지켜야

지금은 마지막 때다. 이 마지막 때 승리하려면 무엇보다 말씀을 정확하게 알고 지켜야 한다. 요한계시록에는 초대교회 때 소아시아 지역에 있었던 일곱 교회가 나온다. 이 일곱 교회는 예수님이 재림할 때까지 이 세상의 모든 교회를 대표한다. 그런데 이 일곱 교회를 살펴보면 한 가지 특징이 보인다. 그것은 이 일곱 교회 가운데 특히 다섯 교회가 사탄의 직간접적인 영향을 받고 있다는 것이다. 사탄은 그때나 오늘이나 교회를 집요하게 핍박하며 어렵게 한다.

사탄은 마지막 때 무엇보다 말씀을 혼잡하게 한다. 오늘의 교회에는 세상의 여러 문화와 학문이 들어와 말씀과 섞이고 있는데 그러나 우리는 진리의 말씀만 붙잡아야 한다. "하나님의 말씀을 혼잡하게 하지 아니하고"(고후 2:17). 일곱 교회 가운데 사데교회는 가장 부정적으로 평가받고 있다. "네가 살았다 하는 이름은 가졌으나 죽은 자로다."(계 3:1) 예수님은 그들에게 "네가 어떻게 받았으며 어떻게 들었는지 생각하고 지켜 회개하라."(계 3:3)고 했다. 즉 네가 받고 들은 말씀을 정확하게 알고 지키라는 것이다.

'믿음'을 예로 들어보자. 성경에서 말하는 믿음은 본질적으로 구원을 얻는 믿음이다. 세상에서 복을 받을 수는 있지만, 그것이 믿음의 본질은 아니다. 오히려 성경은 우리가 말씀대로 살면 고난을 당할 수도 있고, 또 그 고난 가운데서도 끝까지 인내해야 한다고 말한다. 말씀을 정확하게 알고 지켜야 승리할 수 있다.

PART 2.

시작과
마침

"만물이 주에게서 나오고
주로 말미암고
주에게로 돌아감이라."(롬 11:36)

▼ Michelangelo Buonarroti, 『아담의 창조(The Creation of Adam)』 (1508~1512)

ONE.

시작하다

헬라어에서 알파(A)는 첫 글자며 오메가(Ω)는 마지막 글자다. 창세기 1–2장의 창조 기사는 창조뿐만 아니라 장차 완성될 영원한 '하나님 나라'를 미리 보여준다. 하나님은 엿새 동안 천지 만물을 창조하고 일곱째 날에 안식했는데, 이는 장차 우리가 '하나님 나라'에서 영원한 안식을 누릴 것을 말해준다. "이미 믿는 우리들은 저 안식에 들어가는도다, 그가 말씀하신 바와 같으니 내가 노하여 맹세한 바와 같이 그들이 내 안식에 들어오지 못하리라 하셨다 하였으나 세상을 창조할 때부터 그 일이 이루어졌느니라."(히 4:3). 우리가 누릴 안식은 이처럼 확실하다. 비유하자면, 창조는 알파(A)자 또한 오메가(Ω)다. 이것이 복된 소식, 바로 복음이다.

chpater 1.

시작하다 – 창조

창조주 하나님과
피조물인 사람

01. 하나님은 태초에 천지 만물을 무엇으로 창조했는가?

"태초에 하나님이 천지를 창조하시니라."(창 1:1)

☞ 디딤돌

하나님은 태초에 무(無)에서 시간과 우주 공간 그리고 암흑 에너지를 포함한 그 안의 모든 구성 물질을 말씀으로 창조했다.

창세기 1장 1절 – 우리 믿음을 테스트하는 시금석

과학계의 빅뱅(Big Bang, 대폭발) 이론에 따르면, 최초의 우주는 약 140억여 년 전에 고 에너지를 가진 작은 물질이 폭발하여 형성되었고, 그 이후 우주는 수많은 은하계를 가지며 지금도 계속해서 팽창하고 있다. 그리고 우리가 살고 있는 행성 지구는 약 37억여 년 전에 형성되었다. 그러나 과학계는 그 특이점(시작점)과 같은 작은 물질이 어떻게 해서 생겨났으며, 또 그것이 어떻게 해서 폭발하게 되었는지 그 원인은 아직 명확하게 밝히지 못하고 있다. 그것은 여전히 신비다. 하지만 성경 첫 부분인 창세기 1장 1절 말씀은 간단히 이렇게 기록한다. "태초에 하나님이 천지를 창조하시니라."

창조는 엿새 동안 이루어졌는데, 그 '하루(날)'에 해당하는 히브리어는 '욤'(יום)이다. 이것의 길이는 일반적으로 24시간으로 보지만, 그것의 정확한 길이에 대해서는 열어 놓는 것이 좋을 것 같다. 다만, 우리가 분명하게 알 수 있는 것은 태초에 하나님이 무에서 시간과 우주 공간 그리고 암흑 에너지를 포함한 그 안의 모든 구성 물질을 창조했다는 것, 그리고 이어서 그가 장차 사람이 거할 지구(땅)를 중심으로 이미 만들어진 그 구성 물질을 재료로 하여 만물을 창조했다는 것이다.

창세기 1-2장은 천지가 언제, 어떻게 창조되었는지, 그리고 그 창조의 구체적인 세목들은 무엇인지 자세하게 기록하지 않는다. 창세기 1-2장은 과학의 관점에서 기록한 것이 아니다. 만약 하나님이 그것을 오늘의 발달된 과학 지식을 사용하여 기록했다면, 그것의 1차 독자였던 고대 이스라엘 백성은 그것을 전혀 이해할 수 없었을 것이다. 하나님은 그들이 그 당시 세상을 이해하는 방식을 고려하여 그들이 이해할 수 있도록 그것을 기록했다.

창세기 1-2장, 나아가 성경은 무엇보다 타락한 인류를 구원하려는 하나님의 구속사를 기록하고 있다(부록, '창조와 과학' 참조). 성경에서 '7'은 완전수를 나타내는데, 창세기 2장 2-3절을 보면 하나님은 일곱째 날에 창조 사역을 마치고 안식했다. 그리고 그는 그 이후 이 일곱째 날과 관련하여 안식일 규례를 주는데, 즉 그의 창조 사역의 궁극적인 목적은 우리에게 영원한 안식을 주는 것이었다는 사실이다(히 4:3). 이 점에서, 특히 창세기 1장 1절 말씀은 우리 믿음을 테스트하는 시금석과 같다. 이 구절을 믿지 않으면 성경 전체를 믿을 수 없기 때문이다.

천지 창조 - 삼위 하나님의 사역

하나님은 영원 전에 모든 일을 계획했다. 그는 그 계획대로 태초에 천지를 말씀으로 창조했다. 그리고 그 이후 지금까지 세상의 모든 일은 그 하나님의 계획대로 정확하게 일어났고, 지금도 일어나고 있고, 또 앞으로도 일어날 것이다.

하나님은 본질로는 한 분이지만 성부, 성자, 성령의 세 위격으로 존재한다(부록, '삼위일체' 참조). 이 세 위격의 하나님은 창조 때 함께 했다. 우선 성부와 성자는 한 분인데, 성부는 성자 안에서 말한다. "내가 아버지 안에 거하고 아버지는 내 안에 계신 것을 네가 믿지 아니하느냐, 내가 너희에게 이르는 말은 스스로 하는 것이 아니라 아버지께서 내 안에 계셔서 그의 일을 하시는 것이니라."(요 14:10) "너희가 듣는 말은 내 말이 아니요 나를 보내신 아버지의 말씀이니라."(요 14:24) 그리고 성자와 성령도 한 분인데, 성자는 성령으로 말한다. "그가 택하신 사도들에게 성령으로 명하시고"(행 1:2). 요컨대 성부와 성자와 성령은 한 분인데, 성부는 성자 안에서 성령으로 말한다. '성부가 성자 안에서 성령으로 빛이 있으라 말하니 빛이 있었다.' 천지 만물은 이 말씀으로 창조되었다.

성경은 특히 성자를 '말씀'으로 소개한다. "태초에 말씀이 계시니라, 이 말씀이 하나님과 함께 계셨으니 이 말씀은 곧 하나님이시니라, 그가 태초에 하나님과 함께 계셨고 만물이 그로 말미암아 지은 바 되었으니 지은 것이 하나도 그가 없이는 된 것이 없느니라."(요 1:1-3) "그가 피 뿌린 옷을 입었는데, 그 이름은 하나님의 말씀이라 칭하더라."(계 19:13)

02. 하나님은 사람을 어떻게 창조했는가?

> "여호와 하나님이 땅의 흙으로 사람을 지으시고 생기를 그 코에 불어넣으시니 사람이 생령이 되니라."(창 2:7)

☞ **디딤돌**

하나님은 인류의 조상 아담을 땅의 흙으로 지었다. 그리고 하와는 그 아담에게서 취한 갈빗대 하나로 만들었다(창 2:20-23).

과학적 사고와 성경적 사고

창세기 1-2장은 하나님이 다양한 동식물의 세목은 물론 그것들을 언제, 어떻게 창조했는지 자세하게 기록하지 않는다. 사람과 관련하여서는, 지금까지 다양한 견해가 제시되었지만 그것은 크게 세 가지로 정리할 수 있다. 즉 하나님이 창조했느냐(창조론), 아니면 오랜 기간의 자연선택에 의한 적응과 도태 그리고 우연한 돌연변이 등이 축적되면서 스스로 진화해 왔느냐(진화론), 아니면 그렇게 진화해 오다가 하나님이 어느 시기에 그 과정에 개입하여 공통 조상으로 현생 인류를 창조했느냐(유신진화론)는 것이다[창조와 진화에 대한 다양한 견해와 쟁점에 대해서는 데보라 하스마·로렌 하스마의 『오리진』(한국기독과학자회 옮김, IVP)을 참고할 수 있다.].

하나님은 지·정·의를 갖고 있고 우리에게도 그것을 주었다. 당연히 그는 우리의 과학적 사고를 활성화한다. 따라서 한때 중세 교회에서 천동설(태양이 지구 주위를 돈다)을 주장하며 지동설(지구가 태양 주위를 돈다)을 억압하는 오류를 범했듯이, 우리는 이미 명확하게 밝혀진 과학적 사실을 무시하면 안 된다. 진화론도 이런 관점에서 이해할 수 있다. 다시 말해 화석 증거든 무엇이든 그것이 누구도 거부할 수 없이 명확하게 과학적 사실로 밝혀지고, 또 무엇보다 그것으로 창조주 하나님의 존재를 부정하지 않는 한, 그와 같은 '과학적 사고'는 하나님의 창조 세계를 더욱 풍성하게 밝혀 줄 수 있다. 이 점에서, 우리는 '과학적 사고'에 열린 자세를 가져야 한다.

그와 함께, 앞에서 말한 바, 창세기 1-2장은 과학의 관점에서 기록한 것이 아니라는 사실도 주지해야 한다. 창세기 1-2장은 우주가 그리고 다양한 동식물과 사람이 언제, 어떻게 창조되었는지 그것에 관한 과학적인 정보를 자세하게 기록하지 않고, 하나님이 그것들을 창조했으며, 특히 사람에게는 자연 만물을 다스릴 청지기 사명을 주었다는 사실을 알려줄 따름이다.

성경은 창조와 함께 그 이후 인류의 타락과 그리고 그 타락한 인류를 구원하려는 예수님의 구속 사역을 중심으로 하나님의 구속사를 기록하고 있다. 앞에서 언급했듯이 창조 기사는 창조뿐만 아니라 장차 완성될 영원한 '하나님 나라'를 함께 소개하고 있는데, 따라서 창조 기사는 이러한 하나님의 방대한 구속사의 관점에서 이해해야 한다. 이 점에서, 우리는 또한 과학의 전제와 또 그것의 한계도 고려

하면서 '성경적 사고'에도 열린 자세를 가져야 한다. 과학이 어떤 사실을 명확하게 밝혔다고 해서 그것으로 하나님의 존재가 부정되는 것은 아니기 때문이다.

우리는 이와 관련하여 여기서 근본적인 질문을 제기할 수 있다. 사람은 단순히 '물질'에 불과한 존재인가, 아니면 하나님이 그 속에 자신의 형상과 '생기'(영혼)를 부여한 존재인가? 진화론에 따르면, 사람은 뇌가 진화하면서 의식이 발달하고 고도의 정신 작용이 가능하게 되었다. 그에 따라 사람은 과거를 반성하고 현재를 성찰하며 미래를 예측할 뿐 아니라 자기 자신을 살피기도 한다. 하지만 진화론에 따르면 그것은 어디까지나 물질의 작용일 뿐, 사람은 하나님의 형상과 영혼을 가지고 있지 않으며 그가 죽으면 다시 물질로 돌아갈 뿐이다. 하지만 사람은 죽음 그 자체를 성찰할 뿐 아니라 죽음 이후의 세계까지 내다보며 사유한다. 이것은 하나님이 그를 자신의 형상대로 만들고 그에게 '생기'(영혼)를 주지 않았다면 불가능하다. 무엇보다 우리 마음(양심)이 하나님의 존재를 안다. "이는 하나님을 알 만한 것이 그들 속에 보임이라, 하나님께서 이를 그들에게 보이셨느니라."(롬 1:19)

창조주와 그의 피조물

하나님이 땅의 흙으로 아담을 짓고 생기를 그 코에 불어넣자, 아담은 생령 즉 살아 있는 영혼을 가진 존재가 되었다. "하나님의 영이 나를 지으셨고 전능자의 기운이 나를 살리느니라."(욥 33:4) "우리에게 이 영혼을 지으신 여호와께서"(렘 38:16). 그리고 하나님은 아담을 깊이 잠들게 한 뒤에 그 아담의 갈빗대 하나를 취해 하와를 만들었다.

하나님은 각종 들짐승과 공중의 각종 새는 흙(아다마 אֲדָמָה)으로 창조했고, 사람은 그 흙 가운데서도 가장 작은 '티끌' 또는 '먼지'(아파르 עָפָר)로 창조했다. 이는 사람에 대한 그의 특별한 관심과 사랑을 보여준다. 사람은 하나님의 창조의 주인공이다.

하나님은 창조주고 우리는 그가 만든 피조물이다. 우리는 흙으로 창조되었기 때문에 죽으면 다시 흙으로 돌아간다. "주께서 그들의 호흡을 거두신즉 그들은 죽어 먼지로 돌아가나이다."(시 104:29) 우리는 흙 즉 먼지와도 같은 존재다. 그렇기 때문에 우리는 창조주 하나님을 의지할 때만 우리 영혼의 참된 만족을 누릴 수 있다. "아버지가 자식을 긍휼히 여김 같이 여호와께서는 자기를 경외하는 자를 긍휼히 여기시나니, 이는 그가 우리의 체질을 아시며 우리가 단지 먼지뿐임을 기억하심이로다."(시 103:13-14)

03. 하나님은 천지 만물과 사람을 어떤 의도를 갖고 창조했는가?

> "하나님이 지으신 그 모든 것을 보시니 보시기에 심히 좋았더라."(창 1:31)

☞ 디딤돌

하나님은 천지 만물과 사람을 선한 의도를 갖고 창조했다.

선한 의도

하나님은 그가 지은 모든 것을 보고 아주 좋아했다. "하나님께서 지으신 모든 것은 선하매"(딤전 4:4). 천지 만물의 질서와 조화는 참으로 아름답다. 그리고 우리 몸의 구조와 섬세함은 참으로 신비롭다.

하나님은 아담과 하와를 이처럼 선한 의도를 갖고 창조했지만, 그들은 그에게 범죄했다. 그들은 그들을 향한 그의 지극한 관심과 사랑을 오히려 철저히 외면하고 거부했다. 여기서 우리의 죄가 얼마나 심각한지 분명하게 알 수 있다.

04. 하나님은 사람에게 모든 생물을 어떻게 하라고 했는가?

"하나님이 그들에게 복을 주시며 하나님이 그들에게 이르시되 생육하고 번성하여 땅에 충만하라, 땅을 정복하라, 바다의 물고기와 하늘의 새와 땅에 움직이는 모든 생물을 다스리라 하시니라."(창 1:28)

☞ 디딤돌

하나님은 아담과 하와에게 복을 주며 생육하고 번성하여 땅(자연)에 충만하라, 땅을 정복하라, 모든 생물을 다스리라고 했다. 이를 '문화(文化)명령'이라고 한다.

문화명령과 지상(至上)명령

아담은 각종 생물에게 '이름'을 지어 불러주었다. 이는 그가 그 대상에 대한 소유권을 갖고 있다는 것을 뜻한다. 그리고 하나님은 아담과 하와에게 각종 생물을 다스리라고 했다. 여기서 '다스리라'는 말은 단순히 지배하라는 것이 아니라 그것들을 잘 보살피고 가꾸어가라는 것이다. 이처럼 아담과 하와는 하나님의 대리 통치자가 되어 각종 생물을 잘 돌보아야 했다.

요컨대 그들은 하나님의 이 '문화명령'에 순종해야 했다. 그렇게 할 때, 그들은 에덴동산을 넘어 온 땅에 '하나님 나라'를 확장시켜 갈 수 있었다. 하지만 그들은 하나님께 범죄하여 그들도 죽게 되었고, 또 그들이 돌보아야 할 모든 생물도 죽게 했다.

예수님은 '새 아담'이다. 그는 아담과 하와와 달리 하나님께 순종하여 우리를 위해 구속 사역을 온전히 성취했다. 그리고 그는 하나님이 아담과 하와에게 주었던 '문화명령'을 대신하여 이제 우리에게 '지상(至上)명령'을 주었다. "너희는 가서 모든 민족을 제자로 삼아 아버지와 아들과 성령의 이름으로 세례를 베풀고 내가 너희에게 분부한 모든 것을 가르쳐 지키게 하라, 볼지어다 내가 세상 끝날까지 너희와 항상 함께 있으리라."(마 28:19-20) 우리는 이 지상명령에 순종하여 온 땅에 '하나님 나라'를 확장시켜 가야 한다.

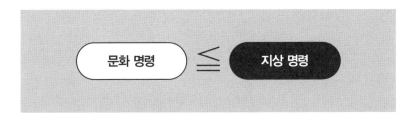

05. 하나님은 천지 만물을 지금 어떻게 하고 있는가?

"그의 능력의 말씀으로 만물을 붙드시며"(히 1:3).

☞ 디딤돌

하나님은 천지 만물을 지금도 그의 능력의 말씀으로 붙들고(다스리고)
있다.

능력의 말씀으로 다스리다

행성 지구는 '우리 은하'에 속해 있다. 이 우리 은하에는 적어도 약
천억 개 이상의 별(항성)이 있고, 그 한쪽 끝에서 다른 한쪽 끝에 이
르려면 빛의 속도인 초속 약 삼십만 킬로미터로 달려도 약 십만 년이
걸린다고 한다. 우주에는 이러한 은하가 과학자들이 관측할 수 있는
것만 해도 약 천억 개 이상이 있고, 또 그 각 은하는 평균 천억 개
이상의 별을 갖고 있다고 한다.

이 수많은 은하와 별은 지금도 하나님이 세워둔 중력 등의 자연
법칙에 따라 질서 정연하게 자리 잡고 있다. 그리고 행성 가운데 왜
소행성 '2012 VP 113'은 태양에서 약 백이십억 킬로미터나 떨어져
있지만 태양계를 벗어나지 않고 정확하게 타원 궤도를 돌고 있다고

한다. "천지가 주의 규례들대로 오늘까지 있음은 만물이 주의 종이 된 까닭이니이다."(시 119:91)

지구는 하루에 한 바퀴씩 자전하고 일 년에 한 바퀴씩 태양 주위를 공전한다. 지구의 자전축은 23.5도 기울어져 있어, 이것이 계절의 변화를 가져온다. 자전과 공전의 속도, 자전축의 기울기, 태양과의 거리 등은 하나님의 오묘한 다스림을 느끼게 한다. 과학자들은 우주가 우리가 생명을 유지하는 데 아주 적절하게 '미세 조정'되어 있다고 하는데, 여기서도 우리는 우리를 향한 하나님의 섬세한 손길을 느낄 수 있다.

이신론(理神論, deism /자연신론)에서는 하나님이 그가 창조한 천지 만물 위에 초월하여 있고 천지 만물은 그와 무관하게 자신의 법칙에 따라 움직인다고 주장한다. 하지만 사도 바울의 말처럼 천지 만물은 그를 힘입어 살며 기동(起動)하며 존재한다(행 17:28). 그리고 그의 다스림으로 말미암아 지금도 새로운 별들과 행성, 새로운 동식물들이 생겨나고 있다.

하나님은 그가 창조한 천지 만물을 지금도 그의 능력의 말씀으로 다스리고 있다. "오직 주는 여호와시라, 하늘과 하늘들의 하늘과 일월 성신과 땅과 땅 위의 만물과 바다와 그 가운데 모든 것을 지으시고 다 보존하시오니 모든 천군이 주께 경배하나이다."(느 9:6) "그가 별들의 수효를 세시고 그것들을 다 이름대로 부르시는도다."(시 147:4) "과연 내 손이 땅의 기초를 정하였고 내 오른손이 하늘을 폈

나니 내가 그들을 부르면 그것들이 일제히 서느니라."(사 48:13)

    오늘의 오존층의 파괴와 온난화, 그리고 그에 따른 이상 기후와 각종 자연 재해, 사막화, 황사와 미세 먼지, 생물 다양성의 감소, 신종 바이러스의 등장 등, 모든 환경 문제는 우리가 자연을 잘 돌보지 못해 일어나고 있다. 예수님이 재림하면 천지 만물은 새롭게 개변(改變)될 것인데, 그때까지 하나님이 창조한 자연을 잘 돌보아야 한다.

■ 한마디

"믿음으로 모든 세계가 하나님의 말씀으로 지어진 줄을 아나니 보이는 것은 나타난 것으로 말미암아 된 것이 아니니라."(히 11:3)

지금 우리 눈에 보이는 모든 세계는 그것이 현재 우리 눈앞에 나타나 있는 것으로 말미암아 된 것이 아니다. 다시 말해 천지 만물은 지금 우리가 보는 그 상태로 원래부터 계속해서 그렇게 존재해 오던 것이 아니라, 하나님이 그것을 말씀으로 창조한 것이다. 그리고 믿음을 가진 사람은 그 사실을 분명하게 안다. "집마다 지은 이가 있으니 만물을 지으신 이는 하나님이시라."(히 3:4)

예수님은 창조주 하나님으로서 태초에 말씀으로 천지 만물을 창조했다. "그가 하늘을 지으시며 궁창을 해면에 두르실 때에 내가 거기 있었고 그가 위로 구름 하늘을 견고하게 하시며 바다의 샘들을 힘 있게 하시며 바다의 한계를 정하여 물이 명령을 거스르지 못하게 하시며 또 땅의 기초를 정하실 때에 내가 그 곁에 있어서 창조자가 되어 날마다 그의 기뻐하신 바가 되었으며 항상 그 앞에서 즐거워하였으며 사람이 거처할 땅에서 즐거워하며 인자들을 기뻐하였느니라."(잠

8:27-31) 예수님은 "하나님의 창조의 근본이신 이"(계 3:14)다.

그가 재림하면 우리는 '옛 창조'의 세계가 아니라 '새 창조'의 세계를 맞는다. "주여 태초에 주께서 땅의 기초를 두셨으며 하늘도 주의 손으로 지으신 바라, 그것들은 멸망할 것이나 오직 주는 영존할 것이요, 그것들은 다 옷과 같이 낡아지리니 의복처럼 갈아입을 것이요, 그것들은 옷과 같이 변할 것이나 주는 여전하여 연대가 다함이 없으리라."(히 1:10-12)

그는 태초에 시간을 창조하여 역사의 문을 열었고, 또 때가 되면 재림하여 그 역사의 문을 닫는다. "나는 알파와 오메가요, 처음과 마지막이요, 시작과 마침이라."(계 22:13) 그때 그는 창조 때의 그 능력의 말씀으로 세상을 심판할 것인데, 그때 영원한 '하나님 나라'가 완성된다. 성도는 그곳에서 영생을 누리고 불신자는 지옥에서 영벌을 받는다. "그의 아들에게 입 맞추라, 그렇지 아니하면 진노하심으로 너희가 길에서 망하리니 그의 진노가 급하심이라, 여호와께 피하는 모든 사람은 다 복이 있도다."(시 2:12)

■ 삶으로의 여행

※ 하나님은 모태에서 나를 빚어 만들었는데 이는 내게 무엇을 교훈
하는가?

> "내가 너를 모태에 짓기 전에 너를 알았고, 네가 배에서 나오기
> 전에 너를 성별하였고, 너를 여러 나라의 선지자로 세웠노라."(렘
> 1:5)

☞ 디딤돌

하나님은 모태에서 나를 빚어 만들었다. 이는 그가 전적으로 나를 다스
리고 있다는 사실을 분명하게 말해준다.

내 삶의 주권자

하나님은 선지자 예레미야를 모태에서 빚어 만들기 전에 이미 그를
알고, 그를 위해 모든 것을 계획했다. 이처럼 하나님이 나와 내 모든
삶을 다스리고 있다. 이것을 알면 그 어떤 상황에서도 그를 믿고 의
지한다. "오라 우리가 굽혀 경배하며 우리를 지으신 여호와 앞에 무
릎을 꿇자, 그는 우리의 하나님이시요 우리는 그가 기르시는 백성이
며 그의 손이 돌보시는 양이기 때문이라."(시 95:6-7)

TWO.

벗어나다

사람은 말씀에 순종하여 하나님과 함께 영원한 '하나님 나라'의 영광을 누릴 수 있었다. 하지만 그는 범죄하여 하나님의 그 영원한 영광을 잃어버렸다. 영생을 잃어버린 것이다. "여호와 하나님이 이르시되 보라 이 사람이 선악을 아는 일에 우리 중 하나 같이 되었으니 그가 그의 손을 들어 생명나무 열매도 따먹고 영생할까 하노라 하시고 여호와 하나님이 에덴동산에서 그를 내보내어 그의 근원이 된 땅을 갈게 하시니라, 이같이 하나님이 그 사람을 쫓아내시고 에덴동산 동쪽에 그룹들과 두루 도는 불칼을 두어 생명나무의 길을 지키게 하시니라."(창 3:22-24)

chpater 1.

벗어나다 – 죄

영생을
잃다

〈하나님의 계획〉

01. 하나님이 사람을 창조한 궁극적인 목적은 무엇인가?

> "내 이름으로 불려지는 모든 자 곧 내가 내 영광을 위하여 창
> 조한 자를 오게 하라, 그를 내가 지었고 그를 내가 만들었느니
> 라."(사 43:7)

☞ **디딤돌**

하나님은 사람을 자신의 형상에 따라 영광스럽게 창조했다. 그는 사람이 그의 영광을 나타내고 그와 함께 그 영광을 누리기를 바랐다. 이것이 그가 사람을 창조한 궁극적인 목적이다.

함께 영광을

하나님은 "영원한 영광"(벧전 5:10) 가운데 거한다. 그는 모든 피조물 가운데 사람만 자신의 형상을 따라 만들고, 사람이 그의 대리 통치자가 되어 그가 만든 모든 창조 세계에 그의 영광을 나타내기를 바랐다. 그렇게 하려면, 사람은 그의 영광을 더욱 충만하게 알아가야 했다.

하나님은 스스로 충만함 가운데 거한다. 그는 전혀 부족함이 없으며 자족한 분이다. 연약한 피조물인 우리가 그에게 영광을 올려드려야 만족하는 분이 결코 아니다. "그대가 의로운들 하나님께 무엇을 드리겠으며 그가 그대의 손에서 무엇을 받으시겠느냐."(욥 35:7) 다만, 우리가 그의 영광을 알고 그가 만든 모든 창조 세계에 그의 영광을 나타내 보여준다면, 그것은 하나님께도 우리에게도 영광이 된다. "여호와로 인하여 기뻐하는 것이 너희의 힘이니라."(느 8:10)

하나님의 영광을 누리려면 예수님을 믿어야

예수님은 "하나님의 영광의 광채"(히 1:3)다. 그는 죽기 전 '대제사장적 기도'에서 그가 우리에게 준 하나님의 그 영광을 우리가 그와 함께 누리기를 바랐다. "내게 주신 영광을 내가 그들에게 주었사오니 (중략) 아버지여 내게 주신 자도 나 있는 곳에 나와 함께 있어 아버지께서 창세 전부터 나를 사랑하시므로 내게 주신 영광을 그들로 보게 하시기를 원하옵나이다."(요 17:22-24) 사도 바울도 하나님이 그의 영광을 아는 빛을 우리 마음에 비추었다고 말한다. "어두운 데에 빛이 비치라 말씀하셨던 그 하나님께서 예수 그리스도의 얼굴에 있는 하나님의 영광을 아는 빛을 우리 마음에 비추셨느니라."(고후 4:6)

예수님을 믿으면 하나님께도 우리에게도 영광이 된다. "우리 하나님과 주 예수 그리스도의 은혜대로 우리 주 예수의 이름이 너희 가운데서 영광을 받으시고 너희도 그 안에서 영광을 받게 하려 함이라."(살후 1:12)

02. 하나님의 영광을 알아가려면 어떻게 해야 하는가?

> "너희는 들을지어다, 귀를 기울일지어다, 교만하지 말지어다, 여호
> 와께서 말씀하셨음이라, 그가 어둠을 일으키시기 전, 너희 발이
> 어두운 산에 거치기 전, 너희 바라는 빛이 사망의 그늘로 변하여
> 침침한 어둠이 되게 하시기 전에 너희 하나님 여호와께 영광을
> 돌리라."(렘 13:15-16)

☞ **디딤돌**

하나님의 영광을 알아가려면 그와 항상 교제하며 말씀에 순종해야 한다.

말씀에 순종해야

우리는 하나님과 항상 교제하며 말씀에 순종하여 그의 영광을 더욱
충만하게 알아가야 한다. 말씀에 순종할 때 우리는 그의 영광을 더
깊이 알게 되며, 그 영광을 마음껏 찬송하게 된다. 아름다운 경치
를 보면 절로 탄성이 나오듯이, 그의 영광을 알면 마땅히 그것을 찬
송한다. "이 백성은 내가 나를 위하여 지었나니 나를 찬송하게 하려
함이니라."(사 43:21) "호흡이 있는 자마다 여호와를 찬양할지어다
할렐루야."(시 150:6)

믿음은 곧 순종이다(요 3:36). 말씀에 순종할 때 하나님의 영광을 더 깊이 알게 되고, 그의 충만한 은혜와 기쁨도 누릴 수 있다.

03. 에덴동산 가운데에는 무슨 나무가 있었는가?

> "여호와 하나님이 동방의 에덴에 동산을 창설하시고 그 지으신 사람을 거기 두시니라. 여호와 하나님이 그 땅에서 보기에 아름답고 먹기에 좋은 나무가 나게 하시니 동산 가운데에는 생명나무와 선악을 알게 하는 나무(선악 지식의 나무)도 있더라."(창 2:8-9)

☞ **디딤돌**

하나님은 동방의 에덴에 동산을 창설하고, 그 가운데 생명나무와 선악을 알게 하는 나무를 두었다.

하나님의 절대 주권

동방의 에덴은 그 위치를 정확하게 알 수 없다. 다만, 그 동산 가운데에는 생명나무와 선악을 알게 하는 나무가 있었다. '가운데'는 '중심'이라는 위치가 말해주듯, 하나님의 절대 주권을 알려준다. 생명나무는 그가 모든 생명을 주관한다는 것, 그리고 선악을 알게 하는 나무는 그가 선악을 판단하는 주체라는 사실을 분명하게 말해준다. 그만이 생명이며, 그만이 선과 악의 절대 기준이 된다. 한마디로, 그는 창조주고 우리는 그가 창조한 피조물인데, 그 두 나무는 이 관계를 명확하게 보여준다.

04. 아담은 영생을 누리기 위해 어떻게 해야 했는가?

> "여호와 하나님이 그 사람에게 명하여 이르시되 동산 각종 나무의 열매는 네가 임의로 먹되 선악을 알게 하는 나무의 열매는 먹지 말라, 네가 먹는 날에는 반드시 죽으리라."(창 2:16-17)

☞ **디딤돌**

아담은 영생을 누리기 위해 말씀에 순종하여 선악과를 먹지 말아야 했다.

선악을 알게 하는 나무와 생명나무가 각각 어떤 종류의 나무였는지 우리는 그것을 정확하게 알 수 없다. 다만, 전자는 말씀에 순종하는 것이 선이고 말씀에 불순종하는 것이 악임을, 그리고 후자는 말씀에 순종하면 영생을 누리고 말씀에 불순종하면 죽게 될 것임을 명확하게 보여주었다. 요컨대 그 두 나무는 말씀에 순종하여 선악과를 먹지 않으면 영생을 누리고, 말씀에 불순종하여 선악과를 먹으면 반드시 죽게 될 것임을 명확하게 보여주었다.

행위 언약

하나님은 아담이 영생을 누리려면 선악과를 먹지 말라고 했다. 이를 '행위 언약'(아담 언약 /창조 언약)이라고 한다. 이 언약은 아담이 말씀에

순종하는지 아니면 불순종하는지 그 여부에 따라 영생과 죽음이 결정
되는 조건적인 약속이었다.

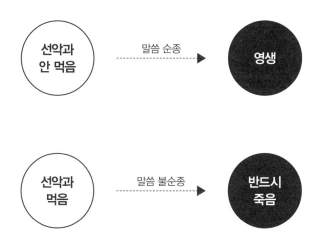

05. 하나님은 동산 가운데에 왜 선악을 알게 하는 나무를 두었는가?

☞ **디딤돌**

아담과 하와에게는 자유의지가 있었다. 선악을 알게 하는 나무는 이 사실을 명확하게 말해준다.

자유의지가 있었다

아담과 하와는 자동로봇으로 창조되지 않았다. 그들은 자유의지가 있었기에 말씀에 순종만 하는 자동로봇이 아니었다. 오히려 하나님은 그들에게 자신을 배신하거나 거역할 수 있는 자유, 즉 완전한 자유의지를 주었다. 그들은 그 자유의지에 따라 말씀에 순종할 수도 있었고 말씀에 불순종할 수도 있었다. 따라서 선악과는 그들을 유혹하여 타락하게 하는 미끼가 아니라, 오히려 그들에게 자유의지가 있었다는 사실을 명확하게 말해준다.

그들은 죄를 지을 수 없는 완전체로 창조되지 않았다. 그들에게는 죄를 지을 수 있는 연약함이 있었다. 그럼에도 불구하고 그들은 그들이 가진 그 자유의지에 따라 하나님과 항상 교제하며 말씀에 온전히 순종해야 했다. 왜냐하면 이런 순종이야말로 온전한 순종이기 때문이다.

그는 아직 가장 높은 수준의 거룩함을 소유하지 못하고 있으며, 삶을 완전히 향유하지도 못하고 있다. 인간 안에 있는 하나님의 형상은 여전히, 인간이 하나님께 대하여 범죄할 수 있는 가능성과, 선에서 악으로 이행할 수 있는 가능성, 그리고 죽음의 법칙에 복종할 수 있는 가능성에 의해 제약받고 있다. 행위 언약 안에 있는 생명의 약속은 아담을 제약하고 있던 모든 생명의 제약을 제거해 주시겠다는 약속이요, 그의 삶을 최고의 완전성에까지 끌어올리겠다는 약속이다(벌 코프, 『조직신학』, CH북스, 2017, 427쪽).

그들은 여전히 하나님께 범죄할 수 있는 가능성과 선에서 악으로 이행할 수 있는 가능성 그리고 죽음의 법칙에 복종할 수 있는 가능성이 있었다. 이 점에서, 생명나무가 예표하는 바, 행위 언약 안에 있는 생명의 약속은 그들을 제약하고 있던 이 모든 연약함까지 완전히 제거해주겠다는 약속이었다. 만약 그들이 말씀에 순종하여 선악과를 먹지 않았다면, 그들은 생명을 보전했을 것이고, 또 이제는 더 이상 죄를 지을 수 없는 완전체가 되었을 것이다. 그리고 그들은 가장 높은 수준의 거룩함을 소유하면서 삶을 온전히 향유하며 영생을 누릴 수 있었을 것이다.

〈교만은 죄의 근원〉

01. 아담과 하와는 선악과를 먹지 말라는 말씀에 어떻게 했는가?

> "여자가 그 나무를 본즉 먹음직도 하고 보암직도 하고 지혜롭게 할 만큼 탐스럽기도 한 나무인지라, 여자가 그 열매를 따먹고 자기와 함께 있는 남편에게도 주매 그도 먹은지라."(창 3:6)

☞ **디딤돌**

아담과 하와는 말씀에 불순종하여 선악과를 먹었다.

부모는 자녀를 사랑하기 때문에 그들에게 무엇을 하지 말라고 한다. 하나님도 아담과 하와를 사랑했기 때문에 그들에게 선악과를 먹지 말라고 했다. 이는 '금지'가 아니라 오히려 '사랑'의 표현이었다.

선악을 분별해야 하는 어려움

아담과 하와는 범죄하기 전에는 죄(악)를 지을 수 있는 연약함은 있었으나 악은 알지 못했다. 그러나 그들은 범죄한 뒤에는 경험적으로 악을 알게 되었다. 하나님만 선과 악을 온전히 알고 그래서 우리를 심판하지만, 그들도 범죄한 뒤에는 선과 함께 악도 경험적으로 알게 되었다. "보라 이 사람이 선악을 아는 일에 우리 중 하나 같이 되었으니"(창 3:22).

그들은 이제 그들이 그나마 알고 있던 선에도 무지하게 되어 선을 행할 능력은 퇴보했고 악을 행할 능력은 커졌다. 그것은 창세기 4장 이후 사람의 죄악의 역사가 잘 보여준다. 그들은 이제 매순간 선악을 '분별'해야 하는 어려움을 갖게 되었다. "너희가 선한 데 지혜롭고 악한 데 미련하기를 원하노라."(롬 16:19)

은혜 언약

아담과 하와는 범죄하기 전에는 선악과를 빼고 동산 각종 나무의 열매를 먹을 수 있었다. 하지만 그들은 범죄한 뒤에 동산 바깥으로 쫓겨났다. 하나님은 동산 동쪽에 그룹(천사)들과 두루 도는 불칼을 두어 생명나무의 길을 지키게 했다.

그럼에도 불구하고 하나님은 범죄한 그들에게 곧 '여자의 후손'(그리스도 /메시야)을 약속했다(창 3:15). 그리고 때가 차자 예수님은 마리아의 몸에서 성령으로 잉태되어 태어나 우리를 위해 구속 사역을 온전히 성취했다. 하나님은 이제 그의 은혜로 예수님을 믿는 모든 사람을 구원하기를 기뻐한다. 이를 '은혜 언약'이라고 한다. 이 언약은 죄인이 자신의 죄 때문에 마땅히 죽어야 함에도 불구하고 하나님이 그에게 값없이 베풀어주는 은혜의 약속을 말한다.

생명나무는 예수님을 예표하며, 따라서 예수님은 그 생명나무의 실체다. 어느 시대나 그를 믿는 사람은 다 구원을 얻는다. 예수님은 우리가 구원을 얻는 유일한 길이다. "내가 곧 길이요 진리요 생명이니 나로 말미암지 않고는 아버지께로 올 자가 없느니라."(요 14:6) 하나님은 예수님을 믿는 모든 사람을 낙원(천국)으로 인도한다. "이기는 그에게는 내가 하나님의 낙원에 있는 생명나무의 열매를 주어 먹게 하리라."(계 2:7) "그가 수정같이 맑은 생명수의 강을 내게 보이니 하나님과 및 어린 양의 보좌로부터 나와서 길 가운데로 흐르더라. 강 좌우에 생명나무가 있어 열두 가지 열매를 맺되 달마다 그 열매를 맺고 그 나무 잎사귀들은 만국을 치료하기 위하여 있더라."(계 22:1-2)

천국은 '새에덴'이다. 그곳은 태초의 에덴동산과는 비교할 수 없는 곳이다. 성도는 그곳에서 더 이상 죄를 지을 수 없는 온전한 의인으로 영생을 누린다.

02. 아담과 하와는 무엇의 유혹을 받고 선악과를 먹었는가?

> "뱀은 여호와 하나님이 지으신 들짐승 중에 가장 간교하니라, 뱀이 여자에게 물어 이르되 하나님이 참으로 너희에게 동산 모든 나무의 열매를 먹지 말라 하시더냐."(창 3:1)

☞ 디딤돌

아담과 하와는 뱀의 유혹을 받고 선악과를 먹었다.

악의 배후에는 사탄이

뱀은 마귀(사탄)를 가리킨다. "큰 용이 내쫓기니 옛 뱀 곧 마귀라고도 하고 사탄이라고도 하며 온 천하를 꾀는 자라."(계 12:9) 뱀은 단순히 상징이 아니다. 사탄은 뱀을 도구로 아담과 하와를 유혹했다. 그래서 성경은 뱀을 "옛 뱀" 또는 "마귀"(사탄)라고도 한다.

사탄은 원래 하나님이 창조한 거룩한 천사장이었으나 하나님께 대적하여 저주를 받았다. 귀신들은 사탄과 함께 타락한 천사들이며, 사탄은 그들의 우두머리로서 그들을 거느리고 있다. 사탄은 "악한 자"(요일 5:19)인데, '악'은 이 사탄과 관련되어 있다. 다만, 성경은 사탄이 어떻게 악을 품고 하나님께 대적했는지 그 악의 기원에 대해서는 말하지 않는다.

하나님은 거룩하고 선하여 악을 행하거나 악을 조장하지 않는다(욥 34:12). 그는 자신의 섭리에 따라 사탄과 악을 허용했다고 할 수 있다. 성경에서 명확하게 말하지 않는 것을 자의적으로 해석하면 안 된다. 성경에서 계시한 만큼 하나님의 뜻을 잘 살펴야 한다. "일을 숨기는 것은 하나님의 영화요 일을 살피는 것은 왕의 영화니라."(잠 25:2)

▲ Raffaello Sanzio, 『악마와 싸우는 성 미카엘
(Saint Michael the Archangel Vanquishing Satan)』 (1830)

03. 범죄한 책임은 누구에게 있는가?

1) 아담에 대한 책망

"여호와 하나님이 아담을 부르시며 그에게 이르시되 네가 어디 있느냐, 이르되 내가 동산에서 하나님의 소리를 듣고 내가 벗었으므로 두려워하여 숨었나이다, 이르시되 누가 너의 벗었음을 네게 알렸느냐, 내가 네게 먹지 말라 명한 그 나무 열매를 네가 먹었느냐."(창 3:9-11)

2) 하와에 대한 책망

"여호와 하나님이 여자에게 이르시되 네가 어찌하여 이렇게 하였느냐."(창 3:13)

3) 뱀에 대한 심판

"여호와 하나님이 뱀에게 이르시되 네가 이렇게 하였으니 네가 모든 가축과 들의 모든 짐승보다 더욱 저주를 받아 배로 다니고 살아 있는 동안 흙을 먹을지니라."(창 3:14)

☞ **디딤돌**

아담과 하와가 범죄한 책임은 그들을 유혹한 사탄에게도 있지만, 그 유혹에 넘어간 그들 자신에게 있다. 그래서 하나님은 사탄을 심판하면서 동시에 그들도 책망했다.

범죄한 책임은 나에게

아담과 하와는 말씀에 순종하여 사탄의 유혹을 물리쳐야 했지만 그 유혹에 넘어가 선악과를 먹었다. 사탄의 유혹에 넘어가지 않으려면 당연히 말씀에 순종해야 하고, 나아가 적극적으로 선을 행해야 한다. 적극적으로 선을 행하는 사람에게는 죄가 틈탈 수 없기 때문이다. "네가 선을 행하면 어찌 낯을 들지 못하겠느냐, 선을 행하지 아니하면 죄가 문에 엎드려 있느니라, 죄가 너를 원하나 너는 죄를 다스릴지니라."(창 4:7) "여호와를 경외함으로 악에서 떠나게 되느니라."(잠 16:6)

04. 아담과 하와 가운데 누가 죄에 더 책임이 큰가?

> "여호와 하나님이 아담을 부르시며 그에게 이르시되 네가 어디 있느냐."(창 3:9)

☞ **디딤돌**

아담과 하와 가운데 아담이 죄에 더 책임이 크다.

말씀을 먼저 맡은 자의 책임

하나님은 하와를 창조하기 전에 아담에게, '네가 선악과를 먹는 날에는 반드시 죽으리라.'고 했다. 그리고 아담은 이 말씀을 하와에게 전했을 것이다. 그러나 하와는 하나님께 직접 말씀을 듣지 않았기 때문에 아담보다 사탄의 유혹에 더 쉽게 넘어갈 가능성이 있었다. 간교한 사탄은 이를 알고 먼저 그녀에게 접근하여 그녀를 유혹했다.

하와가 사탄의 유혹에 넘어가 선악과를 먹고 그것을 아담에게 주자, 아담도 망설이지 않고 그것을 받아먹었다. 죄는 이처럼 전염성(확산성)이 있다. 사탄이 유혹할 때 하와는 당연히 말씀을 생각했어야 했고, 아담도 당연히 하와에게 말씀을 다시 확인시켰어야 했다.

순서로 보면, 하와가 먼저 하나님께 불순종했다. 그러나 하나님은 먼저 아담을 부르며 그를 책망했다. 아담은 하나님께 먼저 말씀을 들었기 때문에 그만큼 책임도 컸기 때문이다. 성경에서 남편은 아내의 머리다. 아담은 아내의 머리로서 무엇보다 말씀을 먼저 맡은 자로서 하와를 말씀대로 인도할 책임이 있었다.

우리는 다 예수님의 제자가 되어 다른 사람을 말씀으로 세워가야 한다. 다만, 말씀을 먼저 맡은 자는 그에 따른 책임도 크다는 사실을 알아야 한다. "내 형제들아 너희는 선생된 우리가 더 큰 심판을 받을 줄 알고 선생이 많이 되지 말라."(약 3:1) 이 말은 말 그대로 선생이 많이 되지 말라는 것이 아니다. 말씀을 가르치는 자는 그에 따른 책임도 크기 때문에 말씀을 정확하게 알고 다른 사람을 가르쳐야 하며, 또 그가 먼저 그 말씀대로 살아야 한다는 것이다. "너는 진리의 말씀을 옳게 분별하며 부끄러울 것이 없는 일꾼으로 인정된 자로 자신을 하나님 앞에 드리기를 힘쓰라."(딤후 2:15)

05. 사탄과 사람이 범죄한 근본 원인은 무엇인가?

> "뱀이 여자에게 이르되 너희가 결코 죽지 아니하리라, 너희가 그 것을 먹는 날에는 너희 눈이 밝아져 하나님과 같이 되어 선악을 알 줄 하나님이 아심이니라."(창 3:4-5)

☞ 디딤돌

사탄과 사람은 교만하여 하나님께 범죄했다. 그들은 하나님과 같이 되려고 했다.

교만은 패망의 선봉

성경은 사탄의 교만을 이렇게 기록한다. "네가 네 마음에 이르기를 내가 하늘에 올라 하나님의 뭇 별 위에 내 자리를 높이리라, 내가 북극 집회의 산 위에 앉으리라, 가장 높은 구름에 올라가 지극히 높은 이와 같아지리라 하는도다."(사 14:13-14) 사탄은 아담과 하와에게도 선악과를 먹고 하나님과 같이 되라고 그들의 교만을 부추겼다.

하나님은 우리에게 예수님을 믿어야 구원을 얻는다고 말한다. 하지만 아직도 많은 사람들이 예수님을 믿지 않고 있다. 그들은 그 자신을 하나님 위에 두고 있다고 하겠는데, 이것이 교만이다. 하나님은 사람을 정직하게 지었으나 오히려 사람은 많은 꾀를 냈다(전 7:29).
하지만 교만은 반드시 패망에 이른다. "교만은 패망의 선봉이요 거
만한 마음은 넘어짐의 앞잡이니라."(잠 16:18) 예수님을 믿지 않는 사
람은 장차 지옥에서 영벌을 받는다.

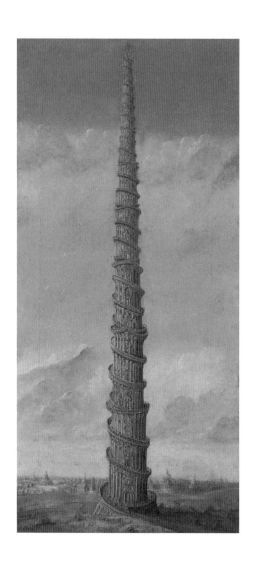

〈거짓은 죄의 속성〉

01. 사탄은 아담과 하와를 어떻게 유혹했는가?

비교

1) 하나님의 말씀

"네가 먹는 날에는 반드시 죽으리라"(창 2:17)

2) 사탄의 말

"너희가 결코 죽지 아니하리라."(창 3:4)

☞ **디딤돌**

죄(악)의 배후에는 사탄이 있다. 사탄이 우리를 어떻게 유혹하는가를 보면 죄의 속성을 알 수 있다. 사탄은 아담과 하와를 거짓으로 유혹했다.

사탄은 거짓의 아비

하나님은 아담에게 "네가 먹는 날에는 반드시 죽으리라."고 했다. 하지만 사탄은 그 말씀과는 정반대로 아담과 하와에게 "너희가 결코 죽지 아니하리라."고 했다.

예수님은 자신을 믿지 않는 유대인들에게 이렇게 말했다. "너희는 너희 아비 마귀에게서 났으니 너희 아비의 욕심대로 너희도 행하고자 하느니라. 그는 처음부터 살인한 자요 진리가 그 속에 없으므로 진리에 서지 못하고 거짓을 말할 때마다 제 것으로 말하나니 이는 그가 거짓말쟁이요 거짓의 아비가 되었음이라."(요 8:44) 사탄은 거짓말쟁이요 거짓의 아비다. 그러므로 죄의 유혹을 피하려면 거짓을 잘 분별해야 한다.

02. 하와는 사탄의 유혹에 넘어가 말씀을 어떻게 왜곡했는가?

비교

1) 하나님의 말씀

"선악을 알게 하는 나무의 열매는 먹지 말라, 네가 먹는 날에는 반드시 죽으리라."(창 2:17)

2) 하와의 말

"동산 중앙에 있는 나무의 열매는 하나님의 말씀에 너희는 먹지도 말고 만지지도 말라, 너희가 죽을까 하노라."(창 3:3)

☞ 디딤돌

하와는 사탄의 유혹에 넘어가 하나님의 말씀에 자신의 말을 더했고, 또 그 말씀을 약화시켰다.

말씀에 가감하지 말아야

말씀은 '진리'다. 그런데도 사탄은 "참으로"(창 3:1)라고 말하며 마치 말씀이 '진리'가 아닌 것처럼 하와에게 그것에 의심을 갖게 했다. 하나님은 원래 아담에게 동산 각종 나무의 열매는 네가 임의로 먹되 선악을 알게 하는 나무의 열매는 먹지 말라고 했다. 그러나 사탄은 하나님이 마치 아담에게 동산 모든 나무의 열매를 먹지 말라고 말한 것처럼 말씀을 왜곡했다.

이때 하와는 사탄에게 "동산 나무의 열매를 우리가 먹을 수 있으나"(창 3:2)가 아니라 '선악과를 빼고 동산 모든 나무의 열매를 우리가 먹을 수 있다.'고, 또 하나님이 결코 먹지 말라고 한 대상이 "동산 중앙에 있는 나무의 열매"가 아니라 동산 중앙에는 생명나무도 있었기 때문에 '동산 중앙에 있는 나무의 열매 가운데서도 선악과'임을 분명하게 말했어야 했다. 하지만 그녀는 사탄에게 마치 자신이 선악과도 먹을 수 있는 것처럼 말했을 뿐 아니라, 먹지 않아야 할 대상이 '선악과'임을 분명하게 말하지 않았다. 나아가 그녀는 더 적극적으로 말씀을 왜곡하기 시작했다. 즉 선악과를 "먹지 말라"가 아니라, "먹지도 말고 만지지도 말라"고 하며 말씀에 자신의 말을 더했다. 그리고 그것을 "먹는 날에는 반드시 죽으리라"가 아니라, "죽을까 하노라"고 하며 말씀을 약화시켰다. 그러자, 사탄은 하와에게 하나님이 그녀와 아담과 맺은 언약 자체를 의심하게 했다.' "너희가 그것을 먹는 날에는 너희 눈이 밝아져 하나님과 같이 되어 선악을 알 줄 하나님이 아심이니라."(창 3:5)

말씀에 자신의 말을 더하거나 말씀을 약화시키면 안 된다(신 12:32). 기록된 말씀 밖으로 넘어가면 안 된다. 말씀은 '진리'이기 때문에 그대로 믿고 순종해야 한다.

03. 사탄에게 거짓의 유혹을 받는 것은 무엇 때문인가?

"오직 각 사람이 시험(유혹 /미혹 Temptation)을 받는 것은 자기 욕심에 끌려 미혹됨이니 욕심이 잉태한즉 죄를 낳고 죄가 장성한즉 사망을 낳느니라."(약 1:14-15)

☞ **디딤돌**

사탄에게 거짓의 유혹을 받는 것은 자기 욕심(탐심)에 끌려 미혹되기 때문이다. 우리는 이 탐심 때문에 죄를 짓고, 그 결과 사망에 이른다. 탐심은 우리가 짓는 모든 죄의 뿌리다. 그래서 성경은 탐심은 곧 하나님을 대적하는 우상 숭배라고 말한다(골 3:5).

탐심을 경계해야

앞에서 말한 대로, 아담과 하와는 범죄하기 전에는 죄를 지을 수 있는 연약함은 있었으나 경험적으로는 죄를 알지 못했다. 그런데도 그들은 자기 욕심에 끌려 사탄의 유혹에 넘어갔다. 그렇다면 이미 많은 죄를 지었고 또 경험적으로 그 죄의 심각성과 후유증을 잘 알고 있는 우리는 얼마나 더 죄에 민감해야 할까? 항상 성령의 은혜를 의지하며 말씀대로 살아야 한다. "내가 주께 범죄하지 아니하려 하여 주의 말씀을 내 마음에 두었나이다."(시 119:11) 무엇보다 탐심을 경계해야 한다.

04. 사탄은 무엇을 매개로 하와를 유혹했는가?

> "여자가 그 나무를 본즉 먹음직도 하고 보암직도 하고 지혜롭게
> 할 만큼 탐스럽기도 한 나무인지라, 여자가 그 열매를 따먹고 자
> 기와 함께 있는 남편에게도 주매 그도 먹은지라."(창 3:6)

☞ 디딤돌

사탄은 물질(돈), 명예, 권세, 이 세 가지 매개로 하와를 유혹했다.

세 가지 매개

하와가 사탄의 유혹에 넘어가자, 선악과는 먹음직도 하고 보암직도
하고 지혜롭게 할 만큼 탐스럽기도 했다. "먹음직도 하고"는 '육신의
정욕'(물질), "보암직도 하고"는 '안목의 정욕'(명예), "지혜롭게 할 만
큼 탐스럽기도 한" 것은 '이생의 자랑'(권세)을 각각 가리킨다. "이 세
상이나 세상에 있는 것들을 사랑하지 말라, 누구든지 세상을 사랑
하면 아버지의 사랑이 그 안에 있지 아니하니 이는 세상에 있는 모
든 것이 육신의 정욕과 안목의 정욕과 이생의 자랑이니 다 아버지
께로부터 온 것이 아니요 세상으로부터 온 것이라, 이 세상도 그 정
욕도 지나가되 오직 하나님의 뜻을 행하는 자는 영원히 거하느니
라."(요일 2:15-17)

05. 사탄은 무엇을 매개로 예수님을 유혹했는가?

"예수께서 성령의 충만함을 입어 요단강에서 돌아오사 광야에서 사십 일 동안 성령에게 이끌리시며 마귀에게 시험을 받으시더라, 이 모든 날에 아무 것도 잡수시지 아니하시니 날 수가 다하매 주리신지라, 마귀가 이르되 네가 만일 하나님의 아들이어든 이 돌들에게 명하여 떡이 되게 하라, 예수께서 대답하시되 기록된 바 사람이 떡으로만 살 것이 아니라 하였느니라, 마귀가 또 예수를 이끌고 올라가서 순식간에 천하 만국을 보이며 이르되 이 모든 권위와 그 영광을 내가 네게 주리라, 이것은 내게 넘겨준 것이므로 내가 원하는 자에게 주노라, 그러므로 네가 만일 내게 절하면 다 네 것이 되리라, 예수께서 대답하여 이르시되 기록된 바 즉 너의 하나님께 경배하고 다만 그를 섬기라 하였느니라, 또 이끌고 예루살렘으로 가서 성전 꼭대기에 세우고 이르되 네가 만일 하나님의 아들이어든 여기서 뛰어내리라, 기록되었으되 하나님이 너를 위하여 그 사자들을 명하사 너를 지키게 하시리라 하였고 또한 그들이 손으로 너를 받들어 네 발이 돌에 부딪치지 않게 하시리라 하였느니라, 예수께서 대답하여 이르시되 즉 너의 하나님을 시험하지 말라 하였느니라."(눅 4:1-12)

☞ 디딤돌

사탄은 예수님도 하와와 똑같이 물질(돈), 권세, 명예, 이 세 가지 매개로 유혹했다. 그러나 사탄이 예수님을 어떻게 유혹하며 또 예수님이 그 유혹을 어떻게 물리치는가를 보면 많은 교훈을 얻을 수 있다.

첫 번째, 두 번째 유혹

예수님은 성령에게 이끌려 광야에서 사탄에게 시험을 받았다. 예수님은 사십 일 동안 금식하여 아주 주렸는데, 그때 사탄이 예수님을 이렇게 유혹했다. "네가 만일 하나님의 아들이어든 명하여 이 돌들로 떡덩이가 되게 하라."(눅 4:3) 사탄은 가장 먼저 먹는 문제로 예수님을 유혹했는데, 예수님은 그 유혹을 단호하게 물리쳤다. "기록되었으되 사람이 떡으로만 살 것이 아니요 하나님의 입으로부터 나오는 모든 말씀으로 살 것이라 하였느니라."(마 4:4) 즉 먹는 문제도 해결해야 하지만, 영혼의 양식인 말씀을 먹고 살아야 한다는 것이다.

첫 번째 유혹에 실패하자, 사탄은 다시 예수님을 지극히 높은 산으로 데리고 가서 거기서 예수님께 천하 만국과 그 영광을 보여주며 예수님을 이렇게 유혹했다. "만일 내게 엎드려 경배하면 이 모든 것을 네게 주리라."(마 4:9) 사탄은 온 세상을 다스리는 권세가 자기에게 넘겨졌기 때문에 그것을 자기가 바라는 자에게 주겠다고 했다. 하지만 이것은 명백한 거짓이다. 하나님은 사탄에게 그와 같은 권세를 넘겨준 적이 없으며, 또 이때도 예수님은 신성을 가진 '참 하나님'으로서 온 세상을 다스리고 있었다. "아버지께서 아들에게 주신 모든 사람에게 영생을 주게 하시려고 만민을 다스리는 권세를 아들에게 주셨음이로소이다."(요 17:2) 즉 사탄은 예수님께 온 세상을 다스리는 권세를 얻으라고 유혹했는데, 예수님은 이번에도 그 유혹을 단호하게 물리쳤다. "기록된 바 주 너의 하나님께 경배하고 다만 그를 섬기라 하였느니라."(눅 4:8)

첫 번째, 두 번째 유혹은 그것이 거짓말임을 말씀으로 쉽게 분별할 수 있다. "너를 낮추시며 너를 주리게 하시며 또 너도 알지 못하며 네 조상들도 알지 못하던 만나를 네게 먹이신 것은 사람이 떡으로만 사는 것이 아니요 여호와의 입에서 나오는 모든 말씀으로 사는 줄을 네가 알게 하려 하심이니라."(신 8:3) "우리 하나님 여호와는 오직 유일한 여호와이시니 너는 마음을 다하고 뜻을 다하고 힘을 다하여 네 하나님 여호와를 사랑하라."(신 6:4-5)

세 번째 유혹

하지만 세 번째 유혹은 단순하지 않다. 그것은 사탄도 말씀을 인용하기 때문이다. 사탄은 앞의 10-11절 말씀에서 시편 91편 11-12절 말씀을 인용하며, "네가 만일 하나님의 아들이어든 여기서 뛰어내리라."(눅 4:9)고 예수님을 유혹했다. 사탄의 이 유혹은 시편 91편 11-12절 말씀이 성립되려면 반드시 전제가 되기 때문에 아주 적절해 보인다. 즉 예수님이 뛰어내려야 시편 91편 11-12절 말씀이 성립될 수 있기 때문이다. 하지만 시편 91편 11-12절 말씀 바로 앞쪽의 9-10절 말씀은 이렇게 기록되어 있다. "네가 말하기를 여호와는 나의 피난처시라 하고 지존자를 너의 거처로 삼았으므로 화가 네게 미치지 못하며 재앙이 네 장막에 가까이 오지 못하리니". 요컨대 9–10절 말씀을 포함하여 시편 91편 11–12절 말씀을 그것이 속한 전체 문맥에서 해석하면 그 뜻은 여호와를 경외해야 한다는 것이다.

만약 사탄의 말대로 예수님이 성전 꼭대기에서 뛰어내렸다고 하자. 그리고 예수님이 하나도 다치지 않았다고 하자. 사람들은 그를 신비한 능력을 가진 자로 여기며 따랐을 것이다. 즉 사탄은 예수님께 사람들에게 존경을 받고 이 세상에서 명예를 얻으라고 유혹했는데, 예수님은 이번에도 그 유혹을 단호하게 물리쳤다. "주 너의 하나님을 시험하지 말라 하였느니라."(눅 4:12)

사탄은 자기 생각을 말씀에 섞었다. 따라서 어떤 유혹이든 물리치려면 그것을 말씀에 따라 정확하게 분별해야 한다. 어떤 말씀이든 그것이 속한 전체 문맥에서 해석하고, 또 그 뜻을 오늘의 내 상황에 지혜롭게 적용해야 오류가 없다.

특히 돈의 유혹을 경계해야

사탄은 하와도 예수님도 똑같이 물질(돈), 권세, 명예, 이 세 가지 매개로 유혹했다. 사탄은 오늘도 이 세 가지 매개로 수많은 사람들을 유혹하고 있고, 또 예수님이 재림할 때까지 앞으로도 그럴 것이다. 이것만 보면 사탄의 전략은 너무 뻔한 것 같다. 하지만 오늘의 현실을 보자. 지금도 많은 사람들이 부정적인 방법으로 물질과 권세와 명예를 얻으려고 하다가 그들의 이름이 언론에 오르내리는 것을 보면 사탄의 전략은 아주 적절해 보인다.

사람들은 특히 돈의 유혹에 쉽게 넘어간다. "우리가 세상에 아무 것도 가지고 온 것이 없으매 또한 아무 것도 가지고 가지 못하리니 우리가 먹을 것과 입을 것이 있은즉 족한 줄로 알 것이니라, 부하려 하는 자들은 시험과 올무와 여러 가지 어리석고 해로운 욕심에 떨어지나니 곧 사람으로 파멸과 멸망에 빠지게 하는 것이라."(딤전 6:7-9) "재물이 늘어도 거기에 마음을 두지 말지어다."(시 62:10)

〈관계의 파괴〉

01. 아담과 하와는 하나님을 어떻게 대했는가?

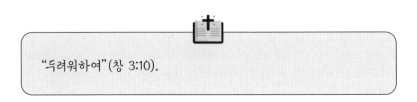

"두려워하여"(창 3:10).

☞ 디딤돌

아담과 하와는 범죄한 뒤에 하나님을 두려워하게 되었다.

죄책으로 인한 두려움

아담과 하와는 범죄하기 전에는 동산에서 거니는 하나님의 소리를 들으며 그와 친밀하게 교제했다. 그들은 그의 온전한 사랑 안에 있었기 때문에 그를 전혀 두려워하지 않았다. 그러나 그들은 범죄한 뒤에는 그를 두려워하여 그의 낯을 피해 동산 나무 사이에 숨었다. 두려움은 그들의 죄책(罪責) 때문에 그와 관계가 깨어진 것을 뜻한다. 이처럼 우리가 범죄하면 가장 먼저 하나님과 관계가 깨어진다.

02. 아담과 하와는 서로 어떻게 대했는가?

1)

비교

"아담과 그의 아내 두 사람이 벌거벗었으나 부끄러워하지 아니하니라."(창 2:25)

"이에 그들의 눈이 밝아져 자기들이 벗은 줄을 알고 무화과나무 잎을 엮어 치마로 삼았더라."(창 3:7)

2)

"누가 너의 벗었음을 네게 알렸느냐, 내가 네게 먹지 말라 명한 그 나무 열매를 네가 먹었느냐, 아담이 이르되 하나님이 주셔서 나와 함께 있게 하신 여자 그가 그 나무 열매를 내게 주므로 내가 먹었나이다, 여호와 하나님이 여자에게 이르시되 네가 어찌하여 이렇게 하였느냐, 여자가 이르되 뱀이 나를 꾀므로 내가 먹었나이다."(창 3:11-13)

☞ **디딤돌**

1) (부끄러움)

아담과 하와는 범죄하기 전에는 서로 벌거벗고 있었으나 부끄러워하지 않았다. 그러나 그들은 범죄한 뒤에는 서로 벌거벗고 있는 것을 부끄러워하며 무화과나무 잎을 엮어 치마로 삼았다. 죄는 사람간에 부끄러움을 가져왔는데, 이 부끄러움은 사람간의 거리감, 즉 소외(疏外)를 말한다. 이처럼 우리가 범죄하면 가장 먼저 하나님과 관계가 깨어지고, 그 결과 사람간의 관계도 깨어진다. 오늘날 많은 사람들이 서로 관계가 깨어져 힘들어하는데, 이는 다 우리 죄의 결과다.

2) (책임 전가)

아담은 범죄한 뒤에 자신의 책임을 하와에게, 하와는 다시 자신의 책임을 뱀에게 전가(轉嫁)했다. 책임 전가는 사람간의 관계를 심각하게 깬다. 이처럼 죄는 사람간의 관계를 철저히 깬다.

03. 우리는 우리 자신과 어떤 상태에 처하게 되었는가?

> "내가 행하는 것을 내가 알지 못하나니 곧 내가 원하는 것은 행하지 아니하고 도리어 미워하는 것을 행함이라."(롬 7:15)

☞ **디딤돌**

우리는 아담과 하와의 범죄 이후 우리 자신과도 소외 상태에 처하게 되었다.

자기 소외

모든 사람은 자기 마음조차 다스릴 수 없다. 자기 자신과도 소외 상태에 처하게 된 것이다. "내 속 곧 내 육신에 선한 것이 거하지 아니하는 줄을 아노니 원함은 내게 있으나 선을 행하는 것은 없노라. 내가 원하는 바 선은 행하지 아니하고 도리어 원하지 아니하는 바 악을 행하는도다."(롬 7:18-19)

04. 땅(자연)은 어떻게 되었는가?

> "아담에게 이르시되 네가 네 아내의 말을 듣고 내가 네게 먹지 말라 한 나무의 열매를 먹었은즉 땅은 너로 말미암아 저주를 받고 너는 네 평생에 수고하여야 그 소산을 먹으리라, 땅이 네게 가시덤불과 엉겅퀴를 낼 것이라."(창 3:17-18)

☞ 디딤돌

땅(자연)도 저주를 받아 가시덤불과 엉겅퀴를 냈다.

땅(자연)도 저주를 받다

아담과 하와는 범죄하기 전에는 채소와 각종 나무의 열매를 먹을 수 있었다. 그리고 노동은 그들에게 고통이 아니었다. 그러나 그들이 범죄한 뒤에는 땅도 저주를 받아 가시덤불과 엉겅퀴를 냈고, 이제 노동은 그들에게 고통이 되었다. 그들은 평생 수고하고 얼굴에 땀을 흘려야 그 소산을 먹을 수 있었다. 이처럼 죄는 땅(자연)에도 저주를 가져왔다.

이처럼 우리가 범죄하면 가장 먼저 하나님과 관계가 깨어지고, 그 결과 사람간의 관계도 깨어진다. 그리고 자기 자신과도 소외 상태에 처하게 되며, 땅(자연)과의 관계도 깨어진다.

05. 우리는 다 어떤 처지에 놓여 있는가?

1)

"내가 죄악 중에서 출생하였음이여 어머니가 죄 중에서 나를 잉태하였나이다."(시 51:5)

2)

"여호와께서 사람의 죄악이 세상에 가득함과 그의 마음으로 생각하는 모든 계획이 항상 악할 뿐임을 보시고"(창 6:5).

3)

"내가 나의 네 가지 중한 벌 곧 칼과 기근과 사나운 짐승과 전염병을 예루살렘에 함께 내려 사람과 짐승을 그 중에서 끊으리니 그 해가 더욱 심하지 아니하겠느냐."(겔 14:21)

4)

"너는 흙이니 흙으로 돌아갈 것이니라."(창 3:19)

☞ 디딤돌

1) (죄악 가운데서 잉태되어 태어남)

2) (전적 타락)

하나님은 모든 피조물 가운데 우리만 자신의 형상대로 창조했다(창 1:27). 하나님의 형상이란 우리가 가진 지성과 감성과 의지와 함께, 이타심과 같은 도덕적 품성과 의와 거룩을 추구하는 능력 등을 말한다. 아담과 하와가 범죄하자, 이 하나님의 형상이 심히 왜곡되었다.

모든 것이 전적으로 타락했다. 아담의 범죄 이후 우리 마음으로 생각하는 모든 계획이 항상 악하다. 내 마음을 정하게 하였다, 내 죄를 깨끗하게 하였다 할 자가 아무도 없다(잠 20:9). 우리 마음은 만물보다 거짓되고 심히 부패하다(렘 17:9). "속에서 곧 사람의 마음에서 나오는 것은 악한 생각 곧 음란과 도둑질과 살인과 간음과 탐욕과 악독과 속임과 음탕과 질투와 비방과 교만과 우매함이니"(막 7:21-22). 이 모든 악한 것이 우리 마음에서 나와서 우리를 더럽게 한다. 내 속 곧 내 육신에는 선한 것이 전혀 없다.

하나님은 우리 마음에 양심을 주었다. 어떤 사람은 이 양심에 거리낌 없이 살아간다고 생각할 수 있다. 하지만 그 양심을 말씀에 비추어보면 심히 부패한 것밖에 없다. 물론 어떤 사람의 행동은 다른 사람에 비해 선해 보일 수는 있지만, 그것을 그 사람의 마음의 동기에 따라 바라보면 악한 것밖에 없다.

성경은 그래서 지혜롭게 살아가려면 사람을 믿고 의지하지 말라고 한다. 시편 기자는 크게 고통을 당할 때 사람을 믿고 의지했지만, 그들은 다 거짓말쟁이었다고 고백한다(시 116:10-11). 예수님은 사람을 믿고 의지하지 않았다. "예수는 그의 몸을 그들에게 의탁하지 아니하셨으니 이는 친히 모든 사람을 아심이요 또 사람에 대하여 누구의 증언도 받으실 필요가 없었으니 이는 그가 친히 사람의 속에 있는 것을 아셨음이니라."(요 2:24-25)

사람은 아무 조건 없이 사랑할 대상이지 믿고 의지할 대상은 아니다. "귀인들을 의지하지 말며 도울 힘이 없는 인생도 의지하지 말지니"(시 146:3). "너희는 인생을 의지하지 말라, 그의 호흡은 코에 있나니 셈할 가치가 어디 있느냐."(사 2:22) "육신으로 그의 힘을 삼고 마음이 여호와에게서 떠난 그 사람은 저주를 받을 것이라."(렘 17:5) 내 마음도 자주 변할 때가 있는데 다른 사람을 믿고 의지하는 것은 있을 수 없다. 그래서 성경은 "자기의 마음을 믿는 자는 미련한 자"(잠 28:26)라고 말한다. 프로이트의 말을 빌리자면, 사람은 태생적으로 이기적이다. 따라서 하나님의 은혜가 없다면 우리는 다른 사람을 진심으로 사랑할 수 없다.

하나님은 사랑이다(요일 4:8). 그는 항상 변함이 없고 능력이 무한하다. 그만 믿고 의지해야 한다. "야곱의 하나님을 자기의 도움으로 삼으며 여호와 자기 하나님에게 자기의 소망을 두는 자는 복이 있도다."(시 146:5)

3) (벌을 받음)
네 가지 벌을 받게 되었다.
① 칼 (전쟁 /사건과 사고)

② 기근 (가뭄 등 자연 재해 /경제적 손실)
③ 사나운 짐승 (실제적인 짐승 /이단 – 행 20:29)
④ 전염병

4) (죽음)

아담과 하와가 범죄하자, 그들에게 즉시 영적인 죽음이 찾아왔다. 그리고 그들은 때가 되면 그들의 몸과 영혼이 분리되는 육적인 죽음을 맞이해야 했다. "죄의 삯은 사망"(롬 6:23)이다.

아담은 모든 인류를 대표한다. 따라서 아담과 하와가 범죄할 때 그들의 후손인 모든 인류에게도 영적인 죽음이 찾아왔다. 그리고 모든 인류도 역시 때가 되면 그들의 몸과 영혼이 분리되는 육적인 죽음을 맞이해야 했다. 다만, 성도는 이미 '예수님 안에서' 영적인 생명을 회복했고, 또 마지막 심판 뒤에 천국에서 영생을 누린다. 그러나 불신자는 이미 영적인 죽음을 맞이했고, 또 마지막 심판 뒤에 지옥에서 영벌을 받는다.

'대표'와 '연합'의 원리

"한 사람으로 말미암아 죄가 세상에 들어오고 죄로 말미암아 사망이 들어왔나니 이와 같이 모든 사람이 죄를 지었으므로 사망이 모든 사람에게 이르렀느니라."(롬 5:12)

하나님은 아담을 모든 인류의 '대표'로 삼고 그와 언약을 맺었다. 즉 영생을 누리려면 선악과를 먹지 말라는 것이다. 그러나 아담은 선악과를 먹고 그 언약을 깨뜨렸다.

아담이 범죄하자, 그 죄가 그의 후손인 모든 인류에게 전가되었다. "선을 행하고 전혀 죄를 범하지 아니하는 의인은 세상에 없기 때문이로다."(전 7:20) 즉 아담이 범죄할 때 그의 후손인 모든 인류도 그와 '연합'하여 범죄했다.

아담의 원죄(原罪)는 그 이후 모든 인류의 죄의 근원을 이룬다. 아담이 죄를 짓자 죄책을 갖고 죄에 오염되었듯이, 모든 인류도 죄

책을 갖고 죄에 오염되었다. 이제 모든 인류는 하나님이 각 사람에게 준 원의(原義)를 잃어버리고 전적으로 부패하고 타락하게 되었다. 그리고 그들은 다 아담과 함께 그 죄 때문에 죽게 되었다.

아담과 하와는 인류 최초의 가정을 꾸렸다. 그들이 범죄하자, 이 가정이 깨어졌다. 오늘의 우리 각 가정에 남편과 아내, 부모와 자녀 간에 얼마나 많은 갈등이 있는가. 이것만 보더라도, 오늘의 모든 인류는 그들의 죄 때문에 함께 탄식하며 함께 고통을 겪고 있다. 성도들 또한 속으로 탄식하며 구원 얻을 날을 간절히 기다리고 있다(롬 8:22-23).

■ 삶으로의 여행

※ 하나님보다 누구를 더 사랑하게 되었는가?

> "너는 이것을 알라, 말세에 고통하는 때가 이르러 사람들이 자기를 사랑하며 돈을 사랑하며"(딤후 3:1-2).

☞ 디딤돌

하나님보다 자기 자신을 더 사랑하게 되었다.

우상 숭배는 자기 사랑

일부 이단 교주는 자신을 심지어 '하나님'이라고 말한다. 그런데도 많은 사람들이 그를 '신'으로 섬기며 따른다. 이는 다 자기 사랑의 극치다. 하지만 우리에게는 삼위 하나님만 있다. "비록 하늘에나 땅에나 신이라 불리는 자가 있어 많은 신과 많은 주가 있으나, 그러나 우리에게는 한 하나님 곧 아버지가 계시니 만물이 그에게서 났고 우리도 그를 위하여 있고, 또한 한 주 예수 그리스도께서 계시니 만물이 그로 말미암고 우리도 그로 말미암아 있느니라."(고전 8:5-6)

우상 숭배는 단순히 어떤 상(像)을 만들어 섬기는 것만이 아니다.

하나님보다 더 사랑하는 모든 것, 예를 들어 나 자신과 물질(돈)·명예·권세 등도 다 우상이다. 성경에서 우상 숭배는 크게 물질 숭배와 성적 범죄(음행)로 나타난다. 구약 시대 이스라엘 백성은 바알 신전에 가서 제사를 지냈는데, 그곳에는 창기와 남창(미동)이 있었다. 그들은 바알에게 제사를 지내고 나서 그곳에 있는 창기와 남창과 성적 범죄를 저질렀다. 그렇게 할 때 바알이 비를 내려 곡식의 소출을 더 풍성하게 해준다고 믿었기 때문이다. 이처럼 물질 숭배와 성적 범죄는 긴밀하게 연결되어 있는데, 이는 다 자기 사랑의 표현이다.

그들의 신(神)은 배[腹]

하나님을 떠난 사람들은 궁극적으로 자신의 배[腹]를 신으로 섬긴다. "여러 사람들이 그리스도의 십자가의 원수로 행하느니라, 그들의 마침은 멸망이요 그들의 신(神)은 배[腹]요 그 영광은 그들의 부끄러움에 있고 땅의 일을 생각하는 자라."(빌 3:18-19) 그들에게 가장 가치 있는 것은 자신의 탐욕을 채우는 것이다. 이것이 하나님을 떠난 모든 사람들의 실상이다.

말세에는 사람들이 자기를 사랑하며 돈을 사랑한다. 마가복음 5장을 보면 많은 귀신에 사로잡힌 사람이 나온다. 예수님이 그에게서 귀신들을 쫓아내자, 귀신들은 돼지 떼에 들어가 돼지 약 이천여 마리가 비탈로 내리달아 바다에서 몰사했다. 그때 돼지 떼 주인들과 마을 사람들은 그가 고침받은 것은 생각하지 않았다. 그들은 오히려 자기들 재산에 또 손해가 생길까 하여 예수님께 자기 마을에서 떠나가라고 했다. 그들은 그들의 눈앞에서 직접 구원의 은혜를 목격했지만, 물질에 마음을 뺏겨 구원 얻을 기회를 놓쳤다. 예수님을 배척한 바리새인들도 돈을 사랑하여 구원에서 멀어져갔다.

가룟 유다는 특히 돈을 사랑하여 예수님을 은 삼십에 팔았다. 그가 섬기는 신은 자신의 탐욕을 채우는 것이었다. 예수님이 십자가에 못 박히기 전에 마리아가 예수님의 발에 아주 비싼 향유를 붓고 자기 머리털로 그 발을 닦자, 가룟 유다는 이것을 보고 왜 그 비싼 향유를 팔아 가난한 자들에게 주지 않느냐고 그녀를 나무랐다. 하지만 그는 전혀 그럴 마음이 없었다. "이렇게 말함은 가난한 자들을 생각함이 아니요 그는 도둑이라 돈궤를 맡고 거기 넣는 것을 훔쳐 감이러라."(요 12:6)

가룟 유다의 신(神)은 배[腹]였다. 그가 섬기는 신은 자신의 탐욕을 채우는 것이었다. 그는 자살로 생을 마쳤는데, 사도행전 1장 18절 말씀은 그의 죽음을 이렇게 묘사한다. "이 사람이 불의의 삯으로 밭을 사고 후에 몸이 곤두박질하여 배가 터져 창자가 다 흘러나온지라." 그는 배[腹]가 터져 죽었는데, 이것이 우리에게 주는 메시지는 분명하다. "돈을 사랑함이 일만 악의 뿌리가 되나니 이것을 탐내는 자들은 미혹을 받아 믿음에서 떠나 많은 근심으로써 자기를 찔렀도다."(딤전 6:10)

성경은 그래서 우리에게 이렇게 권면한다. "사람의 수고는 다 자기의 입을 위함이나 그 식욕은 채울 수 없느니라."(전 6:7) "돈을 사랑하지 말고 있는 바를 족한 줄로 알라."(히 13:5) "자랑하는 자는 이것으로 자랑할지니 곧 명철하여 나를 아는 것과 나 여호와는 사랑과 정의와 공의를 땅에 행하는 자인 줄 깨닫는 것이라, 나는 이 일을 기뻐하노라."(렘 9:24)

chpater 2.

죽다 – 죽음

죄의 삯은
사망

01. 사람들은 죽음을 다 어떻게 생각하는가?

> "자녀들은 혈과 육에 속하였으매 그도 또한 같은 모양으로 혈과 육을 함께 지니심은 죽음을 통하여 죽음의 세력을 잡은 자 곧 마귀를 멸하시며, 또 죽기를 무서워하므로 한평생 매여 종노릇하는 모든 자들을 놓아 주려 하심이니"(히 2:14-15).

☞ **디딤돌**

사람들은 죽음을 다 무서워한다.

죽기를 무서워하다

마귀(사탄)는 죽음의 세력을 잡고 있다. 그리고 사람들은 죽기를 무서워하여 한평생 이 사탄에게 매여 종노릇한다. 예수님은 십자가에서 죽음으로 이 사탄의 세력을 무력화시켰다. 그리고 예수님은 죽은 지 삼일 만에 부활하여 자신을 믿는 모든 사람에게 영생을 허락했다. "곧 살아 있는 자라, 내가 죽었었노라, 볼지어다 이제 세세토록 살아 있어 사망과 음부의 열쇠를 가졌노니"(계 1:18).

02. 사람들은 왜 죽음을 무서워하는가?

> "하나님이 모든 것을 지으시되 때를 따라 아름답게 하셨고 또 사람들에게는 영원을 사모하는 마음을 주셨느니라."(전 3:11)

☞ **디딤돌**

하나님은 '영원한 생명'이다. 그는 우리에게도 영원을 사모하는 마음을 주었다. 그런데 죽음은 그와 영원히 분리되는 것이기 때문에 사람들은 죽음을 무서워한다.

하나님과 영원히 분리되다

예수님은 '참 하나님'이었지만 우리 죄를 대속하기 위해 십자가에서 죽었다. 그는 죽기 전에 '영원한 생명'인 하나님과 분리되는 것이 얼마나 큰 고통인지 하나님께 이렇게 부르짖었다. "나의 하나님 나의 하나님 어찌하여 나를 버리셨나이까."(마 27:46) 우리에게도 가장 큰 고통은 하나님과 영원히 분리되는 것이다. 그래서 사람들은 죽음을 무서워한다.

성도는 죽음 앞에서도 담대하다

불신자는 그가 아무리 죽음에 대해 호언장담을 해도 그의 마음 깊숙

한 곳에는 죽음에 대한 무서움이 있다. 그러나 성도는 결코 죽음을 무서워하지 않는다. 그는 오히려 죽음 앞에서도 담대하다. 죽어도 하나님의 사랑 안에서 영생을 누릴 것을 알기 때문이다. "하나님이 우리에게 주신 것은 두려워하는 마음이 아니요 오직 능력과 사랑과 절제하는 마음이니"(딤후 1:7). "사랑 안에 두려움이 없고 온전한 사랑이 두려움을 내쫓나니 두려움에는 형벌이 있음이라. 두려워하는 자는 사랑 안에서 온전히 이루지 못하였느니라."(요일 4:18)

03. 불신자와 성도는 현재 그의 몸과 영혼이 각각 어떤 상태에 있는가?

"주여 내가 먼저 가서 내 아버지를 장사하게 허락하옵소서, 예수께서 이르시되 죽은 자들이 그들의 죽은 자들을 장사하게 하고 너는 나를 따르라."(마 8:21-22)

"만일 너희 속에 하나님의 영이 거하시면 너희가 육신에 있지 아니하고 영에 있나니 누구든지 그리스도의 영이 없으면 그리스도의 사람이 아니라, 또 그리스도께서 너희 안에 계시면 몸은 죄로 말미암아 죽은 것이나 영은 의로 말미암아 살아 있는 것이니라."(롬 8:9-10)

☞ **디딤돌**

불신자는 그의 죄 때문에 그의 몸도 영혼도 이미 죽어 있다. 성도도 그의 몸은 역시 그의 죄 때문에 죽어 있으나 그의 영혼은 하나님의 의로 말미암아 살아 있다.

불신자는 그가 지금 죽어 있든 살아 있든 이미 그의 몸도 영혼도 죽어 있다. 어떤 제자가 예수님께 "주여 내가 먼저 가서 내 아버지를 장사하게 허락하옵소서."(마 8:21)라고 했다. 즉 그 제자는 그의 아버지가 죽으면 그를 장사하고 나서 예수님을 따르겠다고 했다. 그때 예수님은 그에게 이렇게 말했다. "죽은 자들이 그들의 죽은 자들을 장사하게 하고 너는 나를 따르라."(마 8:22) 즉 '불신자는 그가 지금 죽어 있든 살아 있든 이미 그의 몸도 영혼도 죽어 있으니, 죽은 자들이 그들의 죽은 자들을 장사하게 하고 너는 나를 따르라.'는 것이다. 성도도 그가 지금 죽어 있든 살아 있든 그의 몸은 역시 그의 죄 때문에 죽어 있으나 그의 영혼은 하나님의 의로 말미암아 살아 있다.

첫째 사망과 둘째 사망

우리는 지금 예수님을 믿지 않든 그를 믿든 다 우리 몸은 우리 죄로 말미암아 죽어 있다. 그리고 우리는 때가 되면 다 우리의 몸과 영혼이 분리되는 육적인 죽음을 맞는다. 이것을 '첫째 사망'이라고 한다. 하지만 불신자의 영혼은 이미 죽어 있고, 성도의 영혼은 이미 '예수님 안에서' 다시 살아났다. 즉 불신자는 이미 영벌을 받았고, 성도는 이미 영생을 얻었다. 그리고 마지막 심판 뒤에 불신자는 지옥에서 영벌을 받고, 성도는 천국에서 영생을 누린다. 마지막 심판 뒤에 불신자가 지옥에서 영벌을 받는 것을 "둘째 사망"(계 2:11)이라고 한다.

04. 불신자와 성도는 죽는 순간 그의 영혼은 각각 어떻게 되는가?

> "한 부자가 있어 자색 옷과 고운 베옷을 입고 날마다 호화롭게 즐기더라. 그런데 나사로라 이름하는 한 거지가 헌데 투성이로 그의 대문 앞에 버려진 채 그 부자의 상에서 떨어지는 것으로 배불리려 하매 심지어 개들이 와서 그 헌데를 핥더라. 이에 그 거지가 죽어 천사들에게 받들려 아브라함의 품에 들어가고 부자도 죽어 장사되매 그가 음부에서 고통 중에 눈을 들어 멀리 아브라함과 그의 품에 있는 나사로를 보고 불러 이르되 아버지 아브라함이여 나를 긍휼히 여기사 나사로를 보내어 그 손가락 끝에 물을 찍어 내 혀를 서늘하게 하소서. 내가 이 불꽃 가운데서 괴로워하나이다." (눅 16:19-24)

☞ **디딤돌**

죽는 순간 불신자의 영혼은 곧 지옥으로 가고, 성도의 영혼은 곧 낙원으로 간다.

다시 하나님께로

하나님은 땅의 흙으로 사람을 짓고 생기(영혼)를 그 코에 불어넣었다

(창 2:7). 따라서 우리가 죽으면 우리 영혼은 그것을 준 하나님께 다시 돌아간다. "인생들의 (영)혼은 위로 올라가고"(전 3:21). "영(혼)은 그것을 그에게 주신 하나님께로 돌아가기 전에 기억하라."(전 12:7)

무속에서나 일부 이단은 우리가 죽으면 귀신이 된다고 가르치는데, 이는 성경에 어긋난다. 우리가 죽으면 우리 영혼은 공중에서 떠돌아다니지도 않고, 더 이상 이 세상과 소통하지도 못한다. 귀신은 타락한 천사의 영이다.

세상에서 부자는 부귀를 누렸고, 거지 나사로는 고난을 당했다. 그러나 그들이 죽자 부자의 영혼은 곧 음부(지옥)에 들어갔고, 나사로의 영혼은 곧 천사들에게 받들려 아브라함의 품(낙원 /천국)에 들어갔다.

음부와 낙원

예수님이 십자가에 못 박혔을 때 그 양 옆에는 각각 행악자가 있었다. 그런데 왼편 행악자는 끝까지 회개하지 않고 오히려 예수님을 비방했다. "네가 그리스도가 아니냐, 너와 우리를 구원하라."(눅 23:39) 그러나 오른편 행악자는 회개하며 예수님을 비방하는 그를 꾸짖었다. "네가 동일한 정죄를 받고서도 하나님을 두려워하지 아니하느냐, 우리는 우리가 행한 일에 상당한 보응을 받는 것이니 이에 당연하거니와 이 사람이 행한 것은 옳지 않은 것이 없느니라."(눅 23:40-41) 그리고 그는 곧 이어 "예수여 당신의 나라에 임하실 때에 나를 기억하소서."(눅 23:42)라고 했다. 그러자, 예수님은 그에게 "오늘 네가 나와 함께 낙원에 있으리라."(눅 23:43)고 했다. 요컨대 왼편 행악자의 영혼은 지옥의 불꽃 가운데 들어갔지만, 오른편 행악자의 영혼은 예수님과 함께 낙원(천국)에 들어갔다.

죽음은 성도에게 복

죽음은 성도에게 저주가 아니라 복이다. 그의 영혼은 천국에서 영원한 안식을 누린다. "의인이 죽을지라도 마음에 두는 자가 없고 진실한 이들이 거두어감을 당할지라도 깨닫는 자가 없도다. 의인들은 악한 자들 앞에서 불리어가도다. 그들은 평안에 들어갔나니 바른 길로 가는 자들은 그들의 침상에서 편히 쉬리라."(사 57:1-2) "이미 그의 안식에 들어간 자는 하나님이 자기의 일을 쉬심과 같이 그도 자기의 일을 쉬느니라."(히 4:10) "기록하라 지금 이후로 주 안에서 죽는 자들은 복이 있도다 하시매, 성령이 이르시되 그러하다 그들이 수고를 그치고 쉬리니 이는 그들의 행한 일이 따름이라 하시더라."(계 14:13)

05. 불신자가 죽은 뒤에 다시 구원을 얻을 수 있는가?

> "아브라함이 이르되 얘 너는 살았을 때에 좋은 것을 받았고 나사로는 고난을 받았으니 이것을 기억하라. 이제 그는 여기서 위로를 받고 너는 괴로움을 받느니라. 그뿐 아니라 너희와 우리 사이에 큰 구렁텅이가 놓여 있어 여기서 너희에게 건너가고자 하되 갈 수 없고 거기서 우리에게 건너올 수도 없게 하였느니라." (눅 16:25-26)

☞ 디딤돌

불신자는 죽은 뒤에 다시는 구원을 얻을 수 없다.

죽은 뒤에는 심판이

구원을 얻으려면 살아 있을 때 전도자들이 전하는 복음을 듣고 예수님을 믿어야 한다(눅 16:27-31). 낙원(천국)과 음부(지옥) 사이에는 큰 구렁텅이가 놓여 있어 낙원에서 음부로 건너갈 수도 없고 음부에서 낙원으로 건너갈 수도 없다. 불신자는 죽은 뒤에 영벌의 심판밖에 없다. 사람들이 죽음을 무서워하는 것은 그들이 죽은 뒤에 이 심판이 있기 때문이다. 예수님을 믿지 않는 사람들은 지옥의 불꽃 가운데서 영원히 고통을 당하며 살아야 한다.

■ 한마디

"그의 경건한 자들의 죽음은 여호와께서 보시기에 귀중한 것이로다."(시116:15)

하나님은 성도의 죽음을 귀중하게 여긴다. 성도는 살아도 주를 위해 살고 죽어도 주를 위해 죽는다. 성도는 사나 죽으나 주의 것이다(롬 14:8). 성도에게는 죽는 것도 유익하다(빌 1:21). 그래서 사도 바울은 담대히 이렇게 고백한다. "우리가 담대하여 원하는 바는 차라리 몸을 떠나 주와 함께 있는 그것이라."(고후 5:8) 성도는 천국에서 영원한 안식을 누리기 때문이다.

■ 삶으로의 여행

※ 죽음을 어떻게 대해야 하는가?

> "사람이 만일 온 천하를 얻고도 자기 목숨을 잃으면 무엇이 유익하리요, 사람이 무엇을 주고 자기 목숨과 바꾸겠느냐."(막 8:36-37)

☞ 디딤돌

결코 죽음을 피할 수 없다면 죽음 앞에 겸손해야 한다. 무엇보다 겸손하게 예수님을 믿어야 한다.

예수님을 믿고 구원을 얻어야

죽음은 우리 모두가 거부할 수 없는 숙명이다. 누구나 때가 되면 죽는다. 그리고 이 죽음 앞에서는 내가 갖고 있는 모든 것, 그리고 내가 그동안 추구해왔던 모든 것을 내려놓아야 한다. 물질도 명예도 권세도 이 세상의 그 어떤 것도 죽음을 대신할 수 없다.

죽음은 결코 무(無)로 돌아가는 것이 아니다. 그리고 그냥 '물질'로 돌아가는 것도 아니다. 몸은 화장하거나 땅에 묻혀 썩는다 해도 영혼은 결코 멸절되지 않는다. 이제 그 영혼 앞에는 단 하나, 그가 죽기 전에 예수님을 믿었느냐 그를 믿지 않았느냐만 중요하다. 그에 따라 영원한 천국 복락의 세계와 영원한 지옥 형벌의 세계가 그를 기다리고 있다. 죽은 뒤에는 반드시 심판이 있다. 그러므로 살아 있을 때 예수님을 믿고 구원을 얻어야 한다.

THREE.

회복하다

하나님은 그가 영원 전에 계획한 대로 예수 그리스도를 예비하고 그를 통해 아담이 범죄하여 잃어버렸던 그 영원한 '하나님 나라'를 회복하고자 했다. "내가 너로 여자와 원수가 되게 하고 네 후손도 여자의 후손과 원수가 되게 하리니 여자의 후손은 네 머리를 상하게할 것이요 너는 그의 발꿈치를 상하게 할 것이니라."(창 3:15 /원시복음 또는 원복음)

예수 그리스도는 때가 차자 그 말씀대로 '여자의 후손'으로 마리아의 몸에 성령으로 잉태되어 태어났다. 그리고 그는 십자가에서 죽고 또 삼일 만에 부활하여 우리를 위해 구속 사역을 온전히 성취했다. 그는 십자가에서 죽음의 세력을 잡은 사탄을 무력화시키고 그를 믿는모든 사람에게 구원의 길을 활짝 열어 놓았다.

그는 태초에 성부와 성령과 함께 창조 사역을 하며 역사의 문을 열었고, 장차 재림하여 그역사의 문을 닫는다. 그는 알파(A)와 오메가(Ω)로서(계 22:13) 역사의 주체이자 유일한 구속주다. 구원을 얻으려면 "구원의 창시자"(히 2:10)인 그를 믿어야 한다.

chpater 1.

회복하다 — 예수 그리스도

유일한
중보자와 구속주

01. '예수'라는 말은 어떤 뜻을 갖고 있는가?

> "아들을 낳으리니 예수라 하라, 이는 그가 자기 백성을 그들의
> 죄에서 구원할 자이심이라."(마 1:21)

☞ 디딤돌

'예수'라는 말은 그가 "자기 백성을 그들의 죄에서 구원할 자"라는 뜻을
갖고 있다.

자기 백성을 그들의 죄에서 구원할 자

예수님은 '자기 백성'을 그들의 죄에서 구원할 자였다. 그에게는 구원
얻을 자기 백성이 있다. 그는 그들을 각 족속과 방언과 백성과 나라
가운데에서 자신의 피로 사서 하나님께 드렸다(계 5:9). 구원은 전적
으로 그가 자기 백성에게 주는 은혜의 선물이다. 자기 자신의 부패함
과 죄악을 철저히 깨닫는 사람은 누구나 구원은 전적으로 그가 자기
백성에게 주는 은혜의 선물임을 분명히 안다. 구원을 얻는 데 우리의
선한 행위가 기여할 바는 전혀 없다.

02. '그리스도'라는 말은 어떤 뜻을 갖고 있는가?

> "오직 이것을 기록함은 너희로 예수께서 하나님의 아들 그리스도 이심을 믿게 하려 함이요 또 너희로 믿고 그 이름을 힘입어 생명을 얻게 하려 함이니라."(요 20:31)

☞ **디딤돌**

'그리스도'라는 말은 헬라어고, 이에 해당하는 히브리어가 '메시야'다. 그리스도 즉 메시야라는 말은 '하나님의 아들'이라는 뜻을 갖고 있다.

'하나님의 아들'

하나님은 구약 시대에 왕, 제사장, 선지자는 그들에게 기름을 부어 세웠다. 이것은 예수님의 삼중 직위를 예표하는데, 예수님은 유대인의 왕이자 만왕의 왕이며, 참된 대제사장이며, 참된 선지자였다. 그는 사람이었지만 만왕의 왕으로서 우주적 왕권을 갖고 온 세상을 다스렸고, 참된 대제사장으로서 십자가에서 우리 죄를 대속했으며, 참된 선지자로서 우리에게 진리의 말씀을 선포했다. 그는 왕, 제사장, 선지자로서 '기름부음 받은 자'였는데, 이 기름부음 받은 자가 바로 그리스도(메시야)다. 그는 '하나님의 아들'로서 우리를 구원할 유일한 구속주다.

성경이 기록된 1세기에는 거짓된 이야기들과 거짓 복음서들이 있었다. 거기에는 예수님이 실제로 하지 않은 말과 그가 행하지 않은 일도 기록되어 있었다. 이런 상황에서, 하나님은 진리의 복음이 무엇인지 사복음서를 통해 명확하게 기록하게 했다.

사복음서를 비롯하여 성경 전체의 메시지는 예수님이 '하나님의 아들'이며 그가 우리를 구원할 유일한 구속주이므로 그를 믿고 구원을 얻으라는 것이다. 그가 사도 베드로에게 "너희는 나를 누구라 하느냐."(마 16:15)고 물었을 때, 베드로는 "주는 그리스도시요 살아 계신 하나님의 아들이시니이다."(마 16:16)라고 고백했다.

메시야 예언

아담과 하와가 범죄하자, 하나님은 곧 그들에게 '메시야'(그리스도)를 주겠다고 약속했다. 이 '메시야'는 구약 성경에서 여러 부분과 여러 모양으로 계시되었다(히 1:1-2). 그 대표적인 것을 들면 다음과 같다. '여자의 후손'(창 3:15) '생명나무'(창 3:22-24) '멜기세덱'(창 14:17-20) '유월절 어린양'(출 12:1-14) '반석'(출 17:6) 출애굽기의 성막(회막 /장막)과 그 안의 여러 기구, 레위기에 기록된 각종 '희생 제사' '희년'(레 25:35-46) '고엘 제도'(레 25:47-55) '놋뱀'(민 21:4-9) '도피성'(민 35:9-34) '그 선지자'(신 18:15) '머릿돌'(시 118:22) '지혜'(잠 3:18) '여호와의 싹'(사 4:2) '여호와의 종'(사 42:1-9) '한 의로운 가지'(렘 23:5) '모퉁잇돌'(슥 10:4) '돌'(단 2:35) '공의로운 해'(말 4:2) 등이 그것이다.

예수님은 이처럼 구약 성경에서 줄곧 계시된 대로 때가 차자 사람의 몸을 입고 이 세상에 와서 십자가에서 죽고 또 삼일 만에 부활하여 우리를 위해 구속 사역을 온전히 성취했다. 이제 그를 믿는 사람은 다 구원을 얻는다.

03. 예수님은 처녀 마리아의 몸에 왜 성령으로 잉태되었는가?

> "마리아가 천사에게 말하되 나는 남자를 알지 못하니 어찌 이 일이 있으리이까, 천사가 대답하여 이르되 성령이 네게 임하시고 지극히 높으신 이의 능력이 너를 덮으시리니 이러므로 나실 바 거룩한 이는 하나님의 아들이라 일컬어지리라."(눅 1:34-35)

* 더 참고할 성경 구절: 사 9:6 /마 1:18-25

☞ 디딤돌

예수님은 우리 죄를 대속하기 위해 반드시 타락한 우리에게서 죄의 전가(轉嫁)를 받지 않고 거룩한 성령으로 잉태되어 태어나야 했다.

하나님은 질서를 중요하게 생각한다. "하나님은 무질서의 하나님이 아니시요"(고전 14:33). 그는 지금도 그가 창조한 천지 만물을 그가 세워둔 자연 법칙에 따라 질서있게 다스린다. 다만, 그는 특정 사역에서는 그 자연 법칙을 초월하여 기적을 행한다. 그 한 예가 처녀 마리아가 예수님을 성령으로 잉태한 것이다.

구약 시대 선지자 이사야는 예수님이 태어나기 약 600여 년 전에 이미 그가 처녀의 몸에서 성령으로 잉태될 것을 예언했다. "주께서 친히 징조를 주실 것이라, 보라 처녀가 잉태하여 아들을 낳을 것이요 그의 이름을 임마누엘이라 하리라."(사 7:14) 그리고 누가복음을 보면 그 예언대로 천사 가브리엘이 처녀 마리아에게 나타나 장차 네게 예수님이 성령으로 잉태될 것이며, 그는 '하나님의 아들'이라 일컬어질 것이라고 했다.

죄의 전가(轉嫁)를 받지 않고

아담과 하와는 모든 인류를 대표한다. 그러므로 그들이 하나님께 범죄하자, 그 죄가 그들의 후손인 모든 인류에게 전가되었다. 즉 우리는 다 그 '아담 안에서' 그와 연합하여 하나님께 범죄했다. 그리고 죄의 삯은 사망이므로 우리는 다 우리 죄 때문에 죽게 되었다. 또한 피 흘림이 없으면 죄 사함이 없기 때문에(히 9:22), 우리 죄를 대속하려면 전혀 죄가 없는 사람이 우리 대신 죽어 피를 흘려야 했다. 그래서 예수님은 타락한 우리에게서 죄의 전가를 받지 않고 거룩한 성령으로 잉태되어 태어났고, 또 십자가에서 친히 피를 흘려 죽고 삼일 만에 부활하여 우리를 위해 구속 사역을 온전히 성취했다.

구원을 얻으려면 이 예수님을 믿어야 한다. 우리는 그를 통해서만 하나님과 화목할 수 있다. "하나님은 한 분이시요 또 하나님과 사람 사이에 중보자도 한 분이시니 곧 사람이신 그리스도 예수라."(딤전 2:5) "다른 이로써는 구원을 받을 수 없나니 천하 사람 중에 구원을 받을 만한 다른 이름을 우리에게 주신 일이 없음이라."(행 4:12)

04. 왜 예수님께만 참된 소망이 있는가?

> "예수는 우리가 범죄한 것 때문에 내줌이 되고 또한 우리를 의롭다 하시기 위하여 살아나셨느니라."(롬 4:25)

☞ 디딤돌

예수님만이 죽었다가 다시는 썩지 않을 신령한 몸으로 부활했다. 그의 부활은 우리에게 참된 소망을 준다.

아담은 하나님의 피조물이었지만 교만하여 하나님과 같이 되려고 했다. 하지만 예수님은 창조주 하나님이었지만 범죄한 우리를 구원하기 위해 사람이 되었고, 또 친히 십자가에서 죽기까지 했다. 그러나 그는 생명 그 자체이기 때문에 죽은 지 삼일 만에 그 죽음을 이기고 부활했다. "내가 내 목숨을 버리는 것은 그것을 내가 다시 얻기 위함이니 이로 말미암아 아버지께서 나를 사랑하시느니라, 이를 내게서 빼앗는 자가 있는 것이 아니라 내가 스스로 버리노라, 나는 버릴 권세도 있고 다시 얻을 권세도 있으니 이 계명은 내 아버지에게서 받았노라."(요 10:17-18) 이처럼 그는 생명과 죽음을 비롯하여 모든 것에 절대 주권을 갖고 있다.

신령한 부활체

사르밧 과부의 아들, 수넴 여인의 아들, 회당장 야이로의 딸, 나인성 과부의 아들, 그리고 나사로도 죽었다가 다시 살아났다. 그러나 그들은 다시는 썩지 않을 신령한 몸으로 다시 살아난 것은 아니다. 그들은 일정 기간 동안 살다가 다시 죽어 무덤에 묻혔다. 하지만 예수님은 다시는 죽지 않고 또 썩지 않을 신령한 몸으로 부활했다. 그는 부활의 첫 열매가 되었다.

그가 부활했을 때 그의 몸은 그의 영혼과 결합한 신령한 부활체였다. 영혼은 살과 뼈가 없지만, 신령한 부활체는 살과 뼈가 있었음에도 우리 몸과는 달랐다. 제자들은 그들을 박해하는 유대인들을 두려워하여 문을 몇 개나 잠그고 한 곳에 모여 있었는데, 그때 예수님은 그 문들을 열지도 않고 그들 가운데 왔다. 그는 썩을 것이 아닌 다시는 썩지 않을 몸, 욕된 것이 아닌 영광스러운 몸, 약한 것이 아닌 강한 몸, 육의 몸이 아닌 신령한 몸으로 부활했다. 육의 몸이 있은즉 또한 신령한 몸도 있다(고전 15:42-44).

확실한 증거

대제사장들과 장로들은 예수님을 십자가에 못 박아 죽였다. 그리고 그의 무덤을 지키던 경비병들은 그가 부활한 것을 직접 목격했다. 그리고 그들이 이를 대제사장들에게 알리자, 대제사장들은 그들에게 돈을 많이 주며 그 사실을 감추려고 했다. "그의 제자들이 밤에 와서 우리가 잘 때에 그를 도둑질하여 갔다 하라."(마 28:13) 이는 역설적으로 그가 부활한 사실을 강력하게 증거한다.

막달라 마리아, 야고보의 어머니 마리아, 엠마오로 내려가던 두 제자, 그리고 열두 제자와 오백여 형제들은 부활한 그를 직접 보았다. 도마는 십자가에 못 박힌 그의 손 못 자국에 자기 손가락을 넣어보고, 창에 찔린 그의 옆구리에 자기 손을 직접 넣어보았다. "그가 고난 받으신 후에 또한 그들에게 확실한 많은 증거로 친히 살아 계심을 나타내사 사십 일 동안 그들에게 보이시며 하나님 나라의 일을 말씀하시니라."(행 1:3)

사도 바울도 그 당시 상황을 이렇게 기록한다. "내가 받은 것을 먼저 너희에게 전하였노니 이는 성경대로 그리스도께서 우리 죄를 위하여 죽으시고 장사 지낸 바 되셨다가 성경대로 사흘 만에 다시 살아나사 게바에게 보이시고 후에 열두 제자에게와 그 후에 오백여 형제에게 일시에 보이셨나니, 그 중에 지금까지 대다수는 살아 있고 어떤 사람은 잠들었으며 그 후에 야고보에게 보이셨으며 그 후에 모든 사도에게와 맨 나중에 만삭되지 못하여 난 자 같은 내게도 보이셨느니라."(고전 15:3-8) 예수님이 부활한 것은 이처럼 확실하다. 지금도 전 세계 수많은 성도들이 이를 확실하게 믿고, 또 그것을 다른 사람들에게 담대히 증거하고 있다.

부활은 복음의 핵심

만약 예수님이 부활하지 않았다면 우리 믿음도 헛되며, 우리는 여전히 우리 죄 가운데서 멸망할 수밖에 없다(고전 15:17). 그러나 그는 우리를 의롭다 하기 위해 부활했다. 그리고 그가 부활함으로 우리도 장차 그처럼 부활할 것이라는 확실한 소망을 갖게 되었다. "나는 부활이요 생명이니 나를 믿는 자는 죽어도 살겠고 무릇 살아서 나를 믿는 자는 영원히 죽지 아니하리니"(요 11:25-26). "나를 보내신 이의 뜻은 내게 주신 자 중에 내가 하나도 잃어버리지 아니하고 마지막 날에 다시 살리는 이것이니라. 내 아버지의 뜻은 아들을 보고 믿는 자마다 영생을 얻는 이것이니 마지막 날에 내가 이를 다시 살리리라."(요 6:39-40) "이제 그리스도께서 죽은 자 가운데서 다시 살아나사 잠자는 자들의 첫 열매가 되셨도다. 사망이 한 사람으로 말미암았으니 죽은 자의 부활도 한 사람으로 말미암는도다. 아담 안에서 모든 사람이 죽은 것 같이 그리스도 안에서 모든 사람이 삶을 얻으리라."(고전 15:20-22)

예수님의 죽음과 부활은 복음의 핵심이다. 가룟 유다가 죽은 뒤에, 사도 베드로는 다른 사도들과 함께 가룟 유다를 대신하여 맛디아를 새 사도로 세운다. 그때 베드로는 다른 사도들에게 이렇게 말한다. "항상 우리와 함께 다니던 사람 중에 하나를 세워 우리와 더불어 예수께서 부활하심을 증언할 사람이 되게 하여야 하리라."(행 1:22) 이처럼 사도들은 예수님의 죽음과 부활, 특히 그의 부활을 강력하게 선포했다.

05. 예수님이 부활한 뒤에 승천한 것은 우리에게 무엇을 교훈하는가?

> "오직 성령이 너희에게 임하시면 너희가 권능을 받고 예루살렘과 온 유대와 사마리아와 땅 끝까지 이르러 내 증인이 되리라 하시니라, 이 말씀을 마치고 그들이 보는 데 올려져 가시니 구름이 그를 가리어 보이지 않게 하더라, 올라가실 때에 제자들이 자세히 하늘을 쳐다보고 있는데 흰 옷 입은 두 사람이 그들 곁에 서서 이르되 갈릴리 사람들아 어찌하여 서서 하늘을 쳐다보느냐, 너희 가운데서 하늘로 올려지신 이 예수는 하늘로 가심을 본 그대로 오시리라 하였느니라." (행 1:8-11)

☞ 디딤돌

예수님은 부활한 뒤에 승천했다. 그가 승천한 것은 그가 죽음을 이기고 부활하며 사탄의 권세를 완전히 깨뜨리고 승리했음을 우리에게 확실하게 보여주었다. 그리고 그는 승천한 그 모습 그대로 반드시 재림한다.

승천은 재림의 증표

에녹과 엘리야는 한번도 죽음을 경험하지 않고 막바로 하늘로 올라갔다. "에녹이 하나님과 동행하더니 하나님이 그를 데려가시므로 세상에 있지 아니하였더라."(창 5:24) "엘리야가 회오리바람으로 하늘로 올라가더라."(왕하 2:11) 에녹과 엘리야의 승천은 예수님의 승천을 예표한다. 다니엘도 오래 전에 예수님의 승천에 대해 이렇게 기록한다. "내가 또 밤 환상 중에 보니 인자 같은 이가 하늘 구름을 타고 와서 옛적부터 항상 계신 이에게 나아가 그 앞으로 인도되매, 그에게 권세와 영광과 나라를 주고 모든 백성과 나라들과 다른 언어를 말하는 모든 자들이 그를 섬기게 하였으니, 그의 권세는 소멸되지 아니하는 영원한 권세요 그의 나라는 멸망하지 아니할 것이니라."(단 7:13-14)

예수님은 승천한 뒤에 지금 하나님 우편에 앉아 있다. "주 예수께서 말씀을 마치신 후에 하늘로 올려지사 하나님 우편에 앉으시니라."(막 16:19) '우편'은 단순히 위치의 의미가 아니라, 그가 원래 가졌던 하나님의 권능과 영광의 자리에 다시 동참하는 것을 말한다. "이후에 인자가 권능의 우편에 앉아 있는 것과"(마 26:64). 스데반은 그를 박해하는 사람들 앞에서 성령으로 충만하여 하늘을 우러러 주목했는데, 그때 그는 하나님의 영광과 함께 예수님이 하나님 우편에 서 있는 것을 보았다(행 7:54-56).

예수님은 때가 되면 반드시 재림한다. "볼지어다, 그가 구름을 타고 오시리라, 각 사람의 눈이 그를 보겠고 그를 찌른 자들도 볼 것이요 땅에 있는 모든 족속이 그로 말미암아 애곡하리니 그러하리라 아멘. 주 하나님이 이르시되 나는 알파와 오메가라 이제도 있고 전에도 있었고 장차 올 자요 전능한 자라 하시더라."(계 1:7-8)

06. 예수님은 지금 천국에서 무엇을 하는가?

1)

"그가 모든 원수를 그 발 아래에 둘 때까지 반드시 왕 노릇하시리니 맨 나중에 멸망 받을 원수는 사망이니라."(고전 15:25-26)

2)

"그는 하나님 우편에 계신 자요 우리를 위하여 간구하시는 자시니라."(롬 8:34)

3)

"즉 예수께서 말씀을 마치신 후에 하늘로 올려지사 하나님 우편에 앉으시니라, 제자들이 나가 두루 전파할새 주께서 함께 역사하사 그 따르는 표적으로 말씀을 확실히 증언하시니라."(막 16:19-20)

4)

"너희는 마음에 근심하지 말라, 하나님을 믿으니 또 나를 믿으라, 내 아버지 집에 거할 곳이 많도다, 그렇지 않으면 너희에게 일렀으리라, 내가 너희를 위하여 거처를 예비하러 가노니 가서 너희를 위하여 거처를 예비하면 내가 다시 와서 너희를 내게로 영접하여 나 있는 곳에 너희도 있게 하리라."(요 14:1-3)

☞ 디딤돌

1) (참된 왕으로서 온 세상을 다스린다.)

2) (참된 제사장으로서 우리를 위해 간구한다.)

3) (참된 선지자로서 우리가 복음을 전할 때 우리와 함께 역사한다.)

4) (장차 우리가 거할 거처를 예비한다.)

07. 우리는 어떻게 거듭나는가?

> "우리 즉 예수 그리스도의 아버지 하나님을 찬송하리로다, 그의
> 많으신 긍휼대로 예수 그리스도를 죽은 자 가운데서 부활하심으
> 로 말미암아 우리를 거듭나게 하사 산 소망이 있게 하시며 썩지
> 않고 더럽지 않고 쇠하지 아니하는 유업을 잇게 하시나니 곧 너
> 희를 위하여 하늘에 간직하신 것이라."(벧전 1:3-4)

☞ 디딤돌

예수님은 부활하여 승천한 뒤에 그가 약속한 성령을 우리에게 보내주었
다. 그리고 우리는 그 성령으로 거듭나야 구원을 얻는다.

성령으로 거듭나다

예수님이 부활하지 않았다면 우리는 결코 거듭날 수 없다. '거듭나
다'는 헬라어로 '위에서(ανωθεν) 나다'라는 뜻을 갖고 있다. 누구나
'이 세상에서'(아래에서) 부모의 몸을 빌어 태어나지만, 성령으로 거
듭난 사람은 '위에서' 온 성령으로 다시 태어난다. "영접하는 자 곧
그 이름을 믿는 자들에게는 하나님의 자녀가 되는 권세를 주셨으니
이는 혈통으로나 육정으로나 사람의 뜻으로 나지 아니하고 오직 하
나님께로부터 난 자들이니라."(요 1:12-13)

예수님은 니고데모에게 "사람이 거듭나지 아니하면 하나님의 나라를 볼 수 없느니라."(요 3:3)고 했다. 이에, 니고데모는 예수님께 "두 번째 모태에 들어갔다가 날 수 있사옵나이까."(요 3:4)라고 물었다. 그러자, 예수님은 다시 그에게 이렇게 말했다. "사람이 물과 성령으로 나지 아니하면 하나님의 나라에 들어갈 수 없느니라, 육으로 난 것은 육이요 영으로 난 것은 영이니 내가 네게 거듭나야 하겠다 하는 말을 놀랍게 여기지 말라."(요 3:5-7) 요컨대 물과 성령 즉 생명수가 되는 성령으로 거듭나야 구원을 얻을 수 있다는 것이다.

성령으로 거듭나지 않으면 '하나님 나라'(천국)에 들어갈 수 없다. 예수님이 부활하여 승천한 뒤에 그가 약속한 성령을 우리에게 보내 주었기 때문에, 우리는 그 성령으로 거듭나 구원을 얻게 되었다.

구약 시대 성도들도 부활 신앙을

아브라함을 보자. 하나님은 그의 믿음을 테스트하기 위해 그가 백세 때 낳은 외아들 이삭을 모리아산으로 데리고 가서 거기서 내게 번제로 바치라고 했다. 그때, 아브라함은 외아들 이삭을 하나님께 기꺼이 번제로 드렸다. 그는 하나님이 이삭을 능히 다시 살릴 것을 믿었기 때문이다.

그는 이삭을 번제로 드렸다가 그를 다시 받은 것과 같았다(히 11:19). 즉 이삭은 죽었다가 부활한 것이다. 구약 시대 성도들도 곳곳에서 부활 신앙을 고백하고 있다. "우리에게 여러 가지 심한 고난을 보이신 주께서 우리를 다시 살리시며 땅 깊은 곳에서 다시 이끌어 올리시리이다."(시 71:20) "주의 죽은 자들은 살아나고 그들의 시체들은 일어나리이다, 티끌에 누운 자들아 너희는 깨어 노래하라, 주의 이슬은 빛난 이슬이니 땅이 죽은 자들을 내놓으리로다."(사 26:19) "땅의 티끌 가운데서 자는 자 중에서 많은 사람이 깨어나 영생을 받는 자도 있겠고 수치를 당하여서 영원히 부끄러움을 당할 자도 있을 것이며"(단 12:2).

다윗도 선지자로서 예수님의 부활을 미리 바라보고 예언하고 있는데, 사도 베드로는 오순절 날 이 다윗의 말을 인용하며 예수님의 부활을 강력하게 증거하고 있다. "미리 본 고로 그리스도의 부활을 말하되 그가 음부에 버림이 되지 않고 그의 육신이 썩음을 당하지 아니하시리라 하더니 이 예수를 하나님이 살리신지라."(행 2:31-32)

이처럼 구약 시대 성도들도 부활 신앙을 가졌다. 계시의 점진성을 고려하면, 그들에게는 오늘의 우리만큼 완전한 계시는 아니었겠지만 그들도 그들에게 주어진 예수님에 관한 계시의 지식만큼 부활 신앙을 가졌다. 그때도 말씀은 그들이 예수님의 부활을 믿고 구원을 얻는 데 전혀 부족함이 없었다.

심판의 부활과 생명의 부활

예수님이 재림하면 그때 죽어 있든 살아 있든 다 그의 음성을 듣는다. 그때 이미 죽은 사람은 그의 몸과 영혼이 다시 결합하여 살아날 것인데, 불신자는 영원히 수치스러운 '심판의 부활'로, 성도는 영원히 영광스럽고 신령한 '생명의 부활'로 다시 살아난다. "이를 놀랍게 여기지 말라, 무덤 속에 있는 자가 다 그의 음성을 들을 때가 오나니 선한 일을 행한 자는 생명의 부활로 악한 일을 행한 자는 심판의 부활로 나오리라."(요 5:28-29) 가장 선한 일은 예수님을 믿는 것이고, 가장 악한 일은 그를 믿지 않는 것이다. 따라서 성도는 '생명의 부활'로, 불신자는 '심판의 부활'로 다시 살아난다.

예수님이 재림하는 그때 살아 있는 사람도 부활체로 변화된다. 불신자는 영원히 수치스러운 몸으로, 성도는 영원히 영광스럽고 신령한 몸으로 변화된다. "그는 만물을 자기에게 복종하게 하실 수 있는 자의 역사로 우리의 낮은 몸을 자기 영광의 몸의 형체와 같이 변하게 하시리라."(빌 3:21) "우리가 주의 말씀으로 너희에게 이것을 말하노니 주께서 강림하실 때까지 우리 살아 남아 있는 자도 자는 자보다 결코 앞서지 못하리라, 주께서 호령과 천사장의 소리와 하나님의 나팔 소리로 친히 하늘로부터 강림하시니 그리스도 안에서 죽은 자들이 먼저 일어나고 그 후에 우리 살아 남은 자들도 그들과 함께 구름 속으로 끌어올려 공중에서 주를 영접하게 하시리니 그리하여 우리가 항상 주와 함께 있으리라."(살전 4:15-17)

■ 한마디

> "예수를 죽은 자 가운데서 살리신 이의 영이 너희 안에 거하시면 그리스도 예수를 죽으신 가운데서 살리신 이가 너희 안에 거하시는 그의 영으로 말미암아 너희 죽을 몸도 살리시리라."(롬 8:11)

하나님은 십자가에서 죽은 예수님을 다시 살렸다. 그는 또한 우리 죽을 몸도 우리 안에 거하는 그의 성령으로 말미암아 다시 살린다.

예수님은 바로 나를 위해 죽고 부활했다. 그는 부활한 뒤에 사십일 동안 이 세상에 있다가 승천했다. 그리고 그가 약속한 성령을 우리에게 보내주었는데, 그의 부활과 승천 그리고 성령 강림은 그를 믿는 모든 사람에게 참된 소망을 준다.

성령으로 거듭났다면, 그는 예수님이 재림할 때 부활한다. "사랑하는 자들아 우리가 지금은 하나님의 자녀라 장래에 어떻게 될지는 아직 나타나지 아니하였으나 그가 나타나시면 우리가 그와 같을 줄을 아는 것은 그의 참모습 그대로 볼 것이기 때문이니 주를 향하여 이 소망을 가진 자마다 그의 깨끗하심과 같이 자기를 깨끗하게 하느니라."(요일 3:2-3)

■ 삶으로의 여행

※ 예수님은 왜 모든 사람에게 그들의 영생과 영벌을 가르는 테스트 돌인가?

> "시므온이 그들에게 축복하고 그의 어머니 마리아에게 말하여 이르되, 보라 이는 이스라엘 중 많은 사람을 패하거나 흥하게 하며 비방을 받는 표적이 되기 위하여 세움을 받았고"(눅 2:34).

☞ 디딤돌

예수님은 우리 모든 사람에게 우리의 영생과 영벌을 가르는 테스트(test) 돌이다. 그의 겉모습 속에 감추어진 보화를 보듯이 그를 '하나님의 아들'로 믿으면 영생을 얻지만, 단지 그의 겉모습만 보고 그를 사람일 뿐이라고 믿으면 영벌을 받는다.

유일한 구속주

사도행전 17장을 보면 고대 헬라인은 "알지 못하는 신"(행 17:23)까지 만들어 섬겼다. 오늘의 인도에는 약 삼억 개의 신이 있다고 한다. 그러나 참된 신은 하나님 한 분밖에 없다. "만국의 모든 신은 헛것이나 여호와께서는 하늘을 지으셨도다."(대상 16:26)

우리는 하나님이 우리에게 자신을 계시해주어야만 그를 알 수 있다. 그래서 그는 우리에게 특별계시인 성경을 주었다. 예수님은 그 성경에서 계시된 대로 이 세상에 와서 친히 하나님을 계시해 보여주었는데, 이처럼 하나님을 계시한 유일한 진리는 예수님이다. "본래 하나님을 본 사람이 없으되 아버지 품 속에 있는 독생하신 하나님이 나타내셨느니라."(요 1:18)

진리는 그것이 진리이기 때문에 절대적인 것이며 따라서 그것은 상대적인 것과는 거리가 멀다. 즉 진리에 '더' 가까운 것이 있다거나 또는 진리에 조금 '덜' 미치는 것이 있다거나 하는 것이 있을 수 없다. 요컨대 진리는 절대적인 것인데, 진리의 속성 자체가 그렇다. 이 점에서, 기독교는 종교의 차원을 넘어서 있다.

선지자 이사야는 예수님이 태어나기 약 600여 년 전에 이미 하나님 스스로 구원을 성취할 것을 말했다. 즉 '참 하나님'인 예수님이 죄악된 이 세상에 사람의 몸으로 하나님과 죄인의 중보자로 와서 우리의 구원을 성취할 것이라는 말이다. "여호와께서 이를 살피시고 그 정의가 없는 것을 기뻐하지 아니하시고, 사람이 없음을 보시며 중재자가 없음을 이상히 여기셨으므로 자기 팔로 스스로 구원을 베푸시며"(사 59:15 하-16). 그리고 예수님은 때가 차자 사람의 몸으로 이 세상에 와서 십자가에서 죽고 또 삼일 만에 부활함으로 우리를 위해 구속 사역을 온전히 성취했다. 그는 우리의 참된 중보자, 우리의 구속주다.

창세기 15장 9-21절을 보면 하나님이 아브라함과 언약을 맺는 장면이 나온다. 그 당시 이방 세계에서도 언약을 맺는 두 당사자는 제물을 쪼개고 함께 그 쪼갠 제물 사이로 지나갔다. 이는 누구든 언약을 어기면 이 쪼개진 제물처럼 둘로 쪼개져 죽임을 당할 것이라는 엄숙한 약속이었다. 아브라함도 하나님의 말씀에 따라 제물을 쪼개고 그 쪼갠 것을 마주 대하여 놓았다. 그런데 해가 져서 어두울 때에 연기 나는 화로가 보이며 하나님이 친히 타는 횃불로 임재하여 혼자 쪼갠 고기 사이로 지나갔다.

요컨대 위의 본문에서는 언약의 한 당사자인 하나님이 혼자 쪼갠 제물 사이로 지나갔다. 이는 사람은 죄인으로서 하나님과 맺은 언약을 온전히 지킬 수 없고 따라서 모두 다 죽을 수밖에 없기 때문에 하나님이 친히 그 언약을 성취하겠다는 말이었다. 그리고 이 말씀대로 때가 차자 '참 하나님'인 예수님이 이 세상에 와서 마땅히 죽어야 할 우리를 위해 오히려 자신의 목숨을 바쳐 우리의 구원을 온전히 성취했다.

구약 시대 성전은 바깥쪽의 성소와 안쪽의 지성소로 나뉘어 있었고, 그 사이에는 휘장이 가리고 있었다. 지성소에는 언약궤(법궤)가 놓여 있고, 그 언약궤 안에는 십계명을 기록한 두 돌판이 들어 있었다. 그리고 언약궤 위에는 속죄소(시은좌)가 있고, 그 속죄소를 두 그룹(천사)이 서로 마주보며 날개를 펴서 덮고 있었다. 하나님은 그 속죄소에 임재했다. 대제사장은 일 년에 단 한번 대속죄일(태양력으로 1월 10일)에 백성들을 대표하여 하나님께 제사를 드렸는데, 이때 그가 드렸던 희생 제물은 장차 십자가에서 죽게 될 예수님을 예표한다.

지성소는 위는 휘장으로 덮여 있고 전후좌우 사방도 휘장으로 가려져 있어 평소에는 어두웠다. 이것이 우리에게 말하는 메시지는 분명하다. 참된 대제사장인 예수님을 믿지 않으면 온 세상은 어둠밖에 없다는 것이다. "그 안에 생명이 있었으니 이 생명은 사람들의 빛이라, 빛이 어둠에 비치되 어둠이 깨닫지 못하더라."(요 1:4-5)

예수님이 십자가에서 죽자, 성소와 지성소 사이를 가리고 있던 휘장의 한가운데가 찢어졌다(눅 23:45). 휘장은 곧 그의 몸이었다. 그는 짐승의 피가 아니라 친히 자신의 몸을 십자가에 희생 제물로 바쳐 하나님께 영원한 속죄 제사를 드리고 그를 믿는 모든 사람에게 구원의 길을 활짝 열어놓았다. "그 길은 우리를 위하여 휘장 가운데로 열어 놓으신 새로운 살 길이요"(히 10:20). 그의 죽음 곧 "별세"(헬라어 ἔξοδός, 눅 9:31)는 '새로운 출애굽(영어 exodus)'으로서 그를 믿는 모든 사람은 구원을 얻는다. 그 외에는 구원을 얻을 길이 전혀 없다. 그는 유일한 구속주다.

선택은 우리에게

이제 우리 모두에게 선택이 주어졌다. 지금 예수님을 믿는다면 그는 천국으로 달려 들어가고 있고, 지금 그를 믿지 않는다면 그는 영원한 지옥 불로 달려 들어가고 있다. "세례 요한의 때부터 지금까지 천국은 침노를 당하나니 침노하는 자는 빼앗느니라."(마 11:12)

예수님을 믿느냐 그를 믿지 않느냐는 단순히 윤리 도덕의 차원이 아니다. 즉 양심에 따라 착하게 사느냐 또는 그렇게 살지 않느냐의 문제가 아니다. 영생을 얻느냐 영벌을 받느냐의 문제다. 예수님은 모든 사람을 흥하게 하거나 패하게 하는 테스트 돌이다. 그를 믿으면 영원히 부끄러움을 당하지 않지만, 그를 믿지 않으면 그는 그 사람에게 걸림돌과 거치는 바위가 된다(롬 9:33).

감추어진 보화

예수님은 하나님의 영광을 가진 '참 하나님'이었다. 그러나 그의 겉모습은 참으로 연약해보였다. "그는 주 앞에서 자라나기를 연한 순 같고 마른 땅에서 나온 뿌리 같아서 고운 모양도 없고 풍채도 없은즉 우리가 보기에 흠모할 만한 아름다운 것이 없도다."(사 53:2) 그는 밭에 감추어진 보화와 같았다(마 13:44).

교회는 그의 몸이다. 교회 가운데 감추어진 보화인 그를 믿는다면 영생을 얻지만, 교회의 겉모습과 연약함만 보고 그를 믿지 않으면 영벌을 받는다. 성도는 그의 몸된 교회의 지체다. 성도가 전하는 복음을 받아들이면 영생을 얻지만, 그들의 겉모습과 연약함만 보고 그가 전하는 복음을 거부하면 영벌을 받는다. "우리는 구원받는 자들에게나 망하는 자들에게나 하나님 앞에서 그리스도의 향기니 이 사람에게는 사망으로부터 사망에 이르는 냄새요 저 사람에게는 생명으로부터 생명에 이르는 냄새라, 누가 이 일을 감당하리요."(고후 2:15-16)

성도는 세상에서 본이 되도록 끊임없이 노력해야 한다. 하지만 어느 누구도 결코 온전하지 않다. 그들의 겉모습과 연약함만 보고 실족하기보다 그들 즉 교회 가운데 감추어진 보화인 예수님을 봐야 한다. 그리고 그를 믿고 구원을 얻어야 한다.

삶으로의 여행

†

chpater 2.

구원을 얻다 – 구원을 얻으려면?

〈오직 믿음〉

01. 어떻게 해야 우리 영혼의 참된 만족을 누릴 수 있는가?

> "그가 사모하는 영혼에게 만족을 주시며 주린 영혼에게 좋은 것으로 채워주심이로다."(시 107:9)

☞ **디딤돌**

하나님을 인격적으로 만나야 우리 영혼의 참된 만족을 누릴 수 있다.

하나님을 인격적으로 만나야

솔로몬은 이 세상에서 가장 큰 영광을 누렸다. 그러나 예수님은 백합화를 보고 솔로몬이 누린 모든 영광도 이 꽃 하나만 못하다고 했다. 꽃 하나가 이렇게 아름답다면, 천지 만물을 창조한 하나님은 얼마나 거룩한 영광 가운데 거할까.

나를 정확하게 알려면 먼저 나를 창조한 하나님을 인격적으로 만나야 한다. 그를 인격적으로 만날 때 내 삶의 목적도 분명해지며, 내가 어디서 와서 왜 살며 어디로 가는지 분명히 알게 된다. 참된 지혜는 내가 그에게서 와서 그의 영광을 위해 살다가 다시 그에게 돌아간다는 사실을 분명히 아는 것이다. 예수님도 자신에 대해 나는 내가 어디서 오며 어디로 가는 것을 안다고 말했다(요 8:14). 그는 하나님에게서 와서 하나님의 영광을 위해 살다가 다시 하나님께 돌아갔다.

02. 하나님이 일반적으로 자신을 계시하는 통로는 무엇인가?

1)

"하나님의 진노가 불의로 진리를 막는 사람들의 모든 경건하지 않음과 불의에 대하여 하늘로부터 나타나나니 이는 하나님을 알 만한 것이 그들 속에 보임이라, 하나님께서 이를 그들에게 보이셨느니라."(롬 1:18-19)

2)

"창세로부터 그의 보이지 아니하는 것들 곧 그의 영원하신 능력과 신성이 그가 만드신 만물에 분명히 보여 알려졌나니 그러므로 그들이 핑계하지 못할지니라."(롬 1:20)

3)

"인류의 모든 족속을 한 혈통으로 만드사 온 땅에 살게 하시고 그들의 연대를 정하시며 거주의 경계를 한정하셨으니 이는 사람으로 혹 하나님을 더듬어 찾아 발견하게 하려 하심이로되 그는 우리 각 사람에게서 멀리 계시지 아니하도다."(행 17:26-27)

☞ 디딤돌

하나님은 우리 마음(양심), 천지 만물, 그리고 역사를 통해 자신을 계시한다. 이것을 일반계시(자연계시)라고 한다. 그러나 이것으로 그를 아는 것으로는 결코 구원을 얻을 수 없다.

1) (마음 또는 양심)

하나님은 우리 마음(양심)에 그를 알 만한 것을 분명히 나타내보였다. 그는 우리 마음에 '종교의 씨앗'을 심어주고 그것으로 그를 발견하게 했다. 우리 마음 또는 양심은 그가 우리 각 사람에게 심어준 "마음에 새긴 율법"(롬 2:15)이다. 따라서 그 누구도 그가 살아 있음을 몰랐다고 핑계할 수 없다. 그러나 이 마음(양심)을 통해 그를 아는 것으로는 결코 구원을 얻을 수 없다.

2) (천지 만물)

하나님은 그가 창조한 천지 만물에 그의 영원한 능력과 신성(神性)을 분명히 나타내보였다. "하늘이 하나님의 영광을 선포하고 궁창이 그의 손으로 하신 일을 나타내는도다, 날은 날에게 말하고 밤은 밤에게 지식을 전하니 언어도 없고 말씀도 없으며 들리는 소리도 없으나 그의 소리가 온 땅에 통하고 그의 말씀이 세상 끝까지 이르도다."(시 19:1-4) "하나님이 지나간 세대에는 모든 민족으로 자기들의 길들을 가게 방임하셨으나 그러나 자기를 증언하지 아니하신 것이 아니니 곧 여러분에게 하늘로부터 비를 내리시며 결실기를 주시는 선한 일을 하사 음식과 기쁨으로 여러분의 마음에 만족하게 하셨느니라."(행 14:16-17)

천지 만물은 지금도 그가 세워둔 자연 법칙에 따라 질서 정연하게 움직이고 있다. 이 자연 법칙은 천지 만물에 개입하는 그의 능력과 신성을 분명히 보여준다. 천지 만물은 그가 살아 역사하고 있음을 우리에게 분명히 알려준다. 따라서 그 누구도 그가 살아 있음을 몰랐다고 핑계할 수 없다. 그러나 이 천지 만물을 통해 그를 아는 것으로는 결코 구원을 얻을 수 없다.

3) (역사)

하나님은 역사를 통해 그가 살아 있음을 우리에게 분명히 나타내보였다. 역사는 마치 각 시대마다 몇몇의 영웅들이 꾸려가는 것처럼 보이지만, 그가 그 배후에서 그것을 직접 운행해간다. 그는 각 나라의 지도자를 세우기도 하고 폐하기도 하며, 그것이 흥망 성쇠하는 과정을 직접 주관한다. "지극히 높으신 이가 사람의 나라를 다스리시며 자기의 뜻대로 그것을 누구에게든지 주시며 또 지극히 천한 자를 그 위에 세우시는 줄을 사람들이 알게 하려 함이라."(단 4:17) 그래서 성경 학자들은 역사를 가리켜 '제2의 성경', 즉 역사는 그가 자신을 계시하는 통로라고 한다.

누구든 역사를 깊이 살펴본다면, 거기서 그가 일하고 있음을 발견하고 그가 역사의 주권자라는 사실을 분명히 깨닫게 된다. 따라서 그 누구도 그가 살아 있음을 몰랐다고 핑계할 수 없다. 그러나 이 역사를 통해 그를 아는 것으로는 결코 구원을 얻을 수 없다.

그는 성도 한 사람 한 사람에게 깊은 관심을 갖고 그들을 중심으로 역사를 운행해간다. 이 점에서, 역사는 그가 그의 백성들을 구원하는 '구속사'(救贖史)다. 그는 이 세상의 '세속사'(世俗史)를 통해 그의 '구속사'를 성취해간다.

특별계시

우리 마음(양심)이나 천지 만물 그리고 역사를 통해 그를 아는 것으로는 결코 구원을 얻을 수 없다. 그래서 그는 우리가 구원을 얻는 데 전혀 부족함이 없도록 성경을 주었다. 이 성경을 특별계시(초자연계시)라고 한다. 구원을 얻으려면 성경을 가까이 하여 말씀을 듣고 읽어야 한다.

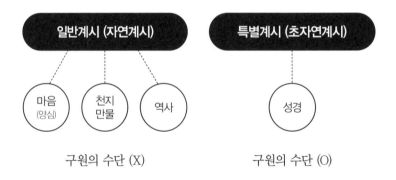

03. 우리 행위로 구원을 얻을 수 있는가?

> "사람이 의롭게 되는 것은 율법의 행위로 말미암음이 아니요 오직 예수 그리스도를 믿음으로 말미암는 줄 알므로 우리도 그리스도 예수를 믿나니 이는 우리가 율법의 행위로써가 아니고 그리스도를 믿음으로써 의롭다 함을 얻으려 함이라. 율법의 행위로써는 의롭다 함을 얻을 육체가 없느니라."(갈 2:16)

☞ **디딤돌**

우리 행위로는 결코 구원을 얻을 수 없다.

오직 예수님을 믿어야

구원을 얻으려면 예수님을 믿어야 한다. "하나님이 세상을 이처럼 사랑하사 독생자를 주셨으니 이는 그를 믿는 자마다 멸망하지 않고 영생을 얻게 하려 하심이니라."(요 3:16) 인류는 유사 이래 스스로 구원을 얻기 위해 각종 종교를 발전시켜 왔다. 하지만 이 종교 의식(儀式)과 우리 행위로는 결코 구원을 얻을 수 없다. 우리는 오직 예수님을 믿음으로 의롭다 함을 얻는다.

모세를 보자. 그는 시내산에서 하나님께 직접 율법을 받았지만 천국을 예표하는 가나안 땅에 들어가지 못했다. 이는 그가 대표하는 율법의 한계를 분명하게 말해준다. 즉 '우리는 율법의 행위로는 결코 구원을 얻을 수 없다.'는 것이다.

성경은 하나님이 직접 그를 매장했고 또 그가 죽어 묻힌 곳을 아는 자가 없다고 한다(신 34:6). 하나님은 왜 그렇게 했을까? 그것은 지금도 유대인들은 그를 공경하며 그가 전해준 율법을 지켜서 구원을 얻으려고 하는데, 이것을 고려하면 후세 사람들이 그를 우상화하는 것을 막기 위해서였을 것이다. 이를 증명하듯, 사탄은 유독 모세의 시체를 두고 천사장 미가엘과 다투었다(유 9). 요컨대 사탄은 어떻게든 사람들이 모세가 대표하는 율법을 지켜서, 즉 그 자신의 행위로 구원을 얻게 하려 한다.

하지만 그 누구도 율법을 온전히 지킬 수 없기 때문에 우리는 우리 행위로는 결코 구원을 얻을 수 없다. "내 백성이 두 가지 악을 행하였나니 곧 그들이 생수의 근원되는 나를 버린 것과 스스로 웅덩이를 판 것인데 그것은 그 물을 가두지 못할 터진 웅덩이들이니라."(렘 2:13) 오늘도 수많은 사람들이 스스로 웅덩이를 파듯 그 자신의 행위로 구원을 얻으려고 하지만 그것은 그 물을 가두지 못할 터진 웅덩이처럼 결코 구원을 얻을 수 없다.

모세의 구원

모세가 가나안 땅에 들어가지 못한 것은 그가 대표하는 율법의 한계를 분명하게 말해주지만, 그렇다고 해서 그가 구원을 얻지 못했다는 말은 아니다. 가나안 땅은 천국을 예표할 뿐, 천국은 아니다. 출애굽 1세대는 여호수아와 갈렙을 빼고 다 하나님께 불순종하여 가나안 땅에 들어가지 못했지만, 그렇다고 해서 그들이 다 구원을 얻지 못한 것은 아니다. 그들 가운데 누가 구원을 얻었는지 또 누가 구원을 얻지 못했는지 우리는 알 수 없다. 구원은 오직 하나님의 주권에 속해 있다. 그들의 구원 여부를 말씀을 통해 알 수 있는 경우도 있지만, 어떤 사람은 구원을 얻고 또 어떤 사람은 구원을 얻지 못했을 것이다. 예수님이 변화산 위에서 그의 몸이 변화되었을 때, 모세는 선지자 엘리야와 함께 나타나 예수님과 대화를 나누었다. 모세는 구원을 얻었다.

04. 구약 시대 성도들은 어떻게 구원을 얻는가?

> "너희 조상 아브라함은 나의 때 볼 것을 즐거워하다가 보고 기뻐하였느니라."(요 8:56)

☞ 디딤돌

구약 시대 성도들도 예수님을 믿고 구원을 얻는다.

어느 시대나 예수님을 믿어야

어느 시대나 예수님을 믿고 구원을 얻는다. 구약 시대 성도들은 '예표'로서 장차 이 세상에 '올' 예수님을 믿고 구원을 얻고, 신약 시대 성도들은 '실체'로서 이미 이 세상에 '온' 그를 믿고 구원을 얻는다. 율법은 장차 이 세상에 올 예수님을 예표적으로 보여준다. "율법은 장차 올 좋은 일의 그림자일 뿐이요 참 형상이 아니므로 해마다 늘 드리는 같은 제사로는 나아오는 자들을 언제나 온전하게 할 수 없느니라."(히 10:1) "그들이 섬기는 것은 하늘에 있는 것의 모형과 그림자라, 모세가 장막을 지으려 할 때에 지시하심을 얻음과 같으니 이르시되 삼가 모든 것을 산에서 네게 보이던 본을 따라 지으라 하셨느니라, 그러나 이제 그는 더 아름다운 직분을 얻으셨으니 그는 더 좋은 약속으로 세우신 더 좋은 언약의 중보자시라."(히 8:5-6) 예수

186

님은 율법을 완성한 율법의 실체다. 그는 그를 믿는 모든 사람에게 구원을 주는 '복음'(복된 소식)이다.

믿음의 조상 아브라함을 보자. 하나님은 아담에게 '여자의 후손'을 약속한 이후, 시대마다 여러 선지자들을 통해 여러 부분과 여러 모양으로 예수님을 알렸다(히 1:1). 아브라함도 하나님께 이 예수님에 관한 복음을 들었다. 그리고 그는 장차 예수님이 성취할 구원을 멀리서 보고 기뻐하며 환영했다. 누가복음 16장의 '부자와 거지 나사로의 이야기'를 보면, 그는 그 믿음으로 구원을 얻었다.

이스라엘 백성 가운데 남자는 태어난 지 팔일 만에 다 율법에 따라 할례를 받아야 했다. 그런데 하나님은 아브라함이 이 율법에 따라 할례를 받기 전에 그를 먼저 은혜로 부르고, 그가 복음을 듣고 믿음으로 구원을 얻게 했다. 아브라함은 그의 행위로 율법을 지켜서 구원을 얻은 것이 아니다.

구약 시대 모든 믿음의 선진들도 마찬가지였다. 그들도 아직 약속을 받지 못했지만 장차 예수님이 성취할 구원을 멀리서 보고 기뻐하며 환영했다. "많은 선지자와 임금이 너희가 보는 바를 보고자 하였으되 보지 못하였으며 너희가 듣는 바를 듣고자 하였으되 듣지 못하였느니라."(눅 10:24) 모세는 애굽의 모든 보화보다 "그리스도를 위하여 받는 수모"(히 11:25)를 더 큰 재물로 여겼다. 그들은 다 이 땅에서 외국인과 나그네처럼 살면서 천국 본향을 사모했다.

구약 성경의 증거

구약 성경은 일관되게 장차 이 세상에 '올' 예수님을 증거한다. 누가복음에 언급된 바, 모세와 모든 선지자의 글, 또는 모세의 율법과 선지자의 글과 시편은 한마디로 구약 성경을 가리킨다. 예수님은 이 구약 성경이 곧 나를 가리켜 기록된 것이라고 했다. "미련하고 선지자들이 말한 모든 것을 마음에 더디 믿는 자들이여, 그리스도가 이런 고난을 받고 자기의 영광에 들어가야 할 것이 아니냐 하시고, 이에 모세와 모든 선지자의 글로 시작하여 모든 성경에 쓴 바 자기에 관한 것을 자세히 설명하시니라."(눅 24:25-27) "너희가 성경에서 영생을 얻는 줄 생각하고 성경을 연구하거니와 이 성경이 곧 내게 대하여 증언하는 것이니라."(요 5:39) "바울이 아침부터 저녁까지 강론하여 하나님의 나라를 증언하고 모세의 율법과 선지자의 말을 가지고 예수에 대하여 권하더라."(행 28:23) "이 복음은 하나님이 선지자들을 통하여 그의 아들에 관하여 성경에 미리 약속하신 것이라."(롬 1:2)

모세는 율법을, 엘리야는 선지자를 각각 대표한다. 그리고 율법과 선지자는 한마디로 구약 성경을 가리킨다. 예수님이 변화산 위에서 그의 몸이 변화되었을 때, 이 모세와 엘리야가 나타나 예수님을 증거했다. "성경은 능히 너로 하여금 그리스도 예수 안에 있는 믿음으로 말미암아 구원에 이르는 지혜가 있게 하느니라."(딤후 3:15)

온전히 믿고 승리해야

예수님은 구약 성경에서 예언한 대로 때가 차자 이 세상에 와서 십자가에서 죽고 또 삼일 만에 부활하여 우리를 위해 구속 사역을 온전

히 성취했다. 초대교회 성도들은 그에게 직접 말씀을 들었고, 그들의
눈으로 그를 자세히 보았으며, 그들의 손으로 그를 직접 만져보았다.

구약 시대 성도들은 '예표'로서 장차 이 세상에 '올' 예수님을 믿었
지만, 그들은 온전히 그를 따르며 그 어떤 고난 가운데서도 승리했
다. 그런데 우리는 '실체'로서 이미 이 세상에 온 그를 믿는다. 그러므
로 그를 온전히 따르며 그 어떤 고난 가운데서도 승리해야 한다.

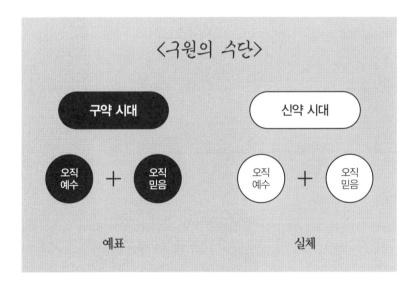

05. 구약 시대 이방인들은 어떻게 구원을 얻는가?

> "내가 너로 큰 민족을 이루고 네게 복을 주어 네 이름을 창대하
> 게 하리니 너는 복이 될지라. 너를 축복하는 자에게는 내가 복
> 을 내리고 너를 저주하는 자에게는 내가 저주하리니 땅의 모든
> 족속이 너로 말미암아 복을 얻을 것이라."(창 12:2-3)

* 더 참고할 성경 구절: 시 87:1-4 /사 11:10, 49:6 /겔 47:21-23
/합 2:14

☞ **디딤돌**

구약 시대 이방인들도 예수님을 믿고 구원을 얻는다.

땅의 모든 족속

모세가 애굽에서 이스라엘 백성을 인도해나올 때, 그 당시 애굽에
살던 수많은 잡족(이방인)들도 그동안 하나님의 권능을 목격하고 이
스라엘 백성과 함께 나왔다(출 12:38). 그리고 그 이방인들도 애굽
에서 나온 다음 해에 이스라엘 백성과 함께 광야에서 두 번째 유월
절을 지켰다(민 9:14). 하나님은 이스라엘 백성 가운데 거류하는 타
국인들도 말씀을 듣고 배우고 지켜 행하게 하며 그를 경외하게 했다
(신 31:12).

솔로몬은 성전을 건축하고 나서 하나님께 이렇게 기도한다. "주의 백성 이스라엘에 속하지 아니한 자 곧 주의 이름을 위하여 먼 지방에서 온 이방인이라도 그들이 주의 크신 이름과 주의 능한 손과 주의 펴신 팔의 소문을 듣고 와서 이 성전을 향하여 기도하거든 주는 계신 곳 하늘에서 들으시고 이방인이 주께 부르짖는 대로 이루사 땅의 만민이 주의 이름을 알고 주의 백성 이스라엘처럼 경외하게 하시오며 또 내가 건축한 이 성전을 주의 이름으로 일컫는 줄을 알게 하옵소서."(왕상 8:41-43) 그리고 하나님은 이방 나라 앗수르에 선지자 요나를 보내 그들이 회개하고 돌아오게 했다.

선지자 이사야는 하나님께 연합한 이방인은 "여호와께서 나를 그의 백성 중에서 반드시 갈라내시리라."(사 56:3)고 말하지 말라고 하며 또 이렇게 말한다. "여호와와 연합하여 그를 섬기며 여호와의 이름을 사랑하며 그의 종이 되며 안식일을 지켜 더럽히지 아니하며 나의 언약을 굳게 지키는 이방인마다 내가 곧 그들을 나의 성산으로 인도하여 기도하는 내 집에서 그들을 기쁘게 할 것이며 그들의 번제와 희생을 나의 제단에서 기꺼이 받게 되리니 이는 내 집은 만민이 기도하는 집이라 일컬음이 될 것임이라. 이스라엘의 쫓겨난 자를 모으시는 주 여호와가 말하노니 내가 이미 모은 백성 외에 또 모아 그에게 속하게 하리라."(사 56:6-8) 이처럼 구약 시대부터 오늘까지 하나님은 혈통으로 이스라엘 백성만의 하나님이 아니라 모든 이방인의 하나님이다. "나는 나를 구하지 아니하던 자에게 물음을 받았으며 나를 찾지 아니하던 자에게 찾아냄이 되었으며 내 이름을 부르지 아니하던 나라에 내가 여기 있노라 내가 여기 있노라 하였노라."(사 65:1)

하나님은 아브라함을 '믿음의 조상'으로 부를 때부터 이미 이방인들도 예수님을 믿고 구원을 얻을 것임을 명확하게 밝혔다. "땅의 모든 족속이 너로 말미암아 복을 얻을 것이라."(창 12:3) 즉 아브라함처럼 예수님을 믿는 이방인들도 다 구원의 복을 얻는다는 것이다. 실제로 예수님은 아브라함의 계보에서 태어나 그를 믿는 모든 사람에게 구원의 복을 주었다. "하나님이 이방을 믿음으로 말미암아 의로 정하실 것을 성경이 미리 알고 아브라함에게 복음을 전하되 모든 이방인이 너로 말미암아 복을 받으리라 하였느니라."(갈 3:8) 요컨대 하나님은 아브라함에게 복음을 전했는데, 이는 이방인들도 아브라함처럼 복음을 믿음으로 구원을 얻게 하기 위해서였다.

이방인 성도들

모세는 이방 족속 미디안의 제사장 딸 십보라를 아내로 맞았다. 갈렙은 에돔 족속의 일파인 그나스 출신으로 이스라엘에 귀화했다. 룻은 이방 나라 모압 여인으로 다윗의 증조모가 되었고, 라합도 이방 성읍 여리고의 기생이었지만 여호수아가 보낸 두 정탐꾼을 살려 보내 예수님의 족보에 올라 있다. 다윗의 충성스러운 부하들 가운데는 이방 출신들이 많았는데, 우리아는 이방 나라 헷 사람이었고, 잇도는 블레셋의 가드 사람이었으며, 후새도 가나안 족속인 아렉 사람이었다. 다윗에게 타작 마당을 제공한 아라우나도 가나안의 여부스 족속이었다. 그리고 전쟁 때 사로잡힌 이방인 포로들도 이스라엘 공동체에 많이 합류했다.

하나님은 가나안 일곱 족속을 진멸하라고 했지만, 그 일곱 족속 가운데 하나였던 히위 족속의 기브온 사람들이 그의 권능을 목격하고 두려워하며 나왔을 때 그들을 다 받아들였다. 역대상 8장을 보면 그들은 베냐민 사람들과 함께 당당히 족보에 올라 있다.

구약 시대 이방인들도 예수님을 믿고 구원을 얻었다. 그 당시 이스라엘 백성 가운데 많은 사람들이 말씀에 불순종하여 구원에서 떨어져나갔지만, 이방인 가운데 많은 사람들이 말씀에 순종하여 구원을 얻었다.

만민에게 복음을

하나님은 이스라엘 백성을 자신의 구속사를 펼쳐가는 통로로 삼기 위해 그들을 아무런 조건 없이 선택했다. 따라서 그들은 하나님의 "제사장 나라"(출 19:6)가 되어 그를 잘 섬김으로써 모든 이방 나라에 복음을 전해야 했다(겔 5:5-6). 그러나 요나에게서 보듯이 그들은 오히려 선민의식에 사로잡혀 그 사명을 잘 감당하지 못했다. 그들은 예수님이 사역할 당시에도 여전히 선민의식에 사로잡혀 그가 이방인에게 복음을 전하는 것을 못마땅해했고, 끝내 그를 십자가에 못 박아 죽였다.

예수님은 제자들에게 모든 민족에게 복음을 전하라고 했다(행 1:8). 하지만 사도 베드로는 오순절 성령 강림 이후에도 여전히 선민의식에 사로잡혀 이방인에게 복음을 전하기를 꺼렸다. 성령은 그 이후 바울을 이방인을 위한 사도로 세우고, 그를 통해 소아시아(오늘의 터키 지역)와 로마 그리고 그 당시 사람들이 '땅 끝'으로 여겼던 서바나(오늘의 스페인)에 이르기까지 복음을 편만하게 전하게 했다.

06. 옛날 한번도 복음을 듣지 못한 사람들은 어떻게 구원을 얻는가?

> "알지 못하던 시대에는 하나님이 간과하셨거니와 이제는 어디든지 사람에게 다 명하사 회개하라 하셨으니 이는 정하신 사람으로 하여금 천하를 공의로 심판할 날을 작정하시고 이에 그를 죽은 자 가운데서 다시 살리신 것으로 모든 사람에게 믿을 만한 증거를 주셨음이니라 하니라."(행 17:30-31)

☞ 디딤돌

우리가 말씀을 들을 때 성령은 그 말씀을 깨닫게 하여 우리로 하여금 예수님을 믿고 구원을 얻게 한다. 어느 시대나 말씀을 듣고 예수님을 믿음으로 구원을 얻는다. 그렇다면 옛날 한번도 복음을 듣지 못한 사람들은 어떻게 구원을 얻는가? 이 물음에 대해 한 가지 분명한 것은, 하나님은 어느 시대나 그가 선택한 사람은 반드시 구원한다는 것이다. 그들의 구원 여부는 오직 하나님만 안다.

외적 소명과 내적 소명

하나님의 부르심[소명(김命)]에는 두 가지가 있다. 하나는 말씀으로 부르는 '외적 소명'이고, 다른 하나는 성령이 직접 부르는 '내적 소명'

이다. 하나님은 일반적으로는 모든 사람을 동일하게 말씀으로 부르지만(일반 사역), 특별하게는 그가 선택한 사람에게만 행하는 일도 있다(특별 사역). 그는 이 오묘한 섭리로 지금까지 자신의 구속사(救贖史)를 이루어왔고 또 지금도 그것을 이루어가고 있다.

예수님이 죽었다가 부활한 것은 그만이 구속주며 심판주라는 사실을 우리에게 명확하게 증거한다. 우리는 때를 얻든지 못 얻든지 이 복음을 모든 사람에게 전해야 한다. 그리고 복음이 전해진 오늘에는 누구나 회개하고 그를 믿을 책임이 있다. 다만, 그것과 함께 각 사람을 향한 하나님의 오묘한 섭리를 인정해야 한다.

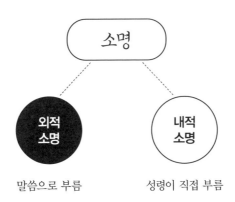

07. 혈통으로 오늘의 이스라엘 백성은 구원과 관련하여 어떻게 되는가?

> "형제들아 너희가 스스로 지혜 있다 하면서 이 신비를 너희가 모르기를 내가 원하지 아니하노니 이 신비는 이방인의 충만한 수가 들어오기까지 이스라엘의 더러는 우둔하게 된 것이라, 그리하여 온 이스라엘이 구원을 받으리라."(롬 11:25)

☞ 디딤돌

하나님은 혈통으로 오늘의 이스라엘 백성 가운데서도 때가 되면 그가 선택한 사람들은 다 구원할 것이다.

구속사의 경륜

사도 바울은 이스라엘 백성이 넘어지기까지 실족하지 않았다고 말한다. 즉 그들이 넘어짐으로 구원이 이방인에게 이르게 되고, 또 그것이 그들로 시기 나게 하여 그들 가운데 하나님이 선택한 사람들은 다 구원하는 것이 하나님의 구속사의 경륜이라는 것이다.

오늘날 수많은 이방인들이 예수님을 믿고 구원을 얻고 있지만, 정작 이스라엘 백성 가운데는 아직도 많은 사람들이 그를 믿지 않고 있다. 그들은 지금도 메시야를 기다리고 있다. 하지만 하나님은 그들을 결코 버리지 않았다. 그들 가운데 '남은 자', 즉 '온 이스라엘'(참 이스라엘)은 때가 되면 다 예수님을 믿고 구원을 얻는다. 이것이 하나님의 구속사의 경륜이다.

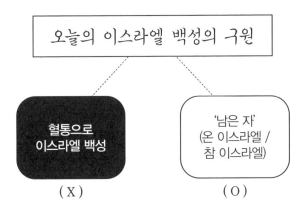

〈오직 하나님의 은혜〉

01. 믿음은 어떻게 갖는가?

"너희는 그 은혜에 의하여 믿음으로 말미암아 구원을 받았으니 이것은 너희에게서 난 것이 아니요 하나님의 선물이라, 행위에서 난 것이 아니니 이는 누구든지 자랑하지 못하게 함이라."(엡 2:8-9)

* 더 참고할 성경 구절: 욜 2:32 /마 11:27 /요 8:47, 10:26-27, 15:16 /롬 9:10-16

☞ **디딤돌**

믿음은 하나님의 은혜의 선물이다.

은혜가 먼저

노아 시대 사람들은 다 홍수 심판을 받았지만, 노아의 여덟 식구는 하나님의 은혜로 그 심판에서 살아남았다. 하나님은 이스라엘 백성도 먼저 은혜로 애굽에서 인도해내고, 그 이후 그들에게 율법을 주었다. "나는 너를 애굽 땅, 종 되었던 집에서 인도하여낸 네 하나님 여호와니라, 너는 나 외에는 다른 신들을 네게 두지 말라."(출 20:2-3) 항상 은혜가 먼저다. 물론 노아의 여덟 식구와 애굽에서 나온 이스라엘 백성 가운데 누가 최종적으로 구원의 은혜를 받았는지, 그것은 오직 하나님의 주권에 속해 있다.

다만, 어느 시대나 하나님의 은혜에 따라 믿음으로 말미암아 구원을 얻는다. 믿음은 우리에게서 난 것이 아니라 그의 은혜의 선물이다. "모든 사람이 죄를 범하였으매 하나님의 영광에 이르지 못하더니 그리스도 예수 안에 있는 속량으로 말미암아 하나님의 은혜로 값없이 의롭다 하심을 얻은 자 되었느니라."(롬 3:23-24) "그런즉 원하는 자로 말미암음도 아니요 달음박질하는 자로 말미암음도 아니요 오직 긍휼히 여기시는 하나님으로 말미암음이니라."(롬 9:16) "우리 구주 하나님의 자비와 사람 사랑하심이 나타날 때에 우리를 구원하시되 우리가 행한 바 의로운 행위로 말미암지 아니하고 오직 그의 긍휼하심을 따라 중생의 씻음과 성령의 새롭게 하심으로 하셨나니 우리 구주 예수 그리스도로 말미암아 우리에게 그 성령을 풍성히 부어주사 우리로 그의 은혜를 힘입어 의롭다 하심을 얻어 영생의 소망을 따라 상속자가 되게 하려 하심이라."(딛 3:4-7)

구속 언약

구원은 하나님이 그의 뜻과 그리고 영원 전부터 예수님 안에서 우리에게 준 은혜의 선물이다. 구원은 이미 영원 전에 하나님의 뜻 안에 있었다(딤후 1:9). 이를 '구속 언약'이라고 한다. 즉 성부가 성자와 영원 전에 우리 구원을 위해 언약했다는 것이다. "찬송하리로다 하나님 곧 우리 주 예수 그리스도의 아버지께서 그리스도 안에서 하늘에 속한 모든 신령한 복을 우리에게 주시되 곧 창세 전에 그리스도 안에서 우리를 택하사 우리로 사랑 안에서 그 앞에 거룩하고 흠이 없게 하시려고 그 기쁘신 뜻대로 우리를 예정하사 예수 그리스도로 말미암아 자기의 아들들이 되게 하셨으니 이는 그가 사랑하시는 자 안에서 우리에게 거저 주시는 바 그의 은혜의 영광을 찬송하게 하려는 것이라."(엡 1:3-6)

성부는 그가 선택한 사람들에게 성자를 그들의 머리와 구주로 준다. 그리고 성자는 성부가 그에게 준 사람들을 자원하여 대신한다. 즉 구속 언약이란 이와 같이 성부와 성자가 우리 구원을 위해 맺은 언약을 말한다. 요컨대 성부가 그의 은혜로 성자에게 주는 사람들만 구원을 얻는다. "아버지께서 내게 주시는 자는 다 내게로 올 것이요"(요 6:37). "나를 보내신 아버지께서 이끌지 아니하시면 아무도 내게 올 수 없으니 오는 그를 내가 마지막 날에 다시 살리리라. 선지자의 글에 그들이 다 하나님의 가르치심을 받으리라 기록되었은즉 아버지께 듣고 배운 사람마다 내게로 오느니라."(요 6:44-45) "세상 중에서 내게 주신 사람들에게 내가 아버지의 이름을 나타내었나이다, 그들은 아버지의 것이었는데 내게 주셨으며 그들은 아버지의 말씀을 지키었나이다."(요 17:6)

02. 은혜는 어떤 수단을 통해 갖는가?

> "베뢰아에 있는 사람들은 데살로니가에 있는 사람들보다 더 너그러워서 간절한 마음으로 말씀을 받고 이것이 그러한가 하여 날마다 성경을 상고하므로 그 중에 믿는 사람이 많고 또 헬라의 귀부인과 남자가 적지 아니하나"(행 17:11-12).

☞ **디딤돌**

말씀은 하나님의 은혜를 받는 주된 통로가 된다. 구원을 얻으려면 말씀을 가까이 하여 말씀을 듣고 읽어야 한다.

은혜의 방편
구원은 하나님의 은혜의 선물이다. 하나님은 우리에게 그 구원의 은혜를 받는 방편을 주었는데, 그것은 말씀(설교 /가르침 /성경 읽기)과 성례(세례와 성찬) 두 가지다.

말씀은 구원의 은혜를 받는 가장 중요한 방편이다. 구원을 얻으려면 말씀을 가까이 하여 말씀을 듣고 읽고 배우는 데 힘써야 한다. 구원은 하나님의 주권에 맡겨드리고 말씀을 가까이 해야 한다. "믿음은 들음에서 나며 들음은 그리스도의 말씀으로 말미암았으니라."(롬 10:17) 베뢰아 사람들은 간절한 마음으로 말씀을 받고 이것이 그러한가 하여 날마다 성경을 상고하므로 믿는 사람이 많았다.

성례(세례와 성찬)도 하나님의 은혜를 받는 통로가 된다. 교회에 처음 나온 사람은 일정 기간 동안 교육을 받고 믿음을 고백하면 세례를 받는다. 그리고 세례를 받은 사람은 성찬에 참여한다. 세례를 받고 성찬에 참여한다고 해서 곧 그것이 구원을 얻거나 또 얻은 증표는 아니다. 단지 세례는 내가 교회의 지체가 되었다는 사실을 말해줄 뿐이다. 다만, 세례를 받고 성찬에 참여할 때 구원의 은혜를 받아 누릴 수 있다.

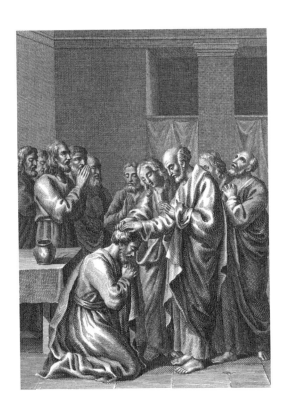

03. 말씀을 들을 때 성령은 어떻게 하는가?

> "베드로가 이 말을 할 때에 성령이 말씀 듣는 모든 사람에게 내려오시니 베드로와 함께 온 할례 받은 신자들이 이방인들에게도 성령 부어주심으로 말미암아 놀라니"(행 10:44-45).

☞ **디딤돌**

말씀을 들을 때 성령은 그 말씀을 깨닫게 하여 우리로 하여금 예수님을 믿고 거듭나게 한다.

말씀은 성령의 검

말씀은 진리며, 성령은 진리의 영이다. 그러므로 우리가 말씀을 들을 때 성령은 우리에게 역사하여 우리로 하여금 예수님을 믿고 거듭나게 한다. "하나님을 섬기는 루디아라 하는 한 여자가 말을 듣고 있을 때 주께서 그 마음을 열어 바울의 말을 따르게 하신지라."(행 16:14) "진리의 말씀으로 우리를 낳으셨느니라."(약 1:18) "너희가 거듭난 것은 썩어질 씨로 된 것이 아니요 썩지 아니할 씨로 된 것이니 살아 있고 항상 있는 하나님의 말씀으로 되었느니라."(벧전 1:23) 요컨대 성령은 말씀을 그의 검(檢)으로 사용한다. "성령의 검 곧 하나님의 말씀을 가지라."(엡 6:17)

성령은 말씀으로 우리를 거듭나게 할 뿐 아니라 또한 우리 마음에 인(印)을 치고 우리로 하여금 구원을 확신하게 한다. "그리스도 안에서 너희도 진리의 말씀 곧 너희의 구원의 복음을 듣고 그 안에서 또한 믿어 약속의 성령으로 인치심을 받았으니"(엡 1:13).

04. 예수님을 믿으면 어떤 특권을 갖는가?

> "영접하는 자 곧 그 이름을 믿는 자들에게는 하나님의 자녀가
> 되는 권세를 주셨으니"(요 1:12).

☞ 디딤돌

예수님을 믿으면 하나님의 자녀가 된다.

하나님의 자녀가 되는 권세

예수님을 믿으면 그와 함께 하나님의 자녀가 되는 권세를 얻는다. 예수님은 맏아들이 되고, 우리는 양자가 된다. 그리고 성령은 우리가 하나님의 자녀임을 확신하게 한다. "무릇 하나님의 영으로 인도함을 받는 사람은 곧 하나님의 아들이라. 너희는 다시 무서워하는 종의 영을 받지 아니하고 양자의 영을 받았으므로 우리가 아빠 아버지라고 부르짖느니라. 성령이 친히 우리의 영과 더불어 우리가 하나님의 자녀인 것을 증언하시나니"(롬 8:14-16). 성도는 하나님의 자녀가 되었기 때문에 그를 "아빠 아버지"(갈 4:6)라 부른다.

05. 하나님이 구원의 은혜를 받지 못한 사람을 심판하는 것은 부당한가?

"혹 네가 내게 말하기를 그러면 하나님이 어찌하여 허물하시느냐, 누가 그 뜻을 대적하느냐 하리니 이 사람아 네가 누구이기에 감히 하나님께 반문하느냐, 지음을 받은 물건이 지은 자에게 어찌 나를 이같이 만들었느냐 말하겠느냐, 토기장이가 진흙 한 덩이로 하나는 귀히 쓸 그릇을 하나는 천히 쓸 그릇을 만들 권한이 없느냐, 만일 하나님이 그의 진노를 보이시고 그의 능력을 알게 하고자 하사 멸하기로 준비된 진노의 그릇을 오래 참으심으로 관용하시고 또한 영광 받기로 예비하신 바 긍휼의 그릇에 대하여 그 영광의 풍성함을 알게 하고자 하셨을지라도 무슨 말을 하리요, 이 그릇은 우리니 곧 유대인 중에서뿐만 아니라 이방인 중에서도 부르신 자니라."(롬 9:19-24)

☞ **디딤돌**

하나님이 구원의 은혜를 받지 못한 사람을 심판하는 것은 부당하다고 할 수 없다.

하나님의 절대 주권

로마서 9장 19-24절 말씀은 하나님의 절대 주권을 강력하게 증거한다. 리브가가 쌍둥이 에서와 야곱을 잉태했을 때, 하나님은 이미 야곱을 선택했다. "그 자식들이 아직 나지도 아니하고 무슨 선이나 악을 행하지 아니한 때에 택하심을 따라 되는 하나님의 뜻이 행위로 말미암지 않고 오직 부르시는 이로 말미암아 서게 하려 하사 리브가에게 이르시되 큰 자가 어린 자를 섬기리라 하셨나니 기록된 바 내가 야곱은 사랑하고 에서는 미워하였다 하심과 같으니라."(롬 9:11-13) 이를 두고, 하나님이 에서를 차별한다며 그가 불의하다고 할 수 있을까? 그렇지 않다. "내가 긍휼히 여길 자를 긍휼히 여기고 불쌍히 여길 자를 불쌍히 여기리라."(롬 9:15)

우리는 하나님의 이 섭리를 다 이해할 수 없다. 구원은 전적으로 그의 은혜의 선물이다. 구원을 받을 자격이 있어 그것을 받는다면, 그것은 이미 은혜가 아니다. 전혀 구원을 받을 자격이 없는 사람에게 주어지는 것이 은혜다. 위의 로마서 9장 19-24절 말씀은 어떤 사람에게는 걸림돌과 거치는 바위가 되겠지만, 어떤 사람에게는 전혀 그렇지 않다. "누가 지혜가 있어 이런 일을 깨달으며 누가 총명이 있어 이런 일을 알겠느냐, 여호와의 도는 정직하니 의인은 그 길로 다니거니와 그러나 죄인은 그 길에 걸려 넘어지리라."(호 14:9) 구원은 우리에게 한마디로 신비다.

하나님의 계획에 따라 구원의 은혜를 받은 사람은 때가 되면 다 말씀을 듣고 믿음을 가져 구원을 얻지만, 구원의 은혜를 받지 못한 사람은 구원을 얻지 못한다. 후자는 말씀을 들으려고 하지도 않고, 또 말씀을 듣고 읽어도 믿음을 갖지 못한다. 우리는 다 우리 자신의 죄 때문에 죽을 수밖에 없지만, 구원의 은혜를 받은 사람은 그 죄에도 불구하고 하나님의 은혜로 구원을 얻고, 구원의 은혜를 받지 못한 사람은 그 죄 때문에 심판을 받는다.

장차 구원을 얻는 사람은 하나님의 '사랑'과 '은혜'가 얼마나 큰지 분명히 알게 될 것이고, 심판을 받는 사람은 또한 그의 '공의'(公義)가 얼마나 엄위한지 분명히 알게 될 것이다. 하나님은 그 누구로부터도 명령을 받거나 요구받지 않는다. 그는 주권적으로 그가 구원할 사람을 구원하고 그가 심판할 사람을 심판한다. "여호와께서 온갖 것을 그 쓰임에 적당하게 지으셨나니 악인도 악한 날에 적당하게 하셨느니라."(잠 16:4)

상실한 마음대로

그렇다면, 어떤 사람이 구원의 은혜를 받지 못해 심판을 받는다면 그 책임이 하나님께 있을까? 그렇지 않다. 그 사람은 그 자신의 죄 때문에 마땅히 심판을 받기 때문이다.

애굽 왕 바로를 보자. 성경은 그에 대해 이렇게 말한다. "내가 이를 위하여 너를 세웠으니 곧 너로 말미암아 내 능력을 보이고 내 이름이 온 땅에 전파되게 하려 함이라 하셨으니 그런즉 하나님께서 하고자 하시는 자를 긍휼히 여기시고 하고자 하시는 자를 완악하게 하시느니라."(롬 9:17-18)

어떤 사람은 여기서 이렇게 질문할 것이다. '아니, 하나님이 바로의 마음을 완악하게 해놓고 그에 따라 그를 심판하는 것은 부당하지 않은가?' 그러나 위의 로마서 말씀을 문자대로 해석하면 안 된다. 즉 하나님은 바로의 마음을 완악하게 한 것이 아니라, 오히려 바로의 마음이 원래 완악했다. "그러나 바로가 숨을 쉴 수 있게 됨을 보았을 때에 그의 마음을 완강하게 하여 그들의 말을 듣지 아니하였으니 여호와께서 말씀하신 것과 같더라."(출 8:15) 요컨대 바로는 원래 그의 완악한 마음대로 끝까지 회개하지 않았는데, 그래서 하나님은 그를 그 상실한 마음대로 내버려두고 그에 따라 그를 심판했다.

구원의 은혜를 받은 사람은 하나님의 강권적인 간섭으로 그의 마음이 회복되지만, 구원의 은혜를 받지 못한 사람은 원래 그 자신의 상실한 마음대로 버림을 당한다. "그들이 마음에 하나님 두기를 싫어하매 하나님께서 그들을 그 상실한 마음대로 내버려두사 합당하지 못한 일을 하게 하셨으니"(롬 1:28).

〈회개도 은혜의 선물〉

01. 가벼운 죄와 무거운 죄가 있는가?

> "빌라도가 이르되 내게 말하지 아니하느냐, 내가 너를 놓을 권한도 있고 십자가에 못 박을 권한도 있는 줄 알지 못하느냐, 예수께서 대답하시되 위에서 주지 아니하셨더라면 나를 해할 권한이 없었으리니 그러므로 나를 네게 넘겨준 자의 죄는 더 크다 하시니라."(요 19:10-11)

☞ **디딤돌**

가벼운 죄와 무거운 죄가 있다.

가벼운 죄와 무거운 죄

가룟 유다는 은 삼십을 받고 예수님을 대제사장들에게 넘겼다. 그리고 대제사장들은 예수님을 다시 빌라도에게 넘겼다. 그리고 빌라도는 결국 예수님을 십자가에 못 박아 죽게 했다. 예수님은 이 빌라도에게 네 죄보다 나를 네게 넘겨준 가룟 유다의 죄가 더 크다고 했다. "인자는 자기에 대하여 기록된 대로 가거니와 인자를 파는 그 사람에게는 화가 있으리로다. 그 사람은 차라리 나지 아니하였더라면 자기에게 좋을 뻔하였느니라.”(막 14:21)

　　“큰 가증한 일”(겔 8:13)과 “이보다 더 큰 가증한 일”(겔 8:15)이 있다. 이처럼 가벼운 죄와 무거운 죄가 있다. “어떤 사람들의 죄는 밝히 드러나 먼저 심판에 나아가고, 어떤 사람들의 죄는 그 뒤를 따르느니라.”(딤전 5:24)

02. 가장 무거운 죄는 무엇인가?

> "사람에 대한 모든 죄와 모독은 사하심을 얻되 성령을 모독하는 것은 사하심을 얻지 못하겠고, 또 누구든지 말로 인자를 거역하면 사하심을 얻되 누구든지 말로 성령을 거역하면 이 세상과 오는 세상에서도 사하심을 얻지 못하리라."(마 12:31-32)

* 더 참고할 성경 구절: 요일 5:16-17

☞ 디딤돌

가장 무거운 죄는 예수님을 믿지 않는 것이다. 이것이 성령을 모독하고 말로 성령을 거역하는 죄다.

예수님을 믿지 않는 죄

어떤 바리새인들은 예수님이 더러운 귀신이 들렸다고 비방했다. "이가 귀신의 왕 바알세불을 힘입지 않고는 귀신을 쫓아내지 못하느니라."(마 12:24) 이는 성령을 모독하고 말로 성령을 거역하는 죄로 결코 사함받지 못한다. 어떤 이단 교주는 자신이 하나님이라고 참칭(僭稱)하는데, 이는 곧 "사망에 이르는 죄"(요일 5:16)로 결코 사함받지 못한다.

예수님의 인성을 거부하거나 그의 신성을 거부하는 사람은 당연히 예수님을 믿을 수 없다. 성령은 예수님을 구속주로 증거하는데, 그를 믿지 않는 것은 이 성령을 모독하고 말로 성령을 거역하는 죄다.

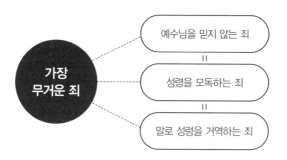

03. 죄는 어떻게 해야 하는가?

> "살아 있는 사람은 자기 죄들 때문에 벌을 받나니 어찌 원망하랴, 우리가 스스로 우리의 행위들을 조사하고 여호와께로 돌아가자."(애 3:39-40)

☞ 디딤돌

어떤 죄든 즉시 회개해야 한다.

구원을 얻는 회개

회개는 무엇보다 "죄 사함을 받게 하는 회개"(눅 24:47), "생명 얻는 회개"(행 11:18)다. 즉 회개는 '구원을 얻는 회개'인데, 끝까지 회개하지 않고 예수님을 믿지 않으면 영벌밖에 없다. "다만 네 고집과 회개하지 아니한 마음을 따라 진노의 날 곧 하나님의 의로우신 심판이 나타나는 그 날에 임할 진노를 네게 쌓는도다."(롬 2:5)

용서와 징계

우리는 또한 살아가면서 많은 죄를 짓는다. 구원의 은혜를 받은 성도도 다 연약하여 때때로 죄를 짓는다. 그러나 우리가 죄를 짓고 회개하면 하나님은 우리를 용서한다. "내가 이르기를 내 허물을 여호와께 자복하리라 하고 주께 내 죄를 아뢰고 내 죄악을 숨기지 아니하였더니 곧 주께서 내 죄악을 사하셨나이다. (셀라) 이로 말미암아 모든 경건한 자는 주를 만날 기회를 얻어서 주께 기도할지라, 진실로 홍수가 범람할지라도 그에게 미치지 못하리이다."(시 32:5-6) "자기의 죄를 숨기는 자는 형통하지 못하나 죄를 자복하고 버리는 자는 불쌍히 여김을 받으리라."(잠 28:13)

하지만 우리가 회개하지 않으면 하나님은 반드시 우리를 징계한다. "하나님은 의로우신 재판장이심이여 매일 분노하시는 하나님이시로다, 사람이 회개하지 아니하면 그가 그의 칼을 가심이여 그의 활을 이미 당기어 예비하셨도다."(시 7:11-12) "내가 입을 열지 아니할 때에 종일 신음하므로 내 뼈가 쇠하였도다, 주의 손이 주야로 나를 누르시오니 내 진액이 빠져서 여름 가뭄에 마름 같이 되었나이다."(시 32:3-4) "네 악이 너를 징계하였고 네 반역이 너를 책망할 것이라, 그런즉 네 하나님 여호와를 버림과 네 속에 나를 경외함이 없는 것이 악이요 고통인 줄 알라."(렘 2:19)

하나님은 우리 죄에 대해 반드시 대가를 치르게 한다. "인자를 천대까지 베풀며 악과 과실과 죄를 용서하리라, 그러나 벌을 면제하지는 아니하고"(출 34:7). 레위기 5장의 속건제 규례를 보면, 어떤 사람이 성물에 대해 부지중에 죄를 지으면 그 성물에 1/5을 더하여 제사장에게 주어야 했다(레 5:14-16). 즉 어떤 사람이 죄를 짓고 속죄제를 드리면 그 죄는 용서받되 반드시 그 죄에 대해서는 대가를 치러야 했다.

아무리 작은 죄라도 우리를 멸망하게 하는 무서운 파괴력이 있다. 어떤 죄도 경계하며 멀리해야 한다. 적은 누룩이 온 덩어리에 퍼지듯이, 작은 죄가 나를 완전히 삼킨다. "악은 어떤 모양이라도 버리라."(살전 5:22) 작은 죄의 유혹을 단호하게 물리쳐야 큰 죄를 짓지 않을 수 있다. "미련한 자는 죄를 심상히 여겨도 정직한 자 중에는 은혜가 있느니라."(잠 14:9)

죄를 지어도 죽을 때까지 징계를 받지 않을 수 있다. 그러나 이는 복이 아니라 오히려 저주다. 징계를 받는다면 회개하고 구원을 얻을 수도 있는데, 그것이 아예 불가능하기 때문이다. 비록 이 세상에서는 징계를 받지 않을 수 있으나 죽은 뒤에는 반드시 심판이 있다.

회개하며 인내해야

징계를 받을 때 그 징계가 나를 바르게 하려는 하나님의 뜻인 줄 알고 회개하며 인내해야 한다. "여호와여 주로부터 징벌을 받으며 주의 법으로 교훈하심을 받는 자가 복이 있나니"(시 94:12). "내 고초와 재난 곧 쑥과 담즙을 기억하소서, 내 마음이 그것을 기억하고 내가 낙심이 되오나 이것을 내가 내 마음에 담아 두었더니 그것이 오히려 나의 소망이 되었사옴은 여호와의 인자와 긍휼이 무궁하시므로 우리가 진멸되지 아니함이니이다."(애 3:19-21) "하나님이 아들과 같이 너희를 대우하시나니 어찌 아버지가 징계하지 않는 아들이 있으리요."(히 12:7)

하나님은 우리를 사랑하기 때문에 우리를 적당하게 징계한다. 그가 강하게 징계하면 우리가 낙심할 수 있기 때문이다. "주께서 그 백성을 치셨던들 그 백성을 친 자들을 치심과 같았겠으며 백성이 죽임을 당하였던들 백성을 죽인 자가 죽임을 당함과 같았겠느냐. 주께서 백성을 적당하게 견책하사 쫓아내실 때에 동풍 부는 날에 폭풍으로 그들을 옮기셨느니라."(사 27:7-8) 징계를 받을 때 하나님의 이 사랑을 알고 회개하며 인내해야 한다.

지혜로운 회개

우리는 하나님께 영광이자 기쁨 그 자체다(습 3:17). 우리가 죄의 대가를 치르며 힘들어하면 하나님의 영광을 가리게 된다. 그래서 징계를 받을 때 그의 영광을 위해 나를 회복시켜 달라고 기도해야 한다. 이것이 지혜로운 회개다. "우리 구원의 하나님이여 주의 이름의 영광스러운 행사를 위하여 우리를 도우시며 주의 이름을 증거하기 위하여 우리를 건지시며 우리 죄를 사하소서."(시 79:9) "나 곧 나는 나를 위하여 네 허물을 도말하는 자니 네 죄를 기억하지 아니하리라."(사 43:25) "주여 들으소서, 주여 용서하소서, 주여 귀를 기울이시고 행하소서, 지체하지 마옵소서, 나의 하나님이여 주 자신을 위하여 하시옵소서, 이는 주의 성과 주의 백성이 주의 이름으로 일컫는 바 됨이니이다."(단 9:19)

04. 회개의 세 가지 요소는 무엇인가?

> "내가 내 행위를 생각하고, 즉의 증거들을 향하여 내 발길을 돌이켰사오며, 즉의 계명들을 지키기에 신속히 하고 지체하지 아니하였나이다." (시 119:59-60)

☞ 디딤돌

참된 회개는 내 죄를 정확하게 인식하고("내가 내 행위를 생각하고"), 그 죄를 버리고 돌이켜서("주의 증거들을 향하여 내 발길을 돌이켰사오며"), 이제는 곧 말씀대로 살기를 굳게 결심하고 계속해서 노력하는 것이다 ("주의 계명들을 지키기에 신속히 하고 지체하지 아니하였나이다"). 참된 회개는 내 죄가 하나님 앞에서 얼마나 심각한 것인지 그것을 정확하게 인식하고, 그 죄에서 완전히 돌이켜 떠날 뿐 아니라, 반드시 행동의 변화가 수반되어 삶의 아름다운 열매가 나타나야 한다.

돌이켜 말씀대로 살아야

레위기 5장을 보면 가난한 사람은 속죄 제물로 비둘기나 고운 밀가루를 제사장에게 드렸다. 이때 제사장은 비둘기는 머리를 목에서 비틀어 끊고 밀은 곱게 빻아 가루로 만들어 하나님께 드렸다(레 5:7-13). 이처럼 우리가 회개하려면 우리의 죄악된 옛 사람을 철저히 죽여 죄에서 완전히 돌이켜 떠날 뿐 아니라, 말씀대로 살아 삶의 아름다운 열매를 맺어야 한다.

어떤 이단은 회개는 단 한번으로 끝난다고 주장하는데, 결코 그렇지 않다. 통회 자복하며 회개하고 구원의 은혜를 받은 사람도 여전히 연약하여 때때로 죄를 지을 수 있다. 따라서 죄를 지었다면 그때마다 발에 묻은 때를 씻듯이 즉시 그 죄를 회개해야 한다(요 13:4-10). 그리고 성령을 의지하며 더 이상 죄를 짓지 않겠다는 각오를 갖고 말씀대로 살아야 한다.

마음을 하나님께

죄는 무엇보다 내 마음이 하나님을 떠나는 것을 말한다. 따라서 참된 회개는 그를 떠났던 내 마음을 다시 그에게 온전히 드리는 것이다. "여호와는 마음이 상한 자를 가까이 하시고 충심으로 통회하는 자를 구원하시는도다."(시 34:18) "하나님께서 구하시는 제사는 상한 심령이라, 하나님이여 상하고 통회하는 마음을 주께서 멸시하지 아니하시리이다."(시 51:17) "너희는 이제라도 금식하고 울며 애통하고 마음을 다하여 내게로 돌아오라 하셨나니 너희는 옷을 찢지 말고 마음을 찢고 너희 하나님 여호와께로 돌아올지어다."(욜 2:12-13).

입술의 고백은 회개가 아니다. 가룟 유다는 은 삼십에 예수님을 파는 큰 죄를 지었지만 그 죄를 단순히 뉘우쳤기에 자살로 생을 마쳤다(마 27:3). 하지만 사도 베드로는 예수님을 세 번이나 모른다고 부인하는 큰 죄를 지었지만 그 죄를 심히 통곡하며 회개하여 초대교회의 위대한 사도가 되었다(눅 22:62). 무엇보다 내 마음을 다해 회개하여 예수님을 믿고 구원을 얻어야 한다. 그리고 죄를 지었다면 즉시 그 죄를 회개하고 더 이상 죄를 짓지 않도록 말씀대로 살아야 한다.

05. 내 의지만으로 온전히 회개할 수 있는가?

> "에브라임이 스스로 탄식함을 내가 분명히 들었노니 주께서 나를 징벌하시매 멍에에 익숙하지 못한 송아지 같은 내가 징벌을 받았나이다, 주는 나의 하나님 여호와이시니 나를 이끌어 돌이키소서, 그리하시면 내가 돌아오겠나이다."(렘 31:18)

☞ 디딤돌

내 의지만으로는 온전히 회개할 수 없다.

회개도 은혜의 선물

나 또한 간절하게 회개해야 하지만, 회개는 궁극적으로 하나님이 나에게 주는 은혜의 선물이다. "주는 나의 하나님 여호와이시니 나를 이끌어 돌이키소서, 그리하시면 내가 돌아오겠나이다."(렘 31:18) "여호와여 우리를 주께로 돌이키소서, 그리하시면 우리가 주께로 돌아가겠사오니 우리의 날들을 다시 새롭게 하사 옛적 같게 하옵소서."(애 5:21) "거역하는 자를 온유함으로 훈계할지니 혹 하나님이 그들에게 회개함을 주사 진리를 알게 하실까 하며"(딤후 2:25).

사도 베드로가 고넬료와 그의 온 가족에게 복음을 전하자, 그들은 다 성령으로 세례를 받았다. 베드로가 이를 예루살렘교회에 보고하자, 그곳 성도들은 그 일에 대해 "하나님께서 이방인에게도 생명 얻는 회개를 주셨도다."(행 11:18)라고 했다.

선지자 요나는 앗수르의 수도 니느웨 사람들이 진심으로 회개하고 하나님께 돌아오기를 바라지 않았다. 그는 마지못해 그들에게 "사십 일이 지나면 니느웨가 무너지리라."(욘 3:4)고 선포했다. 하지만 앗수르 왕과 백성들은 그 말을 듣고 다 금식하며 회개했다. 이는 하나님의 은혜가 없었다면 불가능했다.

믿음도 회개도 회개 이후의 삶도 다 은혜의 선물

어거스틴은 믿음은 하나님의 은혜의 선물로 보고, 이 은혜를 '예비적 은혜'라고 했다. 그리고 그는 이 예비적 은혜는 또한 회개에 앞서며 그 방향으로 인도한다고 했는데, 즉 회개도 믿음과 마찬가지로 하나님의 은혜의 선물이라는 것이다. 또한 그는 그 이후의 '동반적 은혜'도 말했는데, 즉 회개의 은혜를 받은 사람이 하나님이 기뻐하는 삶을 사는 것도 그의 은혜가 있어야 한다는 것이다. 요컨대 믿음과 함께 회개와 회개 이후의 삶도 그의 은혜가 있어야 한다.

믿음과 회개와 회개 이후의 삶, 이 모든 것에 그의 은혜를 구해야 한다. 그의 은혜가 있어야 예수님을 믿고 구원을 얻을 수 있을 뿐 아니라, 온전한 회개의 열매를 맺고 또 그 이후에도 회개의 삶을 살아갈 수 있다. 무엇보다 내 구원을 위해 간절하게 예수님을 찾고 회개해야 한다. 그리고 구원의 은혜를 받았다면 항상 회개하며 말씀대로 살아가기 위해 노력해야 한다. 그리고 이 모든 것에 하나님의 은혜를 구해야 한다.

　구원은 전적으로 하나님이 나에게 주는 은혜의 선물이다. 내 구원을 위해 내가 조금이라도 보탠 것이 없다. 하지만 이 구원은 결코 값싼 것이 아니다. '하나님의 아들'인 예수님이 내 구원을 위해 친히 십자가에서 자신의 몸을 드렸기 때문이다. 그러므로 하나님의 은혜로 예수님을 믿고 '구원을 얻는 회개'를 경험했다면, 더욱 철저하게 회개하며 말씀대로 살아야 한다. 다니엘서 말씀대로 예수님의 재림을 앞둔 말세를 살아가는 오늘의 성도들은 연단을 받아 스스로 정결하게 하며 희게 해야 한다(단 12:10).

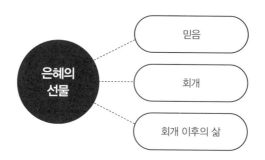

〈확신 1: 일반론〉

01. 언제 구원을 얻었는지 그 시간을 알 수 있는가?

"바람이 임의로 불매 네가 그 소리는 들어도 어디서 와서 어디로 가는지 알지 못하나니 성령으로 난 사람도 다 그러하니라."(요 3:8)

☞ **디딤돌**

성령은 바람처럼 임재하기에 내가 언제 구원을 얻었는지 그 시간은 알수 없다.

성령은 바람처럼

바람은 임의로 불어, 그것이 어디서 와서 어디로 가는지 알 수 없다. 성령으로 난 사람도 그가 거듭난 시간을 정확하게 알 수 없다. 이단 종파인 '구원파'는 내가 언제 구원을 얻었는지 그 시간을 알 수 있다고 한다. 그러나 '성령으로'(위에서) 난 사람은 언제 거듭나 구원을 얻었는지 그 시간은 알 수 없다.

02. 구원을 잃을 수 있는가?

> "내가 그들에게 영생을 주노니 영원히 멸망하지 아니할 것이요 또 그들을 내 손에서 빼앗을 자가 없느니라. 그들을 주신 내 아버지는 만물보다 크시매 아무도 아버지 손에서 빼앗을 수 없느니라."(요 10:28-29)

☞ **디딤돌**

하나님의 은사와 부르심에는 후회함이 없다(롬 11:29). "하나님은 약속을 기업으로 받는 자들에게 그 뜻이 변하지 아니함을 충분히 나타내시려고 그 일을 맹세로 보증하셨나니, 이는 하나님이 거짓말을 하실 수 없는 이 두 가지(약속과 맹세:필자 주) 변하지 못할 사실로 말미암아 앞에 있는 소망을 얻으려고 피난처를 찾은 우리에게 큰 안위를 받게 하려 하심이라."(히 6:17-18)

영원히 온전하게 하다

예수님은 우리를 영원히 온전하게 했다. "그가 거룩하게 된 자들을 한번의 제사로 영원히 온전하게 하셨느니라."(히 10:14) 따라서 한번 얻은 구원은 결코 잃을 수 없다. "너는 나의 종이라 내가 너를 택하고 싫어하여 버리지 아니하였다 하였노라."(사 41:9) "내게 오는 자는 내가 결코 내쫓지 아니하리라."(요 6:37) "주께서 너희를 우리 주 예수 그리스도의 날에 책망할 것이 없는 자로 끝까지 견고하게 하시리라."(고전 1:8) "하나님의 성령을 근심하게 하지 말라, 그 안에서 너희가 구원의 날까지 인치심을 받았느니라."(엡 4:30) "너희 안에서 착한 일을 시작하신 이가 그리스도 예수의 날까지 이루실 줄을 우리는 확신하노라."(빌 1:6)

03. 구원을 잃을 수 있다는 말씀은 어떻게 이해해야 하는가?

> "청함을 받은 자는 많되 택함을 입은 자는 적으니라."(마 22:14)

☞ **디딤돌**

구원을 잃을 수 있다는 말씀은 하나님이 우리를 더욱 경성(警省)하게 하려고 주었다고 할 수 있다.

성경에서 그와 관련된 말씀은 다음과 같다.

> "가지 얼마가 꺾이었는데 돌감람나무인 네가 그들 중에 접붙임이 되어 참감람나무 뿌리의 진액을 함께 받는 자가 되었은즉 그 가지들을 향하여 자랑하지 말라, 자랑할지라도 네가 뿌리를 보전하는 것이 아니요 뿌리가 너를 보전하는 것이니라, 그러면 네 말이 가지들이 꺾인 것은 나로 접붙임을 받게 하려 함이라 하리니 옳도다 그들은 믿지 아니하므로 꺾이고 너는 믿음으로 섰느니라, 높은 마음을 품지 말고 도리어 두려워하라, 하나님이 원 가지들도 아끼지 아니하셨은즉 너도 아끼지 아니하시리라, 그러므로 하

나님의 인자하심과 준엄하심을 보라, 넘어지는 자들에게는 준엄하심이 있으니 너희가 만일 하나님의 인자하심에 머물러 있으면 그 인자가 너희에게 있으리라, 그렇지 않으면 너도 찍히는 바 되리라."(롬 11:17-22)

"선 줄로 생각하는 자는 넘어질까 조심하라."(고전 10:12)

"한번 빛을 받고 하늘의 은사를 맛보고 성령에 참여한 바 되고 하나님의 선한 말씀과 내세의 능력을 맛보고도 타락한 자들은 다시 새롭게 하여 회개하게 할 수 없나니 이는 그들이 하나님의 아들을 다시 십자가에 못 박아 드러내 놓고 욕되게 함이라."(히 6:4-6)

"만일 그들이 우리 주 되신 구주 예수 그리스도를 앎으로 세상의 더러움을 피한 후에 다시 그 중에 얽매이고 지면 그 나중 형편이 처음보다 더 심하리니 의의 도를 안 후에 받은 거룩한 명령을 저버리는 것보다 알지 못하는 것이 도리어 그들에게 나으니라, 참된 속담에 이르기를 개가 그 토하였던 것에 돌아가고 돼지가 씻었다가 더러운 구덩이에 도로 누웠다 하는 말이 그들에게 응하였도다."(벧후 2:20-22)

강력한 경계의 메시지

우리는 하나님의 은혜로 예수님을 믿고 의롭다 함을 받는다. 이를 '칭의'(稱義)라고 한다. 우리가 이렇게 한번 의롭다 함을 받고 구원을 얻

228

었다면, 우리는 계속해서 예수님을 믿고 의지하며 삶 속에서 선한 열매를 많이 맺어야 한다. 이를 '성화'(聖化)의 과정이라고 한다. 어떤 사람이 정말 의롭다 함을 받고 구원을 얻었다면, 그는 하나님의 은혜를 깊이 깨달아 알기 때문에 말씀대로 살려고 노력한다. 설령 그가 연약하여 실수한다 하더라도, 그는 곧 회개할 뿐 아니라, 오히려 그 실수 때문에 그는 더욱 예수님을 믿고 의지하며 말씀대로 살려고 노력한다. 사도 바울이 권면한 대로, 그는 말씀에 항상 복종하여 두려움과 떨림으로 자신의 구원을 이루어간다. 그리고 사도 베드로가 권면한 대로, 그는 더욱 힘써 하나님의 부르심과 택하심을 굳게 한다.

하지만 지상 교회에는 알곡과 가라지가 섞여 있다. 알곡은 하나님의 은혜를 깊이 깨달아 알기 때문에 끝까지 예수님을 믿고 그를 의지한다. 반면에 가라지는 하나님의 은혜를 알지 못하기 때문에 끝까지 예수님을 믿지도 않고 그를 의지하지도 않는다. 그런데 우리는 교회에서 누가 알곡인지 또는 누가 가라지인지 정확하게 알 수 없다. 즉 겉으로 드러나는 것으로는 누가 알곡인지 또는 누가 가라지인지 정확하게 알 수 없다. 어떤 사람이 처음에는 가라지처럼 보이지만 어느 순간 하나님의 은혜를 깊이 깨달아 예수님을 믿고 그를 의지하는 경우도 있고, 반대로 처음에는 알곡처럼 보이지만 어느 순간 하나님의 은혜를 전혀 알지 못하는 사람처럼 예수님을 믿지도 않고 그를 의지하지도 않고 심지어 그를 대적하는 경우도 있다.

위의 말씀들은 바로 이와 같은 지상 교회를 염두에 두고 하나님이 모든 사람에게 강력한 경계의 메시지를 준 것으로 이해할 수 있다.

우리에게 속하지 아니함

데마는 처음에는 사도 바울을 도와 그와 함께 복음을 전했지만, 바울이 죽기 직전에 세상을 사랑하여 그를 버리고 떠났다. 그리고 가룟 유다는 열두 제자 가운데 하나였고 또 중요한 재정까지 맡아보았지만 그도 역시 세상으로 나갔다.

데마나 가룟 유다처럼 오늘도 어떤 사람은 처음에는 교회에서 직분을 받고 열심히 봉사하며 믿음 생활을 잘 하다가 결국 세상으로 나간다. "그들이 우리에게서 나갔으나 우리에게 속하지 아니하였나니 만일 우리에게 속하였더라면 우리와 함께 거하였으려니와 그들이 나간 것은 다 우리에게 속하지 아니함을 나타내려 함이니라."(요일 2:19) "너희 중에 믿지 아니하는 자들이 있느니라 하시니 이는 예수께서 믿지 아니하는 자들이 누구며 자기를 팔 자가 누구인지 처음부터 아심이러라. 또 이르시되 그러므로 전에 너희에게 말하기를 내 아버지께서 오게 하여 주지 아니하시면 누구든지 내게 올 수 없다 하였노라 하시니라. 그때부터 그의 제자 중에서 많은 사람이 떠나가고 다시 그와 함께 다니지 아니하더라."(요 6:64-66)

요컨대 구원의 은혜를 받지 못한 사람도 한때는 교회에서 믿음 생활을 잘 할 수 있다. 그렇다고 해서 그들이 구원을 얻는 것은 아니며, 오직 구원의 은혜를 받은 사람만이 구원을 얻는다. 그리고 한번 얻은 구원은 결코 잃을 수 없다.

04. '그 안에서'라는 말은 성도의 정체성과 관련하여 어떤 뜻을 갖는가?

"우리가 그 안에서 그를 믿음으로 말미암아 담대함과 확신을 가지고 하나님께 나아감을 얻느니라."(엡 3:12)

☞ 디딤돌

신약 성경의 서신서를 보면 '그 안에서' '예수 그리스도 안에서' '그리스도 예수 안에서'라는 구절이 자주 나온다. 요컨대 성도는 항상 '예수님 안'에 있다.

'참 하나님'이자 '참 의인'인 예수님

아담의 범죄 이후 성경은 줄곧 '새 아담' 즉 '참 하나님'이자 '참 의인'인 예수님 한 분만 바라보게 한다. 하나님은 범죄하는 남유다 백성들에게 선지자 예레미야와 에스겔을 통해 각각 이렇게 말했다. "너희는 예루살렘 거리로 빨리 달리며 그 넓은 거리에서 찾아보고 알라, 너희가 만일 정의를 행하며 진리를 구하는 자를 한 사람이라도 찾으면 내가 이 성읍을 용서하리라."(렘 5:1) "이 땅을 위하여 성을 쌓으며 성 무너진 데를 막아서서 나로 하여금 멸하지 못하게 할 사람을 내가 그 가운데에서 찾다가 찾지 못하였으므로 내가 내 분노를

그들 위에 쏟으며 내 진노의 불로 멸하여 그들 행위대로 그들 머리에 보응하였느니라."(겔 22:30-31)

하나님이 보기에 예루살렘과 남유다에는 그 의인 한 사람이 없었다. "기록된 바 의인은 없나니 하나도 없으며 깨닫는 자도 없고 하나님을 찾는 자도 없고 다 치우쳐 함께 무익하게 되고 선을 행하는 자는 없나니 하나도 없도다."(롬 3:10-12) '참 의인'인 예수님만 바라봐야 한다.

예수님 안에 있는 나

하나님은 다윗과 언약을 맺을 때 그에게 "네 집과 네 나라가 내 앞에서 영원히 보전되고 네 왕위가 영원히 견고하리라."(삼하 7:16)고 했다. 그러나 다윗의 집과 그의 나라는 하나님 앞에서 영원히 보전되지도 않았고 그의 왕위도 영원히 견고하지 않았다. 즉 하나님은 '다윗'이 아니라 '다윗의 자손' 요컨대 '예수님 안에서' 다윗에게 그렇게 말한 것이다. 예수님은 이 세상에 와서 우리를 위해 구속 사역을 온전히 성취했는데, 그의 나라는 영원하며 그의 왕위도 영원히 견고하다.

하나님은 항상 '예수님 안에 있는 나'를 바라본다. 사도 바울은 한 번도 예수님을 직접 박해한 적이 없었지만, 예수님은 그에게 네가 나를 믿는 성도를 박해한 것이 곧 나를 박해한 것이라고 했다. 성도는 항상 '예수님 안'에 있기 때문이다.

욥을 예로 들어보자. 욥이 회개하자, 하나님은 그를 회복시키고자 했다. 하나님은 욥의 친구 엘리바스에게 이렇게 말했다. "내가 너와 네 두 친구에게 노하나니 이는 너희가 나를 가리켜 말한 것이 내 종 욥의 말 같이 옳지 못함이니라. 그런즉 너희는 수소 일곱과 숫양 일곱을 가지고 내 종 욥에게 가서 너희를 위하여 번제를 드리라. 내 종 욥이 너희를 위하여 기도할 것인즉 내가 그를 기쁘게 받으리니 너희가 우매한 만큼 너희에게 갚지 아니하리라."(욥 42:7-8)

욥은 하나님의 이 말씀대로 친구들을 위해 중보자의 사명을 감당한다. 세 친구가 그들을 위해 번제를 드리고, 그리고 욥이 그들을 위해 기도하자, 하나님은 욥을 기쁘게 받았다. "욥을 기쁘게 받으셨더라."(욥 42:9)를 히브리어 원문으로 보면, '욥'은 '욥의 얼굴'로 되어 있다. 즉 하나님은 중보자 '욥의 얼굴'을 보고 그의 세 친구를 용서했다. 이 점에서, 욥은 예수님을 예표한다. 요컨대 하나님은 참된 중보자 '예수님의 얼굴'을 보고 그 안에 있는 우리를 용서하고 사랑한다. 성도는 항상 '예수님 안'에 있다.

성도의 정체성

예수님

나

성령

05. 구원을 확신한다면 그 이유는 무엇인가?

> "그의 계명을 지키는 자는 즉 안에 거하고 주는 그의 안에 거하시나니 우리에게 주신 성령으로 말미암아 그가 우리 안에 거하시는 줄을 우리가 아느니라."(요일 3:24)

* 더 참고할 성경 구절: 요일 5:10

☞ 디딤돌

구원을 확신한다면 말씀을 지키려고 노력한다.

말씀을 지키려고 노력하다

성령은 우리 마음에 임재하여 우리로 하여금 구원을 확신하게 한다. "우리를 너희와 함께 그리스도 안에서 굳건하게 하시고 우리에게 기름을 부으신 이는 하나님이시니 그가 또한 우리에게 인치시고 보증으로 우리 마음에 성령을 주셨느니라."(고후 1:21-22)

구원의 은혜를 받은 사람은 말씀을 지키면서 내가 하나님께 속해 있다는 내적 확신을 갖게 된다. 그는 또한 삶 속에서 하나님의 은혜를 다양하게 경험하는데, 이때 내가 구원을 얻었다는 사실을 분명하게 알게 된다.

구원의 확신과 관련하여 도르트신조 제12장의 내용을 소개한다.

구원의 확신에 대한 정도와 그 방법은 다양할 수 있긴 하지만, 구원받은 사람들이 영원 불변한 택정함의 확신을 얻는 것은 하나님의 비밀스런 오묘한 일에 대해 호기심을 느끼는 것에 의해서가 아니다. 그것은 성령의 기쁨과 거룩한 즐거움을 가지면서 하나님의 말씀 안에 나타난 바 구원받는 자의 확실한 열매를 잘 지켜 나감으로 이루어진다. 즉 이것은 그리스도를 믿는 참된 믿음과 충성스런 경외심, 죄에 대한 거룩한 탄식, 그리고 의를 추구하고자 하는 열망과 갈증 등이다(조형욱, 『개혁파 교회의 고백: 3대 일치신조 – 벨직신앙고백서, 하이델베르크요리문답, 도르트신조』, 히스토리앤러브, 2012, 291쪽).

〈확신 2: 성령론〉

01. 성령은 우리와 어떻게 함께 하는가?

1)

"내가 아버지께 구하겠으니 그가 또 다른 보혜사를 너희에게 주사 영원토록 너희와 함께 있게 하리니 그는 진리의 영이라 세상은 능히 그를 받지 못하나니 이는 그를 보지도 못하고 알지도 못함이라. 그러나 너희는 그를 아나니 그는 너희와 함께 거하심이요 또 너희 속에 계시겠음이라."(요 14:16-18)

2)

"보혜사 곧 아버지께서 내 이름으로 보내실 성령 그가 너희에게 모든 것을 가르치고 내가 너희에게 말한 모든 것을 생각나게 하리라."(요 14:26)

3)

"이와 같이 성령도 우리의 연약함을 도우시나니 우리는 마땅히 기도할 바를 알지 못하나 오직 성령이 말할 수 없는 탄식으로 우리를 위하여 친히 간구하시느니라. 마음을 살피시는 이가 성령의 생각을 아시나니 이는 성령이 하나님의 뜻대로 성도를 위하여 간

구하심이니라."(롬 8:26-27)

4)
"너희 안에서 행하시는 이는 하나님이시니 자기의 기쁘신 뜻을 위하여 너희에게 소원을 두고 행하게 하시나니"(빌 2:13).

☞ **디딤돌**

1) (우리 마음에 임재함)

예수님은 '보혜사'고, 성령은 "또 다른 보혜사"(요 14:16)다. 성령은 우리를 성전으로 삼고 우리 마음에 임재한다. 성령은 항상 우리와 함께한다. "너희는 너희가 하나님의 성전인 것과 하나님의 성령이 너희 안에 계시는 것을 알지 못하느냐."(고전 3:16)

2) (말씀을 깨닫게 함)

성령은 말씀을 깨닫게 하여 우리를 모든 진리 가운데로 인도한다(요 16:13). "너희는 거룩하신 자에게서 기름 부음을 받고 모든 것을 아느니라."(요일 2:20) "너희는 주께 받은 바 기름 부음이 너희 안에 거하나니 아무도 너희를 가르칠 필요가 없고 오직 그의 기름 부음이 모든 것을 너희에게 가르치며 또 참되고 거짓이 없으니 너희를 가르치신 그대로 주 안에 거하라."(요일 2:27)

3) (하나님의 뜻대로 기도하게 함)

4) (하나님께 소원을 두고 행하게 함)

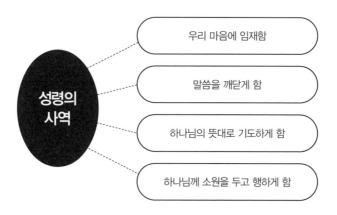

02. 성령은 구약 시대 성도들과는 어떻게 함께 했는가?

> "여호와의 영이 나를 통하여 말씀하심이여 그의 말씀이 내 혀에
> 있도다."(삼하 23:2)

* 더 참고할 성경 구절: 출 31:1-5 /민 27:18 "눈의 아들 여호
수아는 그 안에 영이 머무는 자니" /삿 13:24-25 /삼상 16:13,
19:20-24/ 대상 12:16-18 /느 9:20 /사 63:11-14 /겔 2:2, 37:1
/벧전 1:10-11

☞ 디딤돌

성령은 구약 시대에도 특정 성도에게 간헐적이긴 하지만 그의 마음에
임재했다.

마음의 할례

성령은 구약 시대 이스라엘 백성 공동체 가운데 함께 했다. "너희가
애굽에서 나올 때에 내가 너희와 언약한 말과 나의 영이 계속하여
너희 가운데에 머물러 있나니 너희는 두려워하지 말지어다."(학 2:5)

하나님은 구약 시대에 왕, 제사장, 선지자는 그들에게 성령으로
기름을 부어 세웠다. 그리고 그때도 성령은 특정 성도에게 간헐적이

긴 하지만 그의 마음에 임재했다. "여호와께서 유다 지파 훌의 손자요 우리의 아들인 브살렐을 지명하여 부르시고 하나님의 영을 그에게 충만하게 하여 지혜와 총명과 지식으로 여러 가지 일을 하게 하시되"(출 35:30-31). "나를 주 앞에서 쫓아내지 마시며 주의 성령을 내게서 거두지 마소서."(시 51:11) 다윗도 성령으로 장차 가룟 유다가 예수님을 팔 것을 말했다(행 1:16).

하나님은 구약 시대 성도들에게도 '육체의 할례'가 아니라 '마음에 할례를 받으라!'고 했다(신 10:16). 성령의 음성에 순종하라는 것이다. "너희는 스스로 할례를 행하여 너희 마음 가죽을 베고 나 여호와께 속하라, 그리하지 아니하면 너희 악행으로 말미암아 나의 분노가 불 같이 일어나 사르리니 그것을 끌 자가 없으리라."(렘 4:4)

스데반도 예수님을 믿지 않는 유대인들에게 이렇게 말한다. "목이 곧고 마음과 귀에 할례를 받지 못한 사람들아 너희도 너희 조상과 같이 항상 성령을 거스르는도다."(행 7:51) 사도 바울도 이렇게 말한다. "무릇 표면적 유대인이 유대인이 아니요 표면적 육신의 할례가 할례가 아니니라, 오직 이면적 유대인이 유대인이며 할례는 마음에 할지니 영에 있고 율법 조문에 있지 아니한 것이라."(롬 2:28-29)

항상 내주하는 은혜
하지만 성령은 오늘의 성도 마음에는 항상 내주한다. 이것은 신약 시대 성도가 받은 큰 은혜다. 우리가 죄를 지으면 우리 안에 거하는 성령이 근심한다. 기쁨도 사라지고 능력 있게 믿음 생활을 할 수도 없다. 성령은 거룩하여 우리의 작은 죄에 대해서도 민감하다. 항상 성령으로 충만해야 한다.

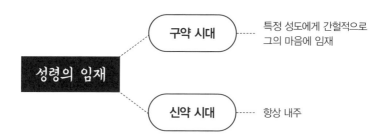

구약 시대 ----- 특정 성도에게 간헐적으로 그의 마음에 임재

성령의 임재

신약 시대 ----- 항상 내주

03. 성령이 내 안에 거하는 것을 어떻게 아는가?

> "누구든지 예수를 하나님의 아들이라 시인하면 하나님이 그의 안에 거하시고 그도 하나님 안에 거하느니라."(요일 4:15)

☞ **디딤돌**

누구든지 예수님을 '하나님의 아들'이라고 시인하면, 하나님은 그의 안에 성령으로 거하겠다고 약속했다.

예수님을 '하나님의 아들'로 고백하다

성령은 오순절 성령 강림 이전에는 열두 사도에게도 그들의 마음에 항상 내주한 것이 아니라 간헐적으로 임재했다. 사도 베드로는 예수님을 '하나님의 아들'로 고백한 적이 있는데, 그때는 성령이 그에게 임재하여 그것을 깨닫게 해주었기 때문이다. "이를 네게 알게 한 이는 혈육이 아니요 하늘에 계신 내 아버지시니라."(마 16:17) "하나님의 영으로 말하는 자는 누구든지 예수를 저주할 자라 하지 아니하고, 또 성령으로 아니하고는 누구든지 예수를 주시라 할 수 없느니라."(고전 12:3)

오순절 날 백이십여 제자들은 마가의 다락방에서 다 성령으로 충만함을 받았다. 그들은 그때부터 성령의 내주를 경험했다. 그들은 예전에는 유대인들을 두려워하여 숨어 지냈지만, 그때부터 예수님이 '하나님의 아들' 그리스도임을 담대하게 선포했다.

04. 성령으로 충만하여 어떤 열매를 맺어야 하는가?

> "오직 성령의 열매는 사랑과 희락과 화평과 오래 참음과 자비와
> 양선과 충성과 온유와 절제니 이 같은 것을 금지할 법이 없느니
> 라."(갈 5:22-23)

☞ 디딤돌

우리는 성령으로 충만하여 사랑과 희락과 화평과 오래 참음과 자비와
양선과 충성과 온유와 절제 등, 성령의 아홉 가지 열매를 맺어야 한다.
'열매'는 헬라어로 카르포스(καρπός)로서 단수로 되어 있는데, 즉 성령
으로 충만하면 이 아홉 가지 열매를 함께 맺을 수 있다.

성령 세례와 성령 충만

성령 세례는 우리로 하여금 구원을 확신하게 한다. 성령 세례는 평
생에 단 한번 받지만, 성령 충만은 항상 이루어져야 한다. 성령으로
충만하려면 항상 회개하며 기도하고, 말씀을 가까이 하여 말씀을
듣고 읽어야 한다. 그리고 성령이 말씀으로 우리 마음밭을 기경할
때 그의 음성에 순종하여 말씀대로 살아야 한다.

05. 말씀을 지키려면 어떤 마음을 가져야 하는가?

"내 계명은 곧 내가 너희를 사랑한 것 같이 너희도 서로 사랑하라 하는 이것이니라, 사람이 친구를 위하여 자기 목숨을 버리면 이보다 더 큰 사랑이 없나니 너희는 내가 명하는 대로 행하면 곧 나의 친구라."(요 15:12-14)

* 더 참고할 성경 구절: 롬 6:6-7

☞ 디딤돌

말씀을 온전히 지키려면 내 자신이 죽는 것 같은 희생이 있어야 한다.

내 자신을 희생해야

성경은 한마디로 하나님 사랑과 이웃 사랑, 즉 '사랑'을 교훈한다. 그런데 이 '사랑'을 온전히 실천하기가 쉽지 않다. 예수님은 "사람이 친구를 위하여 자기 목숨을 버리면 이보다 더 큰 사랑이 없다"(요 15:13)고 했다. 그리고 그는 이 말씀대로 우리를 친구라 부르며 우리를 위해 친히 십자가에서 죽었다. 그러므로 우리도 그를 위해, 그리고 우리 이웃을 위해 우리 자신을 희생해야 한다. 희생이 없으면 결코 사랑을 실천할 수 없다.

갈라디아서 5장 22−23절 말씀에서 성령의 아홉 가지 열매를 이야기하고 나서, 24절 말씀은 결론적으로 이렇게 말한다. "그리스도 예수의 사람들은 육체와 함께 그 정욕과 탐심을 십자가에 못 박았느니라." 즉 우리 육체와 함께 우리 자신의 정욕과 탐심을 십자가에 못 박아야, 다시 말해 내 자신이 죽는 것 같은 희생이 있어야 말씀을 온전히 지킬 수 있다. 그리고 이렇게 하려면 반드시 성령의 은혜가 있어야 한다. 그래서 말씀을 온전히 지키기 위해서 우리는 항상 성령의 은혜를 간구해야 한다.

■ 한마디

> "하나님이 미리 아신 자들을 또한 그 아들의 형상을 본받게 하기 위하여 미리 정하셨으니 이는 그로 많은 형제 중에서 맏아들이 되게 하려 하심이니라, 또 미리 정하신 그들을 또한 부르시고 부르신 그들을 또한 의롭다 하시고 의롭다 하신 그들을 또한 영화롭게 하셨느니라."(롬 8:29-30)

하나님은 이미 영원 전에 그가 구원할 사람들을 미리 알고 그들을 구원하기로 계획했다. 그는 때가 되면 그들을 부르고[유효 소명(有效 召命)], 그들이 회개하고 거듭나게 한다[중생(重生)]. 그리고 그들에게 예수님의 의를 전가(轉嫁)하여 그들을 의롭다 하고[칭의(稱義)] 그들을 양자로 삼는다. 그리고 그들이 성령의 인도를 받아 말씀대로 거룩하게 살게 하고[성화(聖化)], 끝내는 그들을 영화롭게 한다[영화(榮華)].

중생과 칭의는 그들이 예수님을 믿는 즉시 일어난다. 그러나 성화는 그들이 중생한 이후 계속해서 성령과 함께 하며 거룩하게 자라가는 것을 말한다. 그리고 성령은 그들이 천국에 갈 때까지 그들을 끝까지 인도한다[견인(堅忍)]. 그리고 천국에서 그들은 더 이상 죄와 상관없이 영화의 삶을 살게 된다.

다만, 유효 소명을 받은 사람은 영적으로는 이미 '예수님 안에서' 그와 함께 천국에 앉아 있다. "긍휼이 풍성하신 하나님이 우리를 사랑하신 그 큰 사랑을 인하여 허물로 죽은 우리를 그리스도와 함께 살리셨고 (너희는 은혜로 구원을 받은 것이라), 또 함께 일으키사 그리스도 예수 안에서 함께 하늘에 앉히시니 이는 그리스도 예수 안에서 우리에게 자비하심으로써 그 은혜의 지극히 풍성함을 오는 여러 세대에 나타내려 하심이라."(엡 2:4-7) 성도가 받은 구원의 은혜는 이처럼 크고 확실하다.

■ 삶으로의 여행

※ 구원을 확신한다면 나는 지금 어떤 상태에 있는가?

> "내가 진실로 진실로 너희에게 이르노니 내 말을 듣고 또 나 보내신 이를 믿는 자는 영생을 얻었고 심판에 이르지 아니하나니 사망에서 생명으로 옮겼느니라."(요 5:24)

☞ 디딤돌

구원을 확신한다면 나는 이미 사망에서 생명으로 옮겨졌다. 이 세상에서는 나그네와 행인으로 살면서 영생하는 천국 시민권을 가진 천국 시민이 된다.

사망에서 생명으로

구원을 확신한다면 나는 이미 영생을 얻었다. "그가 우리를 흑암의 권세에서 건져내사 그의 사랑의 아들의 나라로 옮기셨으니 그 아들 안에서 우리가 속량 곧 죄사함을 얻었도다."(골 1:13-14) 요한계시록은 헬라어 원문을 보면 일관되게 불신자는 '땅에 사는 자들'로, 그리고 이미 구원받은 성도는 '하늘에 거하는 자들'로 묘사한다.

우리의 구원이 육으로는 '아직'(not yet) 완성되지 않았지만 영적으로는 '이미'(already) '예수님 안에서' 완성되었다. "증거는 이것이니 하나님이 우리에게 영생을 주신 것과 이 생명이 그의 아들 안에 있는 그것이니라, 아들이 있는 자에게는 생명이 있고 하나님의 아들이 없는 자에게는 생명이 없느니라, 내가 하나님의 아들의 이름을 믿는 너희에게 이것을 쓰는 것은 너희로 하여금 너희에게 영생이 있음을 알게 하려 함이라."(요일 5:11-13)

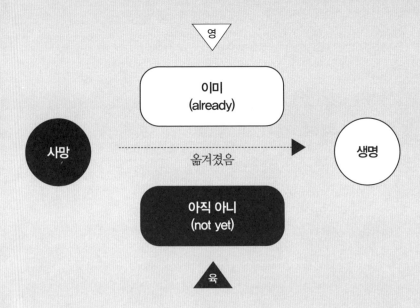

FOUR.

마치다

헬라어에서 알파(A)는 첫 글자며 오메가(Ω)는 마지막 글자다. 창세기 1-2장의 창조 기사는 창조뿐만 아니라 장차 완성될 영원한 '하나님 나라'를 미리 보여준다. 하나님은 엿새 동안 천지 만물을 창조하고 일곱째 날에 안식했는데, 이는 장차 우리가 '하나님 나라'에서 영원한 안식을 누릴 것을 말해준다(히 4:3). 우리가 누릴 안식은 이처럼 확실하다. 비유하자면, 창조는 알파(A)자 또한 오메가(Ω)다. 이것이 복된 소식, 바로 복음이다.

아담은 말씀에 순종하여 하나님과 함께 영원한 '하나님 나라'의 영광을 누릴 수 있었다. 하지만 그는 범죄하여 하나님의 그 영원한 영광을 잃어버렸다. 영생을 잃어버린 것이다(창 3:22-24). 하지만 하나님은 그가 영원 전에 계획한 대로 예수 그리스도를 예비하고 그를 통해 아담이 범죄하여 잃어버렸던 그 '하나님 나라'를 회복하고자 했다(창 3:15). 예수 그리스도는 때가 차자 이 세상에 와서 우리를 위해 구속 사역을 온전히 성취했다. 그리고 그는 장차 재림하여 태초의 에덴동산과는 전혀 다른 영원한 '하나님 나라'를 완성할 것이다. 비유하자면, '하나님 나라'는 오메가(Ω)자 또한 알파 플러스(A+)다.

'하나님 나라'는 하나님이 하늘에서 직접 갖고 내려온다. "내가 새 하늘과 새 땅을 보니 처음 하늘과 처음 땅이 없어졌고 바다도 다시 있지 않더라, 또 내가 보매 거룩한 성 새 예루살렘이 하나님께로부터 하늘에서 내려오니 그 준비한 것이 신부가 남편을 위하여 단장한 것 같더라."(계 21:1-2) 이것이 복된 소식, 바로 복음이다.

chpater 1.

마치다 — 하나님 나라

이미(already)
그러나 아직 아니(not yet)

〈하나님 나라 1: 일반론〉

01. '하나님 나라'는 지금 어디에 있는가?

> "내가 하나님의 성령을 힘입어 귀신을 쫓아내는 것이면 하나님의 나라가 이미 너희에게 임하였느니라."(마 12:28)

☞ **디딤돌**

'하나님 나라'는 지금 우리 마음에 임하여 있다.

하나님의 통치

'하나님 나라'는 하나님의 통치와 관련되어 있다. "주의 나라는 영원한 나라이니 주의 통치는 대대에 이르리이다."(시 145:13)

성경이 말하는 하나님 나라의 주요 개념은 하나님의 통치 개념이다. 이 통치는 성령의 거듭나게 하는 강력한 영향력에 의하여 죄인들의 마음속에서 확립되고 인식된다. 이 통치가 확립될 때, 죄인들은 측량할 수 없는 구원의 복을 확신하게 된다. 이 통치는 원리적으로는 땅 위에서 실현되지만, 예수 그리스도께서 가시적이고 영광스러운 모습으로 다시 오실 때 비로소 그 절정에 달한다. 현재는 이 나라가 영적이고 무형적인 형태로 실현된다(벌 코프, 『조직신학』, CH북스, 2017, 826쪽).

예수님은 성령을 힘입어 귀신을 쫓아내며 제자들에게 '하나님 나라'는 이미 너희에게 임했다고 했다. 그리고 그는 지금 우리 마음에 성령으로 임재하여 우리를 통치하고 있는데, 즉 '하나님 나라'는 이미 우리 마음에 임하여 있다. "하나님의 나라는 볼 수 있게 임하는 것이 아니요 또 여기 있다 저기 있다고도 못하리니 하나님의 나라는 너희 안에 있느니라."(눅 17:20-21) 요컨대 예수님은 하나님을 위하여 우리를 "나라"(계 1:6)로 삼았는데, 우리는 하나님의 "거룩한 나라"(벧전 2:9)다.

카톨릭교회에서는 교회가 곧 '하나님 나라'다. 그러나 성경에서 말하는 '하나님 나라'는 통치 개념으로서 성령으로 거듭난 우리 마음에서 영적으로 확립되고 인식된다. '하나님 나라'는 우리 마음에 임하여 있다. 그리고 예수님이 재림하면 그 '하나님 나라'는 '새 하늘과 새 땅'에 온전히 성취될 것이다. "일곱째 천사가 나팔을 불매 하늘에 큰 음성들이 나서 이르되, 세상 나라가 우리 주와 그의 그리스도의 나라가 되어 그가 내세토록 왕 노릇 하시리로다."(계 11:15)

02. 교회는 건물인가, 성도들인가?

> "고린도에 있는 하나님의 교회 곧 그리스도 예수 안에서 거룩하여지고 성도라 부르심을 받은 자들과 또 각처에서 우리의 즉 곧 그들과 우리의 즉 되신 예수 그리스도의 이름을 부르는 모든 자들"(고전 1:2).

☞ 디딤돌

교회는 건물이 아니라, 성령이 임재하여 있는 성도들 또는 그들의 모임을 말한다. 교회(ecclesia)는 하나님이 이 세상에서 빼어낸 성도들이다.

교회는 성도들

성령은 우리 마음에 임재하여 우리를 '성전'으로 삼고 있다(고전 3:16). '성전'은 눈에 보이는 교회 건물이 아니라, 성령이 임재하여 있는 성도 자체다. 그리고 그 성도들이 모여 교회를 이루고 있다. "고린도에 있는 하나님의 교회"는 "곧 그리스도 예수 안에서 거룩하여지고 성도라 부르심을 받은 자들과 또 각처에서 우리의 주 곧 그들과 우리의 주 되신 예수 그리스도의 이름을 부르는 모든 자들"이다. 따라서 정확하게 말하면, '성전 건축' '교회 건축'이라는 말은 쓸 수 없다. '예배당(교회당) 건축'이라고 해야 한다.

다만, 성도들이 함께 모여 예배를 드리는 장소도 소중하다. 그것을 화려하거나 웅장하게 꾸밀 필요는 없지만, 주어진 여건을 고려하여 적당한 수준에서 깨끗하고 편리하게 꾸미는 것은 바람직하다.

03. 구약 시대 교회는 어떻게 존재했는가?

〈구약 시대〉

"형제들아 나는 너희가 알지 못하기를 원하지 아니하노니 우리 조상들이 다 구름 아래에 있고 바다 가운데로 지나며 모세에게 속하여 다 구름과 바다에서 세례를 받고 다 같은 신령한 음식을 먹으며 다 같은 신령한 음료를 마셨으니 이는 그들을 따르는 신령한 반석으로부터 마셨으매 그 반석은 곧 그리스도시라."(고전 10:1-4)

〈신약 시대〉

- 세례

"무릇 그리스도 예수와 합하여 세례를 받은 우리는 그의 죽으심과 합하여 세례를 받은 줄을 알지 못하느냐."(롬 6:3)

- 성찬식에서 '신령한 음식'(생명의 떡 /예수님 또는 그의 말씀)을 먹음

"나는 생명의 떡이니 내게 오는 자는 결코 주리지 아니할 터이요."(요 6:35)

- 성찬식에서 '신령한 음료'(생수의 강 /생명수인 성령)를 마심

"나를 믿는 자는 영원히 목마르지 아니하리라."(요 6:35)

☞ **디딤돌**

구약 시대 이스라엘 백성 가운데 남자는 태어난 지 팔일 만에 다 율법에 따라 할례를 받았다. 이 할례는 신약 시대에 세례로 대체되었다. 그리고 구약 시대 이스라엘 백성은 애굽에서 나오기 전에 '유월절'을 지키며 만찬을 즐겼다. 이 유월절 만찬은 신약 시대에 '성찬식'으로 대체되었다.

세례와 성찬

고린도전서 10장 1-4절에 따르면, 구약 시대 이스라엘 백성은 다 모세에게 속하여 구름과 홍해에서 세례를 받았다. 그리고 그들은 홍해를 건넌 뒤에 광야에서 '신령한 음식'(만나)을 먹고 또 반석에서 나는 '신령한 음료'를 마셨다. 이처럼 오늘의 우리도 세례를 받고 또 그 이후 성찬식에 참여하여 '신령한 음식'을 먹고 '신령한 음료'를 마신다.

우리는 세례를 받음으로 교회의 정식 회원이 된다. 세례를 베푸는 방법은 교단마다 차이가 있다. 침례(浸禮) 교단은 말 그대로 세례를 받는 사람이 물속에 잠겼다가 나오는 침례를 행하며, 장로 교단은 집례자가 세례를 받는 사람의 머리 위에 물을 뿌리거나 물을 적신다.

세례를 받은 사람은 그 이후 성찬식에 참여하여 예수님의 찢긴 몸을 상징하는 떡을 먹고 또 그가 흘린 피를 상징하는 포도주를 마시며 그와 영적으로 교제한다. 떡을 먹는 것은 그 떡이 상징하는 바 '신령한 음식'인 말씀을 먹는 것과 같고, 포도주를 마시는 것은 그 포도주가 상징하는 바 '신령한 음료'인 성령을 마시는 것과 같다.

예수님이 십자가에 달렸을 때, 한 군인이 창으로 그의 옆구리를 찌르니 그곳에서 곧 피와 물이 흘러나왔다(요 19:34-35). 요한일서는 이 피와 물을 더 구체적으로 이렇게 기록한다. "이는 물과 피로 임하신 이시니 곧 예수 그리스도시라, 물로만 아니요 물과 피로 임하셨고 증언하는 이는 성령이시니 성령은 진리니라, 증언하는 이가 셋이니 성령과 물과 피라, 또한 이 셋은 하나이니라."(요일 5:6-8) 즉 진리의 성령과 물과 피 이 셋은 하나며, 이 셋은 다 예수님을 증언한다는 것이다. 요컨대 우리가 성찬식 때 예수님이 흘린 피를 상징하는 포도주를 마시는 것은 물, 즉 성령의 생명수를 마시는 것과 같다.

성령의 생명수

에스겔 47장을 보면 성전 문지방 밑에서 물이 흘러 나와 그것이 지나가는 모든 강과 바다를 다시 살아나게 하고 그 속에 사는 모든 생물을 번성하게 했다. 이 '물'은 '성령의 생명수'를 예표한다. 이 말씀대로 오늘의 수많은 성도들이 성령으로 거듭나 새로운 생명을 얻고 있는데, 요한계시록은 그것의 절정을 보여준다. 수정 같이 맑은 생명수의 강이 하나님과 어린 양의 보좌로부터 나와 길 가운데로 흐르고, 그 강 좌우에는 생명나무가 있어 열두 가지 열매를 맺되 달마다 그 열매를 맺고, 그 나무 잎사귀들은 만국을 치료하기 위하여 있었다(계 22:1-2).

마음의 할례와 성령세례

구약 시대의 '육적 할례'와 마찬가지로 세례는 구원을 얻거나 얻은 증표는 아니다. 육적 할례와 세례는 단지 내가 교회의 정식 회원이 되었다는 외적 증표일 뿐이다. 구약 시대에 '마음의 할례'를 받은 사람처럼 오늘에도 성령세례를 받은 사람만이 구원을 얻는다. 예수님이 십자가에 달렸을 때 오른편 행악자는 회개했는데, 그는 (물)세례를 받지 않고 그 자리에서 예수님을 믿고 구원을 얻었다.

사도행전을 보면 로마 백부장 고넬료와 그의 온 가족은 (물)세례를 받기 전에 이미 사도 베드로의 설교를 듣고 그들 모두 성령세례를 받았다. 그래서 베드로는 말씀을 전하고 나서 그들에게 (물)세례를 베풀었다. 이처럼 (물)세례를 받기 전에 성령세례를 먼저 받을 수도 있고, (물)세례와 동시에 성령세례를 받거나, 아니면 (물)세례를 받고 나서 성령세례를 받을 수도 있다.

성령으로 거듭나야 구원을 얻는다. "사람이 물과 성령으로 나지 아니하면 하나님의 나라에 들어갈 수 없느니라."(요 3:5) 여기서 '물'은 '성령의 생명수'를 가리킨다. "내가 주는 물을 마시는 자는 영원히 목마르지 아니하리니 내가 주는 물은 그 속에서 영생하도록 솟아나는 샘물이 되리라."(요 4:14) "누구든지 목마르거든 와서 마시라. 나를 믿는 자는 성경에 이름과 같이 그 배에서 생수의 강이 흘러나오리라 하시니 이는 그를 믿는 자들이 받을 성령을 가리켜 말씀하신 것이라."(요 7:37-39) "우리가 유대인이나 헬라인이나 종이나 자유인이나 다 한 성령으로 세례를 받아 한 몸이 되었고 또 다 한 성령을 마시게 하셨느니라."(고전 12:13)

04. 오늘의 교회는 어떻게 세워지는가?

1)

"너희는 나를 누구라 하느냐, 시몬 베드로가 대답하여 이르되 주
는 그리스도시요 살아 계신 하나님의 아들이시니이다, 예수께서
대답하여 이르시되 바요나 시몬아 네가 복이 있도다, 이를 네게
알게 한 이는 혈육이 아니요 하늘에 계신 내 아버지시니라, 또
내가 네게 이르노니 너는 베드로라 내가 이 반석 위에 내 교회를
세우리니 음부의 권세가 이기지 못하리라."(마 16:15-18)

2)

"너희는 사도들과 선지자들의 터 위에 세우심을 입은 자라, 그리
스도 예수께서 친히 모퉁잇돌이 되셨느니라."(엡 2:20)

☞ 디딤돌

1) (예수님을 '그리스도'라고 고백하는 믿음)

사도 베드로는 예수님을 '그리스도'라고 고백했다. 교회는 사도 베드
로가 고백한 이 믿음 위에 세워진다. 즉 교회는 예수님을 '그리스도'
라고 고백하는 믿음을 가진 성도들이 모여 형성된다. 복음적인 교회
는 이 믿음을 예배 때마다 사도신경을 통해 고백한다.

2) (사도들과 선지자들이 전해준 말씀의 터)

교회는 사도들과 선지자들이 전해준 말씀의 터 위에 세워져 있다(사도성). 예수님은 교회에서 가장 중요한 '머리' 또는 '모퉁잇돌'이 되고, 성도들은 그의 각 지체가 되어 그 말씀의 터 위에서 함께 지어져 간다. "그가 어떤 사람은 사도로, 어떤 사람은 선지자로, 어떤 사람은 복음 전하는 자로, 어떤 사람은 목사와 교사로 삼으셨으니 이는 성도를 온전하게 하여 봉사의 일을 하게 하며 그리스도의 몸을 세우려 하심이라."(엡 4:11-12)

교회를 중심으로

구약 시대 회막(장막 /성막)과 그 이후에 세워진 성전은 하나님이 그곳에 임재한다는 상징적인 처소였다. 이스라엘 백성은 광야에서 회막을 중심으로 동서남북에 각 세 지파씩 진을 치고 생활했다. "이스라엘 자손은 각각 자기의 진영의 군기와 자기의 조상의 가문의 기호 곁에 진을 치되 회막을 향하여 사방으로 치라."(민 2:1-2) 그들은 솔로몬이 성전을 건축한 뒤에도 그 성전을 중심으로 생활했다.

예수님은 부활한 뒤에 제자들 '가운데' 와서 너희에게 평강이 있으라고 했다. 성령은 오늘의 우리 공동체를 교회로 삼고 그 가운데 임재하여 있다. 우리는 '영적 이스라엘'(새 이스라엘) 백성으로서 예수님을 교회의 '머리'로 삼고 그 교회를 중심으로 믿음 생활을 해야 한다.

05. 장차 완성될 '하나님 나라'는 어떠한가?

"내가 새 하늘과 새 땅을 보니 처음 하늘과 처음 땅이 없어졌고 바다도 다시 있지 않더라, 또 내가 보매 거룩한 성 새 예루살렘이 하나님께로부터 하늘에서 내려오니 그 준비한 것이 신부가 남편을 위하여 단장한 것 같더라, 내가 들으니 보좌에서 큰 음성이 나서 이르되 보라 하나님의 장막이 사람들과 함께 있으매 하나님이 그들과 함께 계시리니 그들은 하나님의 백성이 되고 하나님은 친히 그들과 함께 계셔서 모든 눈물을 그 눈에서 닦아주시니 다시는 사망이 없고 애통하는 것이나 곡하는 것이나 아픈 것이 다시 있지 아니하리니 처음 것들이 다 지나갔음이러라."(계 21:1-4)

☞ **디딤돌**

예수님은 장차 재림하여 사람과 천지 만물을 새롭게 회복한다. 그때 '하나님 나라'가 완성될 것인데, 그 나라는 이 땅의 에덴동산이 아니라 위에 있는 '새 에덴'이며, 이 땅의 예루살렘이 아니라 위에 있는 '새 예루살렘'(갈 4:26 /계 21:2)이며, 이 땅의 예루살렘 성전이 아니라 위에 있는 '새 성전'(계 21:22)이다.

새 하늘과 새 땅

예수님이 재림하면 이 세상은 지금 우리가 보는 것과 달리 불로 정결하게 되듯이 새롭게 개변된다. "주의 날이 도둑 같이 오리니 그 날에는 하늘이 큰 소리로 떠나가고 물질이 뜨거운 불에 풀어지고 땅과 그 중에 있는 모든 일이 드러나리로다. 이 모든 것이 이렇게 풀어지리니 너희가 어떠한 사람이 되어야 마땅하냐, 거룩한 행실과 경건함으로 하나님의 날이 임하기를 바라보고 간절히 사모하라. 그 날에 하늘이 불에 타서 풀어지고 물질이 뜨거운 불에 녹아지려니와 우리는 그의 약속대로 의가 있는 곳인 새 하늘과 새 땅을 바라보도다."(벧후 3:10-13)

그가 재림하면 창조 때의 처음 하늘과 처음 땅은 없어지고 새 하늘과 새 땅이 이루어진다. 그리고 하나님이 하늘에서 직접 '새 예루살렘'을 갖고 내려오며, 그와 어린 양 예수님이 친히 성전이 되어 우리와 영원히 함께 한다(계 21:22-23).

'새 창조'는 크게 두 가지 견해가 있다. 루터파는 지금의 우주가 완전히 소멸되고 그것이 전혀 다른 새 것으로 창조된다고 본다. 이에 반해, 개혁주의는 그것이 지금의 우주와 동일성을 갖고 있으면서 영화롭게 갱신된다고 본다.

지금 피조물은 다 함께 탄식하며 다 함께 고통을 겪고 있다. "그 바라는 것은 피조물도 썩어짐의 종노릇 한 데서 해방되어 하나님의 자녀들의 영광의 자유에 이르는 것이니라."(롬 8:21) 그러나 예수님이 재림하면 아담과 하와가 잃어버렸던 '에덴'(기쁨)을 다시 회복한다. 그 에덴은 '새 에덴'으로서 태초의 에덴동산과는 전혀 다른 새로운 세계다. 우리는 그곳에서 더 이상 죄를 지을 수 없는 영화의 상태로 영원히 살아간다.

흔들리지 않는 나라

이 세상의 것들을 영원한 것으로 붙잡지 않아야 한다. 요한계시록에서 바벨론은 그 당시 로마를 상징하지만 그것은 오고가는 이 세상의 모든 것들을 대표한다. 예수님이 재림하면 이 바벨론은 흔적도 없이 사라진다. "이에 한 힘센 천사가 큰 맷돌 같은 돌을 들어 바다에 던져 이르되 큰 성 바벨론이 이같이 비참하게 던져져 결코 다시 보이지 아니하리로다."(계 18:21)

하지만 하늘에서 내려오는 '하나님 나라'는 영원하다. "그의 나라는 멸망하지 아니할 것이요 그의 권세는 무궁할 것이며"(단 6:26). 그 나라는 "흔들리지 않는 나라"(히 12:28)다. 그러므로 사라져 없어질 것들을 붙잡지 말고 영원한 것을 붙잡자. "지극히 높으신 이의 성도들이 나라를 얻으리니 그 누림이 영원하고 영원하고 영원하리라."(단 7:18)

우리는 '마지막 때'(종말 /말세 /끝날)를 살아가며 '하나님 나라'가 이 땅에서도 빨리 이루어지기를 간절히 소망해야 한다. "나라가 임하시오며 뜻이 하늘에서 이루어진 것 같이 땅에서도 이루어지이다."(마 6:10) "이것들을 증언하신 이가 이르시되 내가 진실로 속히 오리라 하시거늘 아멘 주 예수여 오시옵소서."(계 22:20)

〈하나님 나라 2: 생활론〉

01. 교회는 얼마나 위대한가?

> "그의 능력이 그리스도 안에서 역사하사 죽은 자들 가운데서 다시 살리시고 하늘에서 자기의 오른편에 앉히사 모든 통치와 권세와 능력과 주권과 이 세상뿐 아니라 오는 세상에 일컫는 모든 이름 위에 뛰어나게 하시고 또 만물을 그의 발아래에 복종하게 하시고 그를 만물 위에 교회의 머리로 삼으셨느니라. 교회는 그의 몸이니 만물 안에서 만물을 충만하게 하시는 이의 충만함이니라."(엡 1:20-23)

☞ 디딤돌

교회는 예수님의 몸이다. 교회는 만물 안에서 만물을 충만하게 하는 하나님의 충만함 그 자체다(출 40:34-35). 이처럼 교회는 만물보다 위대하다.

교회는 만물보다 위대하다

예수님은 죽은 뒤 삼일 만에 부활하여 승천했다. 그는 지금 우주적 왕권을 갖고 하나님의 보좌 우편에서 만물을 다스리고 있는데, 교회는 그 만물 위에 있고, 그는 그 교회의 머리다. 사도 바울은 파를 나누어 서로 싸우는 고린도교회 성도들에게 이렇게 말한다. "누구든지 사람을 자랑하지 말라, 만물이 다 너희 것임이라."(고전 3:21) 교회, 즉 성도들은 예수님과 함께 만물 위에 있는데, 이처럼 교회 즉 성도들은 만물보다 위대하다.

항상 충성된 마음으로

교회는 세상에서 가장 영광스럽고 존귀하다. 교회는 하나님께 기쁨이자 자랑의 면류관이다. 하나님은 그 교회를 지극히 사랑하고 보호한다. 그러므로 우리는 항상 충성된 마음으로 교회를 사랑하고 섬겨야 한다. 교회의 부족한 부분은 바로 내 부족한 부분임을 알고 그것을 해결하기 위해 기도하며 노력해야 한다. 그렇게 할 때, 우리는 은혜와 능력을 얻어 힘차게 믿음 생활을 할 수 있다. 그리고 세상에도 본이 되어 담대하게 복음을 전할 수 있다.

목회자와 성도는 끊임없이 온전하기 위해 노력해야 하지만, 우리는 그들의 연약한 모습을 보고 그들이 전하는 복음을 거부하면 안 된다. 예수님은 "나는 의인을 부르러 온 것이 아니요 죄인을 부르러 왔노라."(막 2:17)고 했다. 온전하지 않은 사람을 보지 말고 온전한 예수님을 바라보고 믿음 생활을 해야 한다. 지역 교회에는 알곡과 가라지가 섞여 있어 문제가 있을 수 있으나, 구원의 은혜를 풍성하게 누리려면 지역 교회에서 믿음 생활을 해야 한다.

02. 교회에서 무엇보다 어떤 일에 힘써야 하는가?

〈대제사장적 기도〉

"나는 세상에 더 있지 아니하오나 그들은 세상에 있사옵고 나는 아버지께로 가옵나니 거룩하신 아버지여 내게 주신 아버지의 이름으로 그들을 보전하사 우리와 같이 그들도 하나가 되게 하옵소서."(요 17:11)

* 더 참고할 성경 구절: 요 17:21-23

☞ **디딤돌**

교회에서 무엇보다 하나가 되기 위해 힘써야 한다.

하나가 돼야

말씀은 우리 믿음 생활의 준거가 된다. 목회자와 성도간, 그리고 성도간의 갈등은 다 사랑이 부족해서 일어난다. 사랑이 부족하면 다른 사람을 부정적으로 보게 되고 또 그를 비판하게 된다. 사랑이 갈등을 막는 가장 확실한 방법이다. "그의 계명은 이것이니 곧 그 아들 예수 그리스도의 이름을 믿고 그가 우리에게 주신 계명대로 서로 사랑할 것이니라."(요일 3:23) "누구든지 하나님을 사랑하노라 하고 그 형제를 미워하면 이는 거짓말하는 자니 보는 바 그 형제를 사랑하지 아니하는 자는 보지 못하는 바 하나님을 사랑할 수 없느니라."(요일 4:20-21) 우리가 서로 사랑하는 것은 우리가 예수님의 참된 제자임을 세상에 알리는 진정한 표지가 된다(요 13:34-35).

예수님은 죽기 전 '대제사장적 기도'에서 다 하나가 되게 해달라고 기도했다. 사도 바울도 "모두가 같은 말을 하고 너희 가운데 분쟁이 없이 같은 마음과 같은 뜻으로 온전히 합하라."(고전 1:10)고 권면한다. "너희가 부르심을 받은 일에 합당하게 행하여 모든 겸손과 온유로 하고 오래 참음으로 사랑 가운데서 서로 용납하고 평안의 매는 줄로 성령이 하나 되게 하신 것을 힘써 지키라. 몸이 하나요 성령도 한 분이시니 이와 같이 너희가 부르심의 한 소망 안에서 부르심을 받았느니라."(엡 4:1-4) "그리스도 안에 무슨 권면이나 사랑의 무슨 위로나 성령의 무슨 교제나 긍휼이나 자비가 있거든 마음을 같이하여 같은 사랑을 가지고 뜻을 합하며 한마음을 품어 아무 일에든지 다툼이나 허영으로 하지 말고 오직 겸손한 마음으로 각각 자기보다 남을 낫게 여기고 각각 자기 일을 돌볼뿐더러 또한 각각 다른 사람들의 일을 돌보아 나의 기쁨을 충만하게 하라."(빌 2:1-4)

우리가 하나가 되는 것은 예수님의 명령이다. 모든 일에 훈련이 필요하듯이 믿음 생활에도 훈련이 필요하다. 교회에서 내가 가진 사랑을 점검받고 훈련받는다는 마음을 갖고, 예수님의 사랑 안에서 자라가야 한다. 교회는 수많은 '나-너'의 연합체라고 할 수 있는데, 이 수많은 '나-너'가 각자 예수님처럼 자신이 희생하고 손해보고 또 자신을 죽이고 내려놓을 때, 그때 비로소 교회는 온전한 하나가 되고 그리하여 예수님 안에서 자라갈 수 있다.

성령을 의지해야

성령은 모든 분열을 극복하고 우리가 하나가 되게 한다. "내가 그들에게 한 마음을 주고 그 속에 새 영을 주며 그 몸에서 돌 같은 마음을 제거하고 살처럼 부드러운 마음을 주어"(겔 11:19). 하나가 되려면 성령을 의지해야 한다. 최고의 행복은 내가 어느 곳에 있든지 그곳에서 하나가 되는 것이다.

에스겔 1장과 요한계시록 4장을 보면 네 생물, 즉 사람과 소(송아지) 그리고 사자와 독수리가 나온다. 이들은 천사로 묘사되지만 모든 피조물을 대표한다. 네 생물은 그들의 영이 인도하는 대로 아주 일사분란하게 움직인다. "영이 어떤 쪽으로 가면 생물들도 영이 가려 하는 곳으로 가고 바퀴들도 그 곁에서 들리니 이는 생물의 영이 그 바퀴들 가운데에 있음이더라."(겔 1:20) 즉 "주와 합하는 자는 한 영"(고전 6:17)인데, 성령은 그들을 하나가 되게 하여 일사분란하게 움직여갔다.

역대상 12장에서도 성령이 하나가 되게 하는 사건을 보게 된다. 다윗은 사울의 박해를 피해 요새에서 숨어 지냈다. 그때 베냐민과 유다 자손 가운데 삼십 명이 그를 찾아왔다. 그는 그들이 그를 찾아온 진의를 확인하고 싶었다. "만일 너희가 평화로이 내게 와서 나를 돕고자 하면 내 마음이 너희 마음과 하나가 되려니와, 만일 너희가 나를 속여 내 대적에게 넘기고자 하면 내 속에 불의함이 없으니 우리 조상

들의 하나님이 감찰하시고 책망하시기를 원하노라."(대상 12:17)

그때 성령이 다윗에게 온 삼십 명의 우두머리인 아마새를 감싸고 다윗과 아마사 일행을 온전히 하나가 되게 했다. "다윗이여 우리가 당신과 함께 있으리니 원하건대 평안하소서, 당신도 평안하고 당신을 돕는 자에게도 평안이 있을지니 이는 당신의 하나님이 당신을 도우심이니이다 한지라. 다윗이 그들을 받아들여 군대 지휘관을 삼았더라."(대상 12:18) 그리고 다윗은 이들의 도움을 받아 온갖 고난을 극복하고 마침내 온 이스라엘의 왕이 된다.

온전한 하나

우리는 천국에서 삼위 하나님과 온전히 하나가 된다. 우리는 그 그림자를 오늘의 교회에서 볼 수 있다. 예수님은 우리의 머리가 되고 우리는 그의 각 지체가 되어 한 몸을 이루고 있다. "몸은 하나인데 많은 지체가 있고 몸의 지체가 많으나 한 몸임과 같이 그리스도도 그러하니라."(고전 12:12) 죄는 모든 관계를 깨지만, 성령은 그 깨어진 관계를 회복하고 그들을 온전히 하나가 되게 한다. 오늘은 그 어느 곳에서도 그 하나됨의 행복을 온전히 누리지 못하지만, 우리는 장차 천국에서 그 행복을 온전히 누리게 될 것이다.

03. 하나가 되려면 특히 무엇에 주의해야 하는가?

"나무가 다하면 불이 꺼지고 말쟁이가 없어지면 다툼이 쉬느니라, 숯불 위에 숯을 더하는 것과 타는 불에 나무를 더하는 것 같이 다툼을 좋아하는 자는 시비를 일으키느니라, 남의 말하기를 좋아하는 자의 말은 별식과 같아서 뱃속 깊은 데로 내려가느니라."(잠 26:20-22)

☞ **디딤돌**

하나가 되려면 특히 말을 조심해야 한다.

말의 지혜

▶ 실수하지 않으려면 말을 많이 하지 말라. 말이 많으면 실수하게 되어 있다. 말을 적게 하는 것이 지혜다.
(잠 10:19, 14:23, 17:27-28, 26:20 /전 5:2-3, 7)
▶ 듣기는 빨리 하고 말은 신중하게 하라.
(잠 15:28, 18:13, 29:20 /약 1:19)
▶ 다른 사람의 말을 하지 말라. 우리에게는 다른 사람을 비판하거나 판단할 자격이 없다. 판단자는 하나님뿐이다. 내 허물이 더 크다고 생각하면 결코 다른 사람을 비판할 수 없다.

(잠 11:12-13, 18:8, 20:19, 25:9-10, 23 /마 7:1-5)

▶ 항상 유순한 말, 덕을 세우는 말, 적재적소에서 꼭 필요한 말을 지혜롭게 하라.

(시 39:1 /잠 4:24, 12:18, 25, 15:1, 4, 23, 26, 16:23-24, 20:15, 24:26, 25:11, 15 /엡 4:29, 5:4 /골 4:6)

▶ 거짓말을 하지 말라. 말을 자주 바꾸지 말고 한결같이 말하라. 그리고 한번 말한 것은 반드시 지켜라.

(잠 12:19, 17:7, 18:17, 19:28, 25:18 /딤후 2:16)

▶ 마음으로 생각하는 것을 말한다. 그러나 말에는 반드시 심판이 있다는 사실을 기억하라.

(사 3:8 /잠 10:8, 31-32 /마 12:34-37, 15:16-20 /유 1:15)

마음에 파수꾼을

말은 단순히 입술의 문제가 아니라 마음의 문제다. 말은 다 마음의 표현이다. 선지자 이사야는 환상 가운데 하나님이 높이 들린 하늘 보좌에 앉아 있는 것을 보았다. 하나님의 옷자락은 하늘 성전에 가득했고, 그의 앞에는 천사들이 이렇게 말하며 서 있었다. "거룩하다 거룩하다 거룩하다 만군의 여호와여 그의 영광이 온 땅에 충만하도다."(사 6:3) 그리고 이 소리 때문에 성전 문지방의 터가 흔들리며 성전에 연기가 충만했다. 이사야는 이것을 보고 그가 죄인임을 깨달았다. 그리고 그는 그에 대한 첫 반응으로 자신의 입술이 부정하다고 고백했다. "화로다 나여 망하게 되었도다, 나는 입술이 부정한 사람이요 나는 입술이 부정한 백성 중에 거주하면서 만군의 여호와이신 왕을 뵈었음이로다."(사 6:5) 우리는 모두 다 무엇보다 우리 마음이 부패한데(렘 17:9), 이사야는 그것을 염두에 두고 거룩한 하나님 앞에서 자신의 입술이 부정하다고 고백하고 있다.

　마음과 입술은 이처럼 서로 통한다. "입에서 나오는 것들은 마음에서 나오나니 이것이야말로 사람을 더럽게 하느니라."(마 15:18) "독사의 자식들아 너희는 악하니 어떻게 선한 말을 할 수 있느냐, 이는 마음에 가득한 것을 입으로 말함이라, 선한 사람은 그 쌓은 선에서 선한 것을 내고 악한 사람은 그 쌓은 악에서 악한 것을 내느니라."(마 12:34-35) "샘이 한 구멍으로 어찌 단물과 쓴 물을 내겠느냐, 내 형제들아 어찌 무화과나무가 감람 열매를 포도나무가 무화과를 맺겠느냐, 이와 같이 짠 물이 단물을 내지 못하느니라."(약 3:11-12)

　무엇보다 마음을 그리고 입술을 지켜야 한다. "모든 지킬 만한 것 중에 더욱 네 마음을 지키라."(잠 4:23) "여호와여 내 입에 파수꾼을 세우시고 내 입술의 문을 지키소서."(시 141:3) 부패한 입술의 말은 부패한 마음의 문제다. 먼저 부패한 마음이 말씀으로 은혜를 받아야 바른 말을 할 수 있다. "오직 그 말씀이 네게 가까워서 네 입에 있으며 네 마음에 있은즉 네가 이를 행할 수 있느니라."(신 30:14) "마음의 정결을 사모하는 자의 입술에는 덕이 있으므로"(잠 22:11), "너희 말을 항상 은혜 가운데서 소금으로 맛을 냄과 같이 하라, 그리하면 각 사람에게 마땅히 대답할 것을 알리라."(골 4:6) "누가 말하려면 하나님의 말씀을 하는 것 같이 하고"(벧전 4:11), 말씀으로 마음에 은혜를 받으면 가장 먼저 그의 말이 바뀐다.

04. 마음이 온유하려면 어떻게 해야 하는가?

> "모세가 구스 여자를 취하였더니 그 구스 여자를 취하였으므로 미리암과 아론이 모세를 비방하니라, 그들이 이르되 여호와께서 모세와만 말씀하셨느냐, 우리와도 말씀하지 아니하셨느냐 하매 여호와께서 이 말씀을 들으셨더라, 이 사람 모세는 온유함이 지면의 모든 사람보다 더하더라."(민 12:1-3)

* 더 참고할 성경 구절: 출 15:24-25, 17:3-4 / 민 16:3-4

☞ 디딤돌

마음이 온유하려면 나를 힘들게 하는 사람에게 내가 직접 대응하지 않고, 그 문제를 하나님께 기도로 맡겨 드려야 한다.

하나님께 기도로 맡겨 드려야

주위에 온유한 사람이 있으면 마음이 편해진다. 그러나 뭔가 마음이 닫혀 있는 사람과 함께 있으면 마음이 불편해진다. 하나님은 온유하므로 온유한 사람을 인도한다. "온유한 자를 정의로 지도하심이여 온유한 자에게 그의 도를 가르치시리로다."(시 25:9) "온유한 자들은 땅을 차지하며 풍성한 화평으로 즐거워하리로다."(시 37:11) 산상수훈의 천국 시민의 자질에도 온유가 나온다. "온유한 자는 복이 있나니 그들이 땅을 기업으로 받을 것임이요"(마 5:5). 그리고 고린도전서 13장의 '사랑장'에서도 사랑의 속성은 온유하다고 말하며, 갈라디아서 5장의 성령의 아홉 가지 열매에도 온유가 나온다.

온유는 믿음 생활을 통해 훈련되고 성장해간다. 모세는 원래 성정이 불 같았다. 그는 감정을 억제하지 못해 애굽 사람을 쳐 죽이고 그를 모래 속에 감추었다. 애굽 왕 바로가 이를 알고 그를 죽이려고 하자, 그는 미디안 광야로 도망을 갔다. 그는 그곳에서 사십 년 동안 양을 치며 철저히 온유해지는 훈련을 받았다. "이 사람 모세는 온유함이 지면의 모든 사람보다 더하더라."(민 12:3)

모세는 그를 힘들게 하는 사람에게 직접 대응하지 않고 그 문제를 하나님께 기도로 맡겨드렸다. 이는 그에게 아예 습관이 되어 있었다. 백성들이 그와 하나님을 원망할 때마다 그는 기도로 하나님께 엎드렸다. "네 짐을 여호와께 맡기라, 그가 너를 붙드시고 의인의 요동함을 영원히 허락하지 아니하시리로다."(시 55:22) "너는 악을 갚겠다 말하지 말고 여호와를 기다리라, 그가 너를 구원하시리라."(잠 20:22)

예수님의 모범

예수님은 우리에게 온유의 모범을 보여주었다. 사람들이 그를 십자가에 못 박고 조롱하자, 그는 하나님께 "아버지 저들을 사하여주옵소서, 자기들이 하는 것을 알지 못함이니이다."(눅 23:34)라고 기도했다. 그가 우리에게 이렇게 말한다. "나는 마음이 온유하고 겸손하니 나의 멍에를 메고 내게 배우라. 그리하면 너희 마음이 쉼을 얻으리니"(마 11:29).

05. 잘못했다면 왜 반드시 그에게 용서를 구해야 하는가?

> "예물을 제단에 드리려다가 거기서 네 형제에게 원망들을 만한 일이 있는 것이 생각나거든 제물을 제단 앞에 두고 먼저 가서 형제와 화목하고 그 후에 와서 예물을 드리라."(마 5:23-24)

☞ 디딤돌

잘못했다면 반드시 그에게 용서를 구해야 한다. 나도 그도 진정으로 자유로워져야 하기 때문이다.

죄는 '부채'라는 뜻이 있다. 잘못했다면 나는 죄의 부채를 갖고 있다. 따라서 내가 그 부채에서 자유로워지려면 하나님께 회개하되 내가 잘못한 사람에게 반드시 용서를 구해야 한다. 내게 잘못한 사람에게 내가 용서를 요구할 수는 없다. 하지만 내가 잘못한 사람에게는 반드시 용서를 구해야 한다.

요셉과 그의 형들

야곱은 요셉을 편애하여 그에게만 채색옷을 지어 입혔다. 이 때문에 요셉의 형들은 요셉을 미워했다. 게다가 요셉은 두 번이나 꿈을 꾸는데, 한번은 곡식 열한 단이 그에게 절하고, 또 한번은 해와 달과

280

별 열하나가 그에게 절했다. 즉 그가 그들의 지도자가 된다는 것이었다. 그가 이 꿈을 그들에게 말하자, 그들은 그를 더욱 미워했다.

하루는 형들이 들에 있을 때, 요셉은 아버지의 말을 듣고 그들의 안부를 알기 위해 그들에게 갔다. 그때 그들은 그의 채색옷을 벗기고 그를 구덩이에 던져 죽이려고 했다. 다행히 그 구덩이에 물이 없어 그는 목숨을 건졌다. 그때 넷째 형 유다가 마침 미디안 대상들이 애굽으로 가고 있는 것을 보고 다른 형제들에게 그를 죽이지 말고 미디안 대상들에게 팔자고 제안했다. 그래서 형들은 은 이십을 받고 그를 애굽에 노예로 팔았다. 그는 그들에게 살려달라고 애걸했지만, 그들은 이를 단호하게 거절했다.

이때 요셉의 심정이 어떠했을까? 그는 사랑하는 아버지와 정든 고향을 떠나 낯선 이방 나라 애굽에서 노예로 살아가야 했다. 그에게는 참으로 앞길이 막막했을 것이다. 그렇다면 그와 형들이 화해하려면 어떻게 해야 할까? 그런데 하나님은 그를 통해 그들을 세 차례나 철저하게 다룬다.

요셉은 우여곡절 끝에 애굽의 국무총리가 된다. 그 즈음 아버지와 형들이 사는 가나안 땅에 기근이 들자, 형들은 애굽에 곡식을 사러 왔다. 그때 요셉은 모든 백성에게 곡식을 팔고 있었는데, 그들이 그의 앞에 와서 엎드려 절했다. 그들은 그를 알아보지 못했지만, 그는 그들을 알아보고, '너희는 정탐꾼들로 이 나라의 틈을 엿보려고 왔다.'고 그들에게 엄하게 말했다. 그들은 당황하며 그에게 아니라고 했다. "당신의 종 우리들은 열두 형제로서 가나안 땅 한 사람의 아들들이라, 막내아들은 오늘 아버지와 함께 있고 또 하나는 없어졌나이다."(창 42:13) 사실 또 하나는 '없어진' 게 아니라 그들이 그를 애굽에 노예로 '팔았던' 게 아닌가? 따라서 그들이 이렇게 말하는 한 그와의 화해는 불가능했다.

하나님은 요셉을 통해 형들을 첫 번째로 다룬다. 요셉은 그들에게 이렇게 말한다. '너희 가운데 한 사람만 갇혀 있고 나머지는 곡식을 갖고 가나안으로 가라, 그러나 반드시 막내아들을 데리고 오라.' 막내아들은 베냐민인데, 요셉과 베냐민은 라헬의 소생이었다. 아버지는 요셉은 이미 죽었다고 알고 있었기 때문에 베냐민은 아버지에게 그녀의 하나 남은 아들이었다. 아버지는 베냐민을 자기 목숨처럼 사랑했기 때문에 요셉이 그들에게 베냐민을 데리고 오라고 한 것은 곧 아버지의 목숨을 빼앗는 것과 같았다.

요셉이 형들에게 베냐민을 데리고 오라고 한 말은 그들로 하여금 예전에 그들이 그에게 한 잘못을 깊이 생각나게 했다. "우리가 아우의 일로 말미암아 범죄하였도다, 그가 우리에게 애걸할 때에 그 마음의 괴로움을 보고도 듣지 아니하였으므로 이 괴로움이 우리에게 임하도다, 르우벤이 그들에게 대답하여 이르되 내가 너희에게 그 아이에 대하여 죄를 짓지 말라고 하지 아니하였더냐, 그래도 너희가 듣지 아니하였느니라, 그러므로 그의 핏값을 치르게 되었도다."(창 42:21-22)

하나님은 요셉을 통해 이제 두 번째로 형들을 다룬다. 요셉은 그들이 곡식을 갖고 가나안 땅으로 돌아가기 전에 종을 시켜 그들의 자루에 곡식과 함께 그들이 갖고 온 돈을 도로 넣어두게 했다. 그들은 그것을 모르고 길을 가다가 여관에서 쉬던 중, 그들 가운데 하나가 나귀에게 먹이를 주려고 자루를 풀어보니 그들이 내놓은 돈이 자루에 그대로 들어있었다. 그들은 다 혼이 나서 떨었다. "하나님이 어찌하여 이런 일을 우리에게 행하셨는가?"(창 42:28) 이때 그들은 또한 예전에 그들이 은 이십을 받고 요셉을 애굽에 노예로 판 잘못을 생각했을 것이다.

하나님은 요셉을 통해 마지막 세 번째로 형들을 다룬다. 가나안 땅에 기근이 계속되자, 아버지는 다시 그들을 애굽에 보내 곡식을 구해 오게 한다. 아버지는 요셉의 요구대로 어쩔 수 없이 베냐민도 함께 보냈다. 요셉은 형들과 함께 식사를 하고 나서 그들을 다시 가나안 땅으로 돌아가게 했다. 그리고 그는 이번에는 종을 시켜 그들 몰래 베냐민의 자루에 그가 평소에 쓰던 은잔을 넣어두게 했다. 그들이 어느 정도 길을 갔을 즈음, 그는 종을 보내 그들을 다그쳤다. '너희가 어찌하여 선을 악으로 갚느냐?' 내가 쓰던 은잔을 너희가 왜 훔쳐갔느냐는 것이다. 그리고 은잔이 베냐민의 자루에서 발견되고, 그가 베냐민을 종으로 삼겠다고 하자, 그들은 어쩔 줄을 몰라 했다.

그때 유다가 요셉에게 이렇게 고백한다. "아버지의 생명과 아이의 생명이 서로 하나로 묶여 있거늘 이제 내가 주의 종 우리 아버지에게 돌아갈 때에 아이가 우리와 함께 가지 아니하면 아버지가 아이의 없음을 보고 죽으리니 이같이 되면 종들이 주의 종 우리 아버지가 흰 머리로 슬퍼하며 스올로 내려가게 함이니이다. 주의 종이 내 아버지에게 아이를 담보하기를 내가 이를 아버지께로 데리고 돌아오지 아니하면 영영히 아버지께 죄짐을 지리이다 하였사오니, 이제 주의 종으로 그 아이를 대신하여 머물러 있어 내 주의 종이 되게 하시고 그 아이는 그의 형제들과 함께 올려 보내소서. 그 아이가 나와 함께 가지 아니하면 내가 어찌 내 아버지에게로 올라갈 수 있으리이까, 두렵건대 재해가 내 아버지에게 미침을 보리이다."(창 44:30-34) 즉 유다는 요셉에게 자신이 아버지를 위해 베냐민을 대신하여 희생양이 되겠다고 고백했다. 이때 형들은 유다의 이 고백을 듣고 요셉에게 한 잘못을 깊이 깨달았을 것이다. 그리고 요셉은 유다의 이 고백을 듣고 비로소 눈물을 흘리며 그들과 화해한다.

요컨대 하나님은 요셉에게 잘못한 형들을 세 차례나 철저하게 다루었다. 르우벤이 그리고 유다가 다른 형제들을 대신하여 요셉 앞에서 자신들의 잘못을 고백했을 때, 요셉과 형들은 진정으로 화해할 수 있었다.

이처럼 잘못했다면 반드시 그에게 용서를 구해야 한다. 나도 그도 진정으로 자유로워져야 하기 때문이다.

사울과 기브온 사람들

사무엘하 21장 1-3절에서도 동일한 교훈을 얻을 수 있다. 가나안 족속의 일파인 기브온 사람들은 그 동안 이스라엘 백성과 함께 하는 하나님의 권능을 목격하고 그들의 목숨을 구하기 위해 여호수아를 속이고 결과적으로 이스라엘 백성과 함께 하게 된다. 이 당시 여호수아와 이스라엘의 장로들은 그들을 살려주겠다고 하나님 앞에서 맹세했다. 그런데 이후 사울이 그릇된 열심으로 그들 가운데 많은 사람을 죽였다. 이 때문에 다윗 때에 삼 년 동안 기근이 있자, 다윗은 그들에게 이렇게 물었다. "내가 어떻게 속죄하여야 너희가 여호와의 기업을 위하여 복을 빌겠느냐."(삼하 21:3)

다윗이 기브온 사람들의 요구대로 사울의 족속 가운데 일곱 사람을 그들에게 주어 목매어 달게 하자 이스라엘 땅에 기근이 그쳤다. 그 동안 사울이 그들에게 잘못한 것 때문에 기도가 막혔는데, 다윗이 그들에게 용서를 구하자 기근이 그치며 이스라엘 백성과 기브온 사람들은 다시 화해할 수 있었다.

이처럼 내가 잘못한 사람에게는 반드시 용서를 구해야 한다. 그리해야 내 기도가 막히지 않고 나도 그도 진정으로 자유로워질 수 있다.

"그가 낙원으로 이끌려 가서 말로 표현할 수 없는 말을 들었으니
사람이 가히 이르지 못할 말이로다."(고후 12:4)

성경은 분명히 '낙원'(천국)을 말한다. 사도 바울은 환상 가운데 그
곳으로 이끌려 가서 말로 표현할 수 없는 말을 들었다. 그것은 사람
이 가히 이르지 못할 말이었다. 예수님은 제자들에게 우리가 거할
'거처'를 예비하러 간다고 했다. 이 '거처'(낙원 /천국)는 하나님이 통
치하는 '하나님 나라'다. 우리는 죽은 뒤에 이 낙원(천국)에서 영원한
안식을 누린다.

■ 삶으로의 여행

※ 교회, 즉 성도들에게 왜 고난이 있는가?

> "예수께서 그들 앞에 또 비유를 들어 이르시되 천국은 좋은 씨를 제 밭에 뿌린 사람과 같으니 사람들이 잘 때에 그 원수가 와서 곡식 가운데 가라지를 덧뿌리고 갔더니 싹이 나고 결실할 때에 가라지도 보이거늘 집 주인의 종들이 와서 말하되 주여 밭에 좋은 씨를 뿌리지 아니하였나이까, 그런데 가라지가 어디서 생겼나이까, 주인이 이르되 원수가 이렇게 하였구나, 종들이 말하되 그러면 우리가 가서 이것을 뽑기를 원하시나이까, 주인이 이르되 가만두라, 가라지를 뽑다가 곡식까지 뽑을까 염려하노라, 둘 다 추수 때까지 함께 자라게 두라, 추수 때에 내가 추수꾼에게 말하기를 가라지는 먼저 거두어 불사르게 단으로 묶고 곡식은 모아 내 곳간에 넣으라 하리라."(마 13:24-30)

☞ 디딤돌

교회, 즉 성도들은 이 세상에서 사탄과 치열하게 영적 전쟁을 치르고 있기 때문에 그들에게 고난은 당연하다.

전투하는 교회

교회는 '비가시적인 교회'(무형 교회 /보편적인 교회 또는 우주적인 교회)와 '가시적인 교회'(유형 교회 /지역교회)가 있다. 전자는 우리 눈으로 볼 수 없다. 즉 그 교회는 구약 시대와 신약 시대에 구원을 얻은 모든 성도들과, 또 앞으로 태어나 구원을 얻을 모든 성도들이 함께 모여 이루고 있다. 그러나 후자는 우리 눈으로 볼 수 있다.

가시적인 교회에는 알곡과 가라지가 섞여 있고, 사탄의 핍박도 있다. 교회, 즉 성도들은 '이미(already)-(그러나) 아직 아니(not yet)'의 긴장 관계에 놓여 있다. 즉 성도는 영적으로는 '이미' 예수님 안에서 '승리한 교회'로서 천국에서 온전한 승리를 누리고 있지만, 이 세상에서는 '아직'도 가라지 때문에 어려움을 겪고 있고 또 사탄과 치열하게 전투하고 있다. 이 세상에서 교회의 정체성은 한마디로 '전투하는 교회'다.

어느 시대나 교회, 즉 성도들은 '광야'에 놓여 있다. 그러나 그들은 그곳 광야에서도 하나님의 온전한 은혜와 보호를 받고 있다.

구약 시대 교회

"시내산에서 말하던 그 천사와 우리 조상들과 함께 광야교회에 있었고 또 살아 있는 말씀을 받아 우리에게 주던 자가 이 사람이라."(행 7:38)

신약 시대 교회

"그 여자(교회:필자 주)가 광야로 도망하매 거기서 천이백육십
일 동안 그를 양육하기 위하여 하나님께서 예비하신 곳이 있더
라."(계 12:6)

고난 가운데 참아야

세상은 불의하여 하나님을 대적할 뿐 아니라, 우리가 그를 섬기며
의를 행하는 것을 기뻐하지 않는다. 따라서 우리가 말씀대로 살려
고 하면 우리에게는 반드시 고난이 있다. 예수님이 세상에서 우리를
선택했기 때문에 우리에게 고난은 필수적이다(요 15:19-20). "우리
가 하나님의 나라에 들어가려면 많은 환난을 겪어야 할 것이라."(행
14:22) "그리스도를 위하여 너희에게 은혜를 주신 것은 다만 그를
믿을 뿐 아니라 또한 그를 위하여 고난도 받게 하심이라. 너희
에게도 그와 같은 싸움이 있으니 너희가 내 안에서 본 바요 이제도
내 안에서 듣는 바니라."(빌 1:29-30) "무릇 그리스도 예수 안에서
경건하게 살고자 하는 자는 박해를 받으리라."(딤후 3:12)

예수님은 수많은 환난 가운데서 참음으로 구속 사역을 온전히
성취했다. 사도 요한은 자신을 "예수의 환난과 나라와 참음에 동참
하는 자"(계 1:9)로 소개하고 있다. 사도 바울도 자신이 사도된 표를
"모든 참음"(고후 12:12)이라고 말한다.

교회, 즉 성도들은 환난 가운데서 참음으로 온전히 세워진다. "우
리가 환난 중에도 즐거워하나니 이는 환난은 인내를, 인내는 연단

을, 연단은 소망을 이루는 줄 앎이로다."(롬 5:3-4) "너희가 여러 가지 시험을 당하거든 온전히 기쁘게 여기라, 이는 너희 믿음의 시련이 인내를 만들어내는 줄 너희가 앎이라, 인내를 온전히 이루라, 이는 너희로 온전하고 구비하여 조금도 부족함이 없게 하려 함이라."(약 1:2-4) "시험을 참는 자는 복이 있나니 이는 시련을 견디어낸 자가 주께서 자기를 사랑하는 자들에게 약속하신 생명의 면류관을 얻을 것이기 때문이라."(약 1:12) "형제들아 주의 이름으로 말한 선지자들을 고난과 오래 참음의 본으로 삼으라, 보라 인내하는 자를 우리가 복되다 하나니 너희가 욥의 인내를 들었고 주께서 주신 결말을 보았거니와 주는 가장 자비하시고 긍휼히 여기시는 이시니라."(약 5:10-11) 예수님이 재림하면 우리는 더 이상 고난을 겪지 않고 온전한 승리를 누린다. 우리는 그때까지 고난 가운데 끝까지 참아야 한다.

칼빈의 다음 말을 참조하자.

그러나 신자는 언제나 인내의 도움을 받아야만 서 있을 수가 있다. 인내를 의지하지 않으면 오래가지 못하고 넘어지기 마련인 것이다. 주님께서 그의 백성에게 주시는 시험은 결코 가벼운 것이 아니고, 또한 부드럽게 진행되지도 않는다. 오히려 그들을 극한 속으로 몰아 넣으셔서 그들로 하여금 오랫동안 진흙탕 속에서 뒹굴도록 하시다가 그 후에 그의 따뜻한 은혜를 맛보게 하시는 경우가 많다. 그러므로 한나의 말과 같이, "여호와께서는 죽이기도 하시고 살리기도 하시며, 스올에 내리게도 하시고 거기에서 올리기도 하시는" 것이다(칼빈, 『기독교강요 (중)』, 크리스챤다이제스트, 2006, 508쪽).

†

chpater 2.

다시 오다 – 재림

재림즉
예수님

01. 예수님은 언제 재림하는가?

> "그 날과 그 때는 아무도 모르나니 하늘의 천사들도 아들도 모르고 오직 아버지만 아시느니라."(마 24:36)

☞ 디딤돌

예수님은 사람들이 "생각하지 않은 날, 알지 못하는 시각에"(마 24:50), "밤에 도둑 같이"(살전 5:2) 재림한다.

우리가 모르는 시간에

예수님은 반드시 재림한다. 다만, 그가 언제 재림할지 그 정확한 날과 때는 아무도 모른다. 하늘의 천사들도 아들도 모르고 아버지 하나님만 안다. "너희도 준비하고 있으라. 생각하지 않은 때에 인자가 오리라."(마 24:44) "형제들아 때와 시기에 관하여는 너희에게 쓸 것이 없음은 주의 날이 밤에 도둑 같이 이를 줄을 너희 자신이 자세히 알기 때문이라. 그들이 평안하다 안전하다 할 그때에 임신한 여자에게 해산의 고통이 이름과 같이 멸망이 갑자기 그들에게 이르리니 결코 피하지 못하리라."(살전 5:1-3)

예수님이 그가 언제 재림할지 우리에게 그 정확한 날과 때를 알리지 않은 것은 우리가 항상 깨어 있게 하기 위해서다. 그러나 끝까지 그를 믿지 않는 사람들은 그의 재림을 두려움으로 맞게 될 것이다.

우리는 어둠에 있지 않고 그의 빛 안에 있다. 그는 성령으로 우리와 항상 함께 한다. 그러므로 그의 재림은 우리에게 결코 도둑 같이 임하지 않는다. 하나님은 우리를 노함에 이르게 하지 않고 그로 말미암아 구원을 얻게 한다(살전 5:4-10).

02. 예수님이 재림할 때가 가까워지면 주로 어떤 현상이 있는가?

> "이 천국 복음이 모든 민족에게 증언되기 위하여 온 세상에 전파되리니 그제야 끝이 오리라."(마 24:14)

☞ **디딤돌**

예수님이 재림할 때가 가까워지면 무엇보다 복음이 온 세상에 편만하게 증거된다.

복음이 편만하게 증거되다

예수님의 재림이 가까워지면 여러 가지 현상이 나타난다. 거짓 그리스도들과 거짓 선지자들 그리고 거짓 선생들의 미혹, 전쟁, 기근, 지진, 각종 자연 재해와 전염병 등이 그것이다. 무엇보다 복음이 온 세상에 편만하게 증거된다. 예수님이 재림하는 때를 분별하려면 세상이 어떻게 변화되어 가는지 잘 살펴야 한다.

성경에서 예언한 말씀은 지금까지 그대로 이루어졌다. 이제 단 하나, 예수님이 재림하여 세상을 심판하고 영원한 '하나님 나라'를 완성할 일만 남아 있다. 하나님이 계획한 때가 되면, 예수님은 반드시 재림한다.

03. 예수님이 재림하기 직전에 나타날 가장 결정적인 징조는 무엇인가?

> "누가 어떻게 하여도 너희가 미혹되지 말라, 먼저 배교하는 일이 있고 저 불법의 사람 곧 멸망의 아들이 나타나기 전에는 그 날이 이르지 아니하리니 그는 대적하는 자라 신이라고 불리는 모든 것과 숭배함을 받는 것에 대항하여 그 위에 자기를 높이고 하나님의 성전에 앉아 자기를 하나님이라고 내세우느니라."(살후 2:3-4)

☞ **디딤돌**

예수님이 재림하기 직전에는 그것의 가장 결정적인 징조로 한 '특별한 적그리스도'가 나타난다.

한 특별한 적그리스도

적그리스도는 초대교회 때부터 자주 나타났다. "아이들아 지금은 마지막 때라, 적그리스도가 오리라는 말을 너희가 들은 것과 같이 지금도 많은 적그리스도가 일어났으니 그러므로 우리가 마지막 때인 줄 아노라."(요일 2:18) 초대교회 때 적그리스도는 예수님의 신성(神性)을 부정하며 그가 그냥 사람이었다고 주장하거나, 또는 그의 인성(人性)을 부정하며 그의 성육신을 부정했다. "미혹하는 자가 세상에 많이 나왔나니 이는 예수 그리스도께서 육체로 오심을 부인하는 자라, 이런 자가 미혹하는 자요 적그리스도니"(요이 7). 적그리스도는 오늘도 활동하고 있다.

요한계시록 12장에는 용이 등장하는데, 이 용은 사탄을 가리킨다. 그리고 13장에는 바다에서 나오는 짐승과 땅에서 올라오는 짐승이 각각 등장하는데, 이 두 짐승은 사탄의 하수인으로서 전자는 적그리스도를 후자는 거짓 선지자를 말한다.

예수님이 재림하기 직전에 있을 대환난(大患難) 때는 특히 '불법의 사람'(멸망의 아들)이 나타난다. 이 '불법의 사람'이 바로 한 '특별한 적그리스도'로서 자신을 하나님이라고 내세운다. 한 '특별한 적그리스도'는 많은 사람들을 미혹할 것인데, 하나님은 이 한 '특별한 적그리스도'가 나타나는 대환난 때를 통해 알곡과 가라지를 구분한다.

04. '한 특별한 적그리스도'의 행태는 어떠한가?

☞ **디딤돌**

하나님은 우리가 대환난 때를 대비하도록 구약 성경 다니엘서에서 한 '특별한 적그리스도'의 행태를 미리 보여주었다. 한 '특별한 적그리스도'는 우리가 믿음 생활을 잘 하지 못하도록 여러 형태로 박해한다.

에피파네스의 행태

알렉산더 대왕(재위 B.C. 336-323년)은 바사(페르시아) 제국을 무너뜨리고 헬라 제국을 세웠다. 그가 서른셋의 젊은 나이에 죽자, 그의 두 아들은 피살되고, 헬라는 그의 부하 장군 넷에 의해 나누어진다. 다니엘 8장 9절에 나오는 '한 뿔'은 이 네 장군 가운데 하나인 셀류쿠

스를 가리킨다. 그리고 그 '한 뿔'에서 나온 '작은 뿔'은 셀류쿠스 왕조의 제8대 왕인 안티오쿠스 4세 에피파네스(재위 B.C. 175-164년)를 가리킨다.

앞에서 말한 대로, 대환난 때는 한 '특별한 적그리스도'가 나타나는데, 에피파네스는 바로 한 '특별한 적그리스도'를 예표한다. 그가 어떻게 행동했는가를 알면, 장차 대환난 때 나타날 한 '특별한 적그리스도'가 어떻게 행동할지 짐작할 수 있다.

에피파네스는 각종 절기와 안식일과 매일 드리는 제사를 폐했다. 그는 성경에서 금하는 돼지고기로 제사를 지내게 하고 그 피로 성전을 더럽혔다(단 11:31). 그리고 자신을 신으로 높여 하나님을 대적했는데, 그는 헬라의 제우스 신상을 모방하여 자신의 신상을 만들고 그것을 하나님의 성전에 세워 숭배하게 했다. "멸망하게 하는 가증한 것을 세울 것이며"(단 11:31). "너희가 선지자 다니엘이 말한 바 멸망의 가증한 것이 거룩한 곳에 선 것을 보거든(읽는 자는 깨달을진저)"(마 24:15). 그는 또한 수많은 유대인들을 죽이고 핍박했다. 이때 많은 사람들이 그 핍박을 견디지 못하고 그들의 믿음을 버렸다.

오늘도 그 정도는 다르지만 적그리스도가 여러 모양으로 나타나 우리를 유혹하며 핍박하고 있다. 예수님의 재림이 가까운 이때, 언제든지 에피파네스와 같은 한 '특별한 적그리스도'가 나타날 수 있다. 그리고 그는 에피파네스처럼 예배를 폐하고 하나님을 대적하며 우리를 핍박할 것이다.

대환난을 통과해야

우리는 다 대환난을 통과해야 한다. 그러므로 늘 영적으로 깨어 있어 말씀과 기도로 무장하고 성령으로 충만해야 한다. 한 '특별한 적그리스도'가 언제 나타나더라도 그 유혹과 핍박을 능히 이겨내야 한다. 잘 훈련된 군사가 전쟁에서 승리하듯, 평소에 경건의 훈련을 하며 세상과 타협하지 않고 구별된 삶을 살아야 한다. 그리고 고난 가운데 인내하며 순교를 각오하고 끝까지 믿음을 지켜야 한다.

예수님은 사탄을 이겼다(요 16:33). 사탄은 그의 권세 아래 있으며, 그가 사용하는 도구일 뿐이다. 요컨대 하나님은 그의 구속사의 경륜 아래 우리에게 대환난의 때를 허용했는데, 우리는 그때도 그의 은혜로 살아남는다. "그때에 큰 환난이 있겠음이라, 창세로부터 지금까지 이런 환난이 없었고 후에도 없으리라, 그 날들을 감하지 아니하면 모든 육체가 구원을 얻지 못할 것이나 그러나 택하신 자들을 위하여 그 날들을 감하시리라."(마 24:21-22)

05. 예수님이 재림하는 목적은 무엇인가?

> "아버지께서 아무도 심판하지 아니하시고 심판을 다 아들에게 맡기셨으니 이는 모든 사람으로 아버지를 공경하는 것 같이 아들을 공경하게 하려 하심이라, 아들을 공경하지 아니하는 자는 그를 보내신 아버지도 공경하지 아니하느니라."(요 5:22-23)

☞ 디딤돌

예수님은 모든 사람을 심판하기 위해 재림한다. 하나님은 그를 "살아 있는 자와 죽은 자의 재판장"(행 10:42)으로 정하고 그에게 심판하는 권한을 주었다. "인자됨으로 말미암아 심판하는 권한을 주셨느니라."(요 5:27)

재림은 심판의 전조

우리가 죽으면 결코 모든 것이 끝나지 않는다. 우리에게는 반드시 심판이 있다. "한번 죽는 것은 사람에게 정해진 것이요 그 후에는 심판이 있으리니"(히 9:27). 우리 마음에는 양심이 있다. 우리가 죄를 지으면 이 양심에 가책을 느끼는데, 이는 우리가 죽은 뒤에 우리에게 반드시 심판이 있다는 사실을 분명하게 말해준다. 각 사람이 지은 죄는 하나님 앞에 벌거벗은 것 같이 드러나 있다. "내가 모든 악을 기억하였음을 그들이 마음에 생각하지 아니하거니와 이제 그들의

행위가 그들을 에워싸고 내 얼굴 앞에 있도다."(호 7:2)

　우리는 마지막 심판 때 예수님의 심판대 앞에 서서 각자 우리 몸으로 행한 것을 직고하며 그에게 선악간에 심판을 받는다(롬 14:12). "하나님은 모든 행위와 모든 은밀한 일을 선악간에 심판하시리라."(전 12:14) "주는 책략에 크시며 하시는 일에 능하시며 인류의 모든 길을 주목하시며 그의 길과 그의 행위의 열매대로 보응하시나이다."(렘 32:19) "우리는 몸으로 있든지 떠나든지 주를 기쁘시게 하는 자가 되기를 힘쓰노라. 이는 우리가 다 반드시 그리스도의 심판대 앞에 나타나게 되어 각각 선악간에 그 몸으로 행한 것을 따라 받으려 함이라."(고후 5:9-10)

■ 한마디

"그들이 보는데 올려져 가시니 구름이 그를 가리어 보이지 않게 하더라, 올라가실 때에 제자들이 자세히 하늘을 쳐다보고 있는데 흰 옷 입은 두 사람이 그들 곁에 서서 이르되 갈릴리 사람들아 어찌하여 서서 하늘을 쳐다보느냐, 너희 가운데서 하늘로 올려지신 이 예수는 하늘로 가심을 본 그대로 오시리라."(행 1:9-11)

많은 제자들이 예수님이 승천하는 것을 쳐다보았다. 그때 흰 옷 입은 두 천사가 그들에게 "너희 가운데서 하늘로 올려지신 이 예수는 하늘로 가심을 본 그대로 오시리라."(행 1:11)고 했다.

예수님이 승천한 것은 이처럼 확실하다. 그는 때가 되면 반드시 재림한다. "이와 같이 그리스도도 많은 사람의 죄를 담당하시려고 단번에 드리신 바 되셨고, 구원에 이르게 하기 위하여 죄와 상관없이 자기를 바라는 자들에게 두 번째 나타나시리라."(히 9:28)

■ 삶으로의 여행

※ 예수님의 재림에 대비하여 어떤 준비를 해야 하는가?

> "사람이 너희에게 말하되 보라 저기 있다 보라 여기 있다 하리라, 그러나 너희는 가지도 말고 따르지도 말라, 번개가 하늘 아래 이쪽에서 번쩍이어 하늘 아래 저쪽까지 비침같이 인자도 자기 날에 그러하리라."(눅 17:23-24)

☞ 디딤돌

예수님은 모든 사람이 보는 가운데 재림한다. 그는 결코 은밀한 가운데 재림하지 않는다. 우리는 그때까지 동요하지 말고 끝까지 사명을 잘 감당해야 한다.

예수님을 믿어야

노아 홍수 심판은 장차 예수님이 재림할 때 있을 불 심판을 예표한다. 노아 때처럼 예수님이 재림하는 그 날에도 사람들은 일상생활에 분주할 것이다. "노아의 때와 같이 인자의 임함도 그러하리라, 홍수 전에 노아가 방주에 들어가던 날까지 사람들이 먹고 마시고 장가들고 시집가고 있으면서 홍수가 나서 그들을 다 멸하기까지 깨닫지 못하였으니 인자의 임함도 이와 같으리라, 그때에 두 사람이 밭에 있으매 한 사람은 데려가고 한 사람은 버려둠을 당할 것이요, 두 여자가 맷돌질을 하고 있으매 한 사람은 데려가고 한 사람은 버려둠을 당할 것이니라."(마 24:37-41)

노아의 방주 문은 닫혔다. "여호와께서 그를 들여보내고 문을 닫으시니라."(창 7:16) 마찬가지로, 예수님이 재림하면 천국 문도 닫힌다. 그가 재림하기 전에 그를 믿고 구원을 얻어야 한다. 그리고 그를 기쁘게 맞이할 준비를 해야 한다. "어느 날에 너희 주가 임할는지 너희가 알지 못함이니라, 너희도 아는 바니 만일 집 주인이 도둑이 어느 시각에 올 줄을 알았더라면 깨어 있어 그 집을 뚫지 못하게 하였으리라, 이러므로 너희도 준비하고 있으라, 생각하지 않은 때에 인자가 오리라."(마 24:42-44)

많은 열매를 맺어야

마태복음 24장을 보면, 어떤 악한 종이 주인이 더디 오리라 생각하고 동료들을 때리며 술친구들과 더불어 먹고 마셨는데, 어느 날 갑자기 주인이 와서 그를 엄히 징계했다. 예수님이 재림할 때까지 동요하지 말고, 각자 받은 달란트를 최대한 활용하여 많은 열매를 맺어야 한다. 말씀에 순종하여 복음을 전하며 어렵고 힘든 사람들을 도와야 한다 (막 14:7). "충성되고 지혜 있는 종이 되어 주인에게 그 집 사람들을 맡아 때를 따라 양식을 나눠 줄 자가 누구냐, 주인이 올 때에 그 종이 이렇게 하는 것을 보면 그 종이 복이 있으리로다."(마 24:45-46)

chpater 3.

심판하다 − 심판

심판주
예수님

01. 예수님은 무엇을 근거로 우리를 심판하는가?

> "나를 저버리고 내 말을 받지 아니하는 자를 심판할 이가 있으
> 니 곧 내가 한 그 말이 마지막 날에 그를 심판하리라."(요 12:48)

＊ 더 참고할 성경 구절: 단 12:1-3 /계 20:11-15

☞ 디딤돌

예수님은 그의 말씀에 따라 우리를 심판한다.

말씀에 따라

하나님은 "불 가운데서"(출 19:18) 시내산에 강림했고, 그의 영광은
이스라엘 자손의 눈에 맹렬한 불 같이 보였다. "네가 불 가운데서 나
오는 그의 말씀을 듣게 하셨느니라."(신 4:36) 하나님의 말씀은 '불타
는 율례'(신 33:2)다. 누가복음을 보면 엠마오로 내려가는 두 제자가
부활한 예수님께 말씀을 들을 때 그들의 마음이 불타듯이 뜨거워졌
다. 성령은 말씀이 선포되는 곳에 역사하는데, 오순절 날 성령은 한
곳에 모인 제자들에게 불같이 임했다. 요컨대 말씀은 불과 같다. 그
래서 말씀은 우리를 정결하게 하고 거룩하게 한다.

사람을 비롯하여 천지 만물은 이 말씀 앞에 밝히 드러나 있다.

"하나님의 말씀은 살아 있고 활력이 있어 좌우에 날선 어떤 검보다도 예리하여 혼과 영과 및 관절과 골수를 찔러 쪼개기까지 하며 또 마음의 생각과 뜻을 판단하나니 지으신 것이 하나도 그 앞에 나타나지 않음이 없고 우리의 결산을 받으실 이의 눈 앞에 만물이 벌거벗은 것 같이 드러나느니라."(히 4:12-13) 예수님은 이 능력의 말씀에 따라 우리를 심판한다.

생명책과 행위록

말씀에 따르면, 예수님을 믿는 것이 선이고 그를 믿지 않는 것이 악이다. 하나님의 보좌 앞에는 '책들'(행위록)이 펴 있고 또 '다른 책'(생명책)이 펴 있는데, 말씀에 따라 예수님을 믿고 그 이름이 '생명책'에 기록된 사람은 천국에서 영생을 누리고, 그를 믿지 않고 그 이름이 '생명책'에 기록되지 않은 사람은 지옥에서 영벌을 받는다. 그리고 그들은 각각 그들이 행한 것을 기록한 '행위록'에 따라 심판을 받는다 (계 20:12).

308

02. 예수님은 우리의 무엇을 심판하는가?

마음(양심)

"나는 사람의 뜻과 마음을 살피는 자인 줄 알지라."(계 2:23)

말

"사람이 무슨 무익한 말을 하든지 심판 날에 이에 대하여 심문을 받으리니 네 말로 의롭다 함을 받고 네 말로 정죄함을 받으리라."(마 12:36-37)

행위

"보라 내가 속히 오리니 내가 줄 상이 내게 있어 각 사람에게 그가 행한 대로 갚아주리라."(계 22:12)

☞ **디딤돌**

예수님은 우리 마음(양심)의 생각과 말과 행위를 다 심판한다. 생각과 말과 행위를 바르게 하되, 무엇보다 마음으로 그를 믿어야 한다.

생각과 말과 행위

하나님은 우리의 모든 것을 안다. "여호와께서는 모든 마음을 감찰하사 의도를 아시나니"(대상 28:9). "의로우신 하나님이 사람의 마음과 양심을 감찰하시나이다."(시 7:9) "사람의 행위가 자기 보기에는 모두 깨끗하여도 여호와는 심령을 감찰하시느니라."(잠 16:2) "여호와여 내 혀의 말을 알지 못하시는 것이 하나도 없으시니이다."(시 139:4) "내 입술에서 나온 것이 주의 목전에 있나이다."(렘 17:14) "그는 사람의 길을 주목하시며 사람의 모든 걸음을 감찰하시나니"(욥 34:21). "여호와께서 하늘에서 굽어보사 모든 인생을 살피심이여, 곧 그가 거하시는 곳에서 세상의 모든 거민들을 굽어 살피시는도다."(시 33:13-14) "사람이 내게 보이지 아니하려고 누가 자신을 은밀한 곳에 숨길 수 있겠느냐, 여호와가 말하노라, 나는 천지에 충만하지 아니하냐."(렘 23:24)

우리 죄는 하나님 앞에 밝히 드러나 있다. "주께서 우리의 죄악을 주의 앞에 놓으시며 우리의 은밀한 죄를 주의 얼굴 빛 가운데에 두셨사오니"(시 90:8). 예수님은 '참 하나님'이다. 그는 심판주로서 우리 마음(양심)의 생각과 말과 행위를 다 심판한다. 생각과 말과 행위를 다 바르게 하되, 무엇보다 그를 믿고 구원을 얻어야 한다.

03. 예수님은 성도와 불신자 가운데 누구를 먼저 심판하는가?

> "하나님의 집에서 심판을 시작할 때가 되었나니 만일 우리에게 먼저 하면 하나님의 복음을 순종하지 아니하는 자들의 그 마지막은 어떠하며, 또 의인이 겨우 구원을 받으면 경건하지 아니한 자와 죄인은 어디에 서리요."(벧전 4:17-18)

☞ 디딤돌

예수님은 성도를 먼저 심판한다.

성도를 먼저 심판

구약 시대 선지자 예레미야는 멸망을 앞둔 유다와 관련하여 모든 이방 나라에 대해 이렇게 말한다. "보라 내가 내 이름으로 일컬음을 받는 성에서부터 재앙 내리기를 시작하였은즉 너희가 어찌 능히 형벌을 면할 수 있느냐, 면하지 못하리니 이는 내가 칼을 불러 세상의 모든 주민을 칠 것임이라."(렘 25:29) 이처럼 심판은 성도에게 먼저 시작된다.

예수님은 '하나님의 집' 즉 교회를 먼저 심판하여 알곡과 가라지

를 구분한다. 그 뒤에, 그는 가라지들과 그때까지 그를 믿지 않는 사
람들을 엄중하게 심판한다.

04. 예수님은 성도들 가운데 누구를 먼저 심판하는가?

> "내 성소에서 시작할지니라 하시매 그들이 성전 앞에 있는 늙은
> 자들로부터 시작하더라."(겔 9:6)

☞ **디딤돌**

예수님은 성도들 가운데 지도자를 먼저 심판한다.

지도자를 먼저 심판

지도자는 목회자와 장로, 권사 등 교회의 직분자들을 말한다. 그들
은 각자 받은 사명을 잘 감당하지 못하면 더 큰 심판을 받는다. 예
수님은 많이 받거나 많이 맡은 사람에게는 많이 달라고 요구한다.
"주인의 뜻을 알고도 준비하지 아니하고 그 뜻대로 행하지 아니한
종은 많이 맞을 것이요, 알지 못하고 맞을 일을 행한 종은 적게 맞
으리라."(눅 12:47-48)

선생된 사람은 더 큰 책임이 있기 때문에 가르침에 주의해야 한
다(약 3:1). 다른 사람을 가르치기 전에 자신이 먼저 말씀대로 살아
야 한다. "누구든지 이를 행하며 가르치는 자는 천국에서 크다 일컬
음을 받으리라."(마 5:19) 예수님도 먼저 행하며 제자들을 가르쳤다.

"예수께서 행하시며 가르치시기를 시작하심부터"(행 1:1). 그리고 다른 사람을 실족시키지 않도록 특히 언행에 조심해야 한다.

레위기 4장의 속죄제 규례를 보면, 제사장과 족장과 평민은 각각 하나님께 드리는 제물이 달랐다. 제사장은 수송아지, 족장은 그에 비해 값이 덜 나가는 수염소, 그리고 평민은 그에 비해 값이 덜 나가는 암염소나 어린 암양을 하나님께 드렸다. 즉 제사장은 그가 지은 죄가 족장이나 평민에 비해 사회에 미치는 영향이 더 크기 때문에 제물도 비싼 것을 드리고 제사 절차도 복잡했다. 지도자의 영향이 큰 만큼 그에 따른 책임도 크다는 것이다.

05. 성도는 각각 어떻게 심판을 받는가?

"만일 누구든지 금이나 은이나 보석이나 나무나 풀이나 짚으로 이 터 위에 세우면 각 사람의 공적이 나타날 터인데 그 날이 공적을 밝히리니 이는 불로 나타내고 그 불이 각 사람의 공적이 어떠한 것을 시험할 것임이라, 만일 누구든지 그 위에 세운 공적이 그대로 있으면 상을 받고 누구든지 그 공적이 불타면 해를 받으리니 그러나 자신은 구원을 받되 불 가운데서 받은 것 같으리라." (고전 3:12-15)

* 더 참고할 성경 구절: 마 10:41-42, 20:1-16

☞ **디딤돌**

불신자는 지옥에서 영원히 고통받는 멸망의 형벌을 받는다. 그러나 성도는 각자 그의 행위를 기록한 '행위록'에 따라 상급의 심판을 받는다.

상급의 심판

하나님은 천사를 통해 다니엘에게 이렇게 말했다. "너는 가서 마지막을 기다리라, 이는 네가 평안히 쉬다가 끝날에는 네 몫을 누릴 것임이라." (단 12:13) 즉 다니엘이 언젠가 죽어 안식을 누리다가 마지막 심판이 있을 끝날에 자신의 몫 다시 말해 자기 상급을 누릴 것이라는 말이다.

예수님도 상급에 대해 이렇게 말했다. "누구든지 너희가 그리스도에게 속한 자라 하여 물 한 그릇이라도 주면 내가 진실로 너희에게 이르노니 그가 결코 상을 잃지 않으리라."(막 9:41) 요한계시록도 그에 대해 이렇게 기록한다. "이방들이 분노하매 주의 진노가 내려 죽은 자를 심판하시며 종 선지자들과 성도들과 또 작은 자든지 큰 자든지 주의 이름을 경외하는 자들에게 상 주시며 또 땅을 망하게 하는 자들을 멸망시키실 때로소이다 하더라."(계 11:18) 이처럼 우리가 죽은 뒤에는 반드시 상급의 심판이 있다.

우리는 각자 일한 대로 상을 받는다(고전 3:8). 사도 바울은 빨리 죽어 천국에 가고 싶어했지만, 그가 죽은 뒤에는 상급의 심판이 있기에 하나님이 그를 부르는 그 날까지 열심히 복음을 전했다. "나의 간절한 기대와 소망을 따라 아무 일에든지 부끄러워하지 아니하고 지금도 전과 같이 온전히 담대하여 살든지 죽든지 내 몸에서 그리스도가 존귀하게 되게 하려 하나니 이는 내게 사는 것이 그리스도니 죽는 것도 유익함이라. 그러나 만일 육신으로 사는 이것이 내 일의 열매일진대 무엇을 택해야 할는지 나는 알지 못하노라."(빌 1:20-22)

이익을 내야

하나님은 우리에게 각각 달란트를 주었다. 야곱은 그가 죽기 전에 그의 열두 아들에게 각각 그들의 분량대로 축복했는데, 이처럼 우리는 각자 하나님께 받은 달란트가 다르다. 그러므로 다른 사람과 비교하지 말고 내가 가진 달란트를 최대한 활용하여 많은 이익을 내야 한다.

마태복음 25장의 '달란트 비유'를 보자. 다섯 달란트와 두 달란트를 받은 사람은 똑같이 배로 이익을 내서 각각 열 달란트와 네 달란트를 하나님께 드렸다. 하나님은 그들을 똑같은 말로 칭찬했다. "잘 하였도다 착하고 충성된 종아 네가 적은 일에 충성하였으매 내가 많은 것을 네게 맡기리니 네 주인의 즐거움에 참여할지어다."(마 25:21) 그러나 한 달란트를 받은 사람은 그 한 달란트를 그대로 다시 하나님께 드렸다. 하나님은 그를 "악하고 게으른 종"(마 25:26), "무익한 종"(마 25:30)이라고 책망했다.

'달란트 비유'는 우리 믿음 생활을 '장사'에 비유한다. 장사는 효율이 중요한데, 하나님은 우리가 이익을 내지 못하면 적어도 원금과 함께 이자라도 바쳐야 한다고 했다. 누가복음 19장의 '은 열 므나 비유'를 보면, 세 사람이 다 각각 한 므나씩 받았지만 칭찬받은 두 사람은 각각 열 므나와 다섯 므나를 드렸다. 이 두 사람은 '달란트 비유'에서 배로 이익을 낸 사람들보다 더 많은 이익을 냈다. 아주 효율적이다.

자기 영광

예수님은 우리를 각각 결산한다. 우리가 죽은 뒤에는 반드시 상급의 심판이 있다. "만국이 그 빛 가운데로 다니고 땅의 왕들이 자기 영광을 가지고 그리로 들어가리라."(계 21:24) 땅의 왕들, 즉 왕 같은 제사장들인 우리는 각각 "자기 영광"(계 21:24), 즉 자기 상급을 받는다.

06. 지옥은 왜 고통스러운가?

> "거기에서는 구더기도 죽지 않고 불도 꺼지지 아니하느니라, 사람마다 불로써 소금 치듯 함을 받으리라."(막 9:48-49)

☞ **디딤돌**

불신자는 지옥에서 영원히 수치를 당한다(단 12:2). 내 이름이 좋지 않은 일로 한동안 언론에 오르내린다고 하자. 얼마나 수치스러울까. 게다가 불신자는 영원히 꺼지지 않는 불과 유황 못에서 소금 치듯 영원히 고난을 받으며(계 14:10), 밤낮 쉼을 얻지 못한다(계 14:11). "악인에게 그물을 던지시리니 불과 유황과 태우는 바람이 그들의 잔의 소득이 되리로다."(시 11:6) 지옥은 더 이상 소망이 없고 영원한 형벌만 있다.

영원한 수치와 영벌

하나님은 범죄한 천사들을 지옥(무저갱)에 가두었다. "자기 지위를 지키지 아니하고 자기 처소를 떠난 천사들을 큰 날의 심판까지 영원한 결박으로 흑암에 가두셨으며"(유 6). "하나님이 범죄한 천사들을 용서하지 아니하시고 지옥에 던져 어두운 구덩이에 두어 심판 때까지 지키게 하셨으며"(벧후 2:4).

그러나 범죄한 천사들 즉 사탄과 그의 수하인 귀신들은 지금 하나님의 섭리 아래 이 세상에서 활동하고 있다. 하지만 그들은 마지막 심판 이후 모두 지옥 불못에 던져져 영벌을 받는다. 적그리스도와 거짓 선지자도 그곳에서 영원히 고통을 당한다. "그들을 미혹하는 마귀가 불과 유황 못에 던져지니 거기는 그 짐승과 거짓 선지자도 있어 세세토록 밤낮 괴로움을 받으리라."(계 20:10)

천국에 대한 소망

우리는 '육의 눈'이 아니라 '영혼의 눈'으로 지옥과 천국이 있다는 사실을 분명하게 안다. 사도 바울은 여러 고난 가운데서도 천국에 대한 소망을 이렇게 말한다. "만일 그리스도 안에서 우리가 바라는 것이 다만 이 세상의 삶뿐이면 모든 사람 가운데 우리가 더욱 불쌍한 자이리라."(고전 15:19)

예수님은 부활한 뒤에 '하늘'(낙원 /천국)로 올라갔다. 천국은 공간적으로 볼 때 우리가 죽어서 가는 곳이지만 그것은 이미 우리 마음에 임하여 있다. 우리는 이미 천국을 경험하며 살고 있다. 천국은 우리에게 결코 막연한 실체가 아니다. 우리는 다 이 천국을 간절히 소망하며 살아간다.

"그를 믿는 자는 심판을 받지 아니하는 것이요 믿지 아니하는 자는 하나님의 독생자의 이름을 믿지 아니하므로 벌써 심판을 받은 것이니라."(요 3:18)

예수님은 반드시 재림하여 우리를 심판한다. "인자가 자기 영광으로 모든 천사와 함께 올 때에 자기 영광의 보좌에 앉으리니 모든 민족을 그 앞에 모으고 각각 구분하기를 목자가 양과 염소를 구분하는 것 같이 하여 양은 그 오른편에 염소는 왼편에 두리라."(마 25:31-32) 그러나 성도는 이미 '예수님 안에서' 영생을 얻었고, 불신자는 이미 영벌의 심판을 받았다.

■ 삶으로의 여행

※ 성도는 마지막 심판 때 불신자와 달리 어떤 권세를 갖는가?

열두 제자

"세상이 새롭게 되어 인자가 자기 영광의 보좌에 앉을 때에 나를 따르는 너희도 열두 보좌에 앉아 이스라엘 열두 지파를 심판하리라."(마 19:28)

모든 성도

"그들의 입에는 하나님에 대한 찬양이 있고 그들의 손에는 두 날 가진 칼이 있도다, 이것으로 뭇 나라에 보수하며 민족들을 벌하며 그들의 왕들은 사슬로 그들의 귀인은 철 고랑으로 결박하고 기록한 판결대로 그들에게 시행할지로다, 이런 영광은 그의 모든 성도에게 있도다, 할렐루야."(시 149:6-9)

☞ 디딤돌

마지막 심판 때 열두 사도는 열두 보좌에 앉아 이스라엘 열두 지파를 심판하며, 성도는 하나님께 대적한 악한 천사들과 불신자들을 심판한다.

세상을 심판하다

사도 바울은 고린도교회 성도들이 세상 법정에 가서 서로 다투는 것을 두고 그들에게 이렇게 말한다. "너희 중에 누가 다른 이와 더불어 다툼이 있는데 구태여 불의한 자들 앞에서 고발하고 성도 앞에서 하지 아니하느냐. 성도가 세상을 판단할 것을 너희가 알지 못하느냐. 세상도 너희에게 판단을 받겠거든 지극히 작은 일 판단하기를 감당하지 못하겠느냐. 우리가 천사를 판단할 것을 너희가 알지 못하느냐. 그러하거든 하물며 세상 일이랴."(고전 6:1-3) 이처럼 성도는 마지막 심판 때 세상과 악한 천사들을 심판한다.

끝까지 이기자. "이기는 자와 끝까지 내 일을 지키는 그에게 만국을 다스리는 권세를 주리니 그가 철장을 가지고 그들을 다스려 질그릇 깨뜨리는 것과 같이 하리라. 나도 내 아버지께 받은 것이 그러하니라."(계 2:26-27) "이기는 그에게는 내가 내 보좌에 함께 앉게 하여 주기를 내가 이기고 아버지 보좌에 함께 앉은 것과 같이 하리라."(계 3:21)

부록

1. TEN 복음

2. 참고

1

TEN 복음

✝

1. 인류의 조상 아담은 하나님과 인격적으로 교제하며 영원히 살 수 있었습니다. 다만, 그는 죄를 지을 수 있는 연약함이 있었습니다.

2. 아담은 그 연약함에도 불구하고 말씀에 순종해야 했습니다.

   "동산 각종 나무의 열매는 네가 임의로 먹되 선악을 알게 하는 나무의 열매는 먹지 말라, 네가 먹는 날에는 반드시 죽으리라."(창 2:16-17)

3. 아담은 말씀에 불순종하여 하나님께 범죄했습니다.

   "여자가 그 열매를 따먹고 자기와 함께 있는 남편에게도 주매 그도 먹은지라."(창 3:6)

4. 우리는 모든 인류를 대표했던 아담과 연합하여 다 하나님께 범죄했습니다.

   "한 사람으로 말미암아 죄가 세상에 들어오고 죄로 말미암아 사망이 들어왔나니 이와 같이 모든 사람이 죄를 지었으므로 사망이 모든 사람에게 이르렀느니라."(롬 5:12)

5. 죄의 삯은 사망입니다.

"죄의 삯은 사망이요"(롬 6:23).

6. 죽으면 영생(천국)과 영벌(지옥)의 심판이 있습니다.

"한번 죽는 것은 사람에게 정하신 것이요 그 후에는 심판이 있으리니"(히 9:27).

7. 우리는 지금까지 각종 종교와 선행 등 우리 자신의 공로로 영원히 사는 길을 추구해왔습니다. 하지만 이것으로는 결코 구원을 얻을 수 없습니다.

"율법의 행위로써는 의롭다 함을 얻을 육체가 없느니라."(갈 2:16)

8. 하나님은 우리가 다시 그와 인격적으로 교제하며 영원히 살 수 있도록 단 하나의 길을 예비했습니다. 그 길은 바로 예수 그리스도입니다.

"내가 곧 길이요 진리요 생명이니 나로 말미암지 않고는 아버지께로 올 자가 없느니라."(요 14:6)

"다른 이로써는 구원을 받을 수 없나니 천하 사람 중에 구원을 받을 만한 다른 이름을 우리에게 주신 일이 없느니라."(행 4:12)

■ 예수 그리스도가 왜 구원을 얻는 유일한 길인가?

1) 피를 흘리지 않으면 죄 사함이 없습니다.

"피 흘림이 없은즉 사함이 없느니라."(히 9:22)

2) 그는 타락한 우리에게서 죄의 전가를 받지 않고 거룩한 성령으로 잉태되어 태어났습니다. 그는 '하나님의 아들'로서 전혀 죄가 없습니다.

"그가 우리 죄를 없애려고 나타나신 것을 너희가 아나니 그에게는 죄가 없느니라."(요일 3:5)

3) 그는 우리 죄를 대신 속하기 위해 십자가에서 죽었습니다.

"우리는 다 양 같아서 그릇 행하여 각기 제 길로 갔거늘 여호와께서는 우리 모두의 죄악을 그에게 담당시키셨도다."(사 53:6)

"우리가 아직 죄인 되었을 때에 그리스도께서 우리를 위하여 죽으심으로 하나님께서 우리에게 대한 자기의 사랑을 확증하셨느니라."(롬 5:8)

"자녀들은 혈과 육에 속하였으매 그도 또한 같은 모양으로 혈과 육을 함께 지니심은 죽음을 통하여 죽음의 세력을 잡은 자 곧 마귀를 멸하시며, 또 죽기를 무서워하므로 한평생 매여 종노릇 하는 모든 자들을 놓아 주려 하심이라."(히 2:14-15)

4) 그가 죽었다가 부활하지 않았다면, 우리는 여전히 우리 죄 가운데서 죽을 수밖에 없습니다.

"그리스도께서 다시 살아나신 일이 없으면 너희의 믿음도 헛되고 너희가 여전히 죄 가운데 있을 것이요"(고전 15:17).

5) 그는 죽은 지 삼일 만에 부활하여 그를 믿는 모든 사람에게 영원히 사는 길을 열어놓았습니다.

"예수께서 이르시되 나는 부활이요 생명이니 나를 믿는 자는 죽어도 살겠고, 무릇 살아서 나를 믿는 자는 영원히 죽지 아니하리니 이것을 네가 믿느냐."(요 11:25-26)

"예수는 우리가 범죄한 것 때문에 내줌이 되고 또한 우리를 의롭다 하시기 위하여 살아나셨느니라."(롬 4:25)

9. 하나님의 은혜로 예수 그리스도를 믿으면 구원을 얻습니다.

"모든 사람이 죄를 범하였으매 하나님의 영광에 이르지 못하더니 그리스도 예수 안에 있는 속량으로 말미암아 하나님의 은혜로 값없이 의롭다 하심을 얻은 자 되었느니라."(롬 3:23-24)

10. 예수 그리스도를 믿으면, 성령이 내 안에 거하며 내 삶의 주인이 됩니다.

"증거는 이것이니 하나님이 우리에게 영생을 주신 것과 이 생명이 그의 아들 안에 있는 그것이니라, 아들이 있는 자에게는 생명이 있고 하나님의 아들이 없는 자에게는 생명이 없느니라, 내가 하나님의 아들의 이름을 믿는 너희에게 이것을 쓴 것은 너희로 하여금 너희에게 영생이 있음을 알게 하려 함이라."(요일 5:11-13)

기도

하나님 아버지, 저는 하나님을 떠나 살았던 죄인임을 고백합니다. 그러나 지금 이 순간 예수님이 저의 죄를 대신 지시고 십자가에서 피를 흘려 죽으시고, 또 삼일 만에 부활하신 것을 믿습니다. 이제 저의 죄를 용서해주시고 구원해주셔서 하나님의 자녀가 된 것을 감사드립니다. 저에게 영생을 주신 예수님을 구원자요, '하나님의 아들'이시요, 주님으로 모셔들입니다. 제 마음에 들어오셔서 저를 다스려주시옵소서. 예수님의 이름으로 기도드립니다. 아멘.

---

* 우리는 하나님의 형상으로 창조되었습니다. 예수 그리스도를 믿고 하나님을 인격적으로 만날 때 우리 영혼의 참된 만족을 얻을 수 있습니다.

* 가까이 있는 건전하고 복음적인 교회에서 믿음 생활을 하시기 바랍니다.

2

참고

삼위일체 ───────────────────

한 분 살아 있는 참된 하나님이 존재한다. "하나님은 한 분밖에 없는 줄 아노라."(고전 8:4) "영원하신 왕 곧 썩지 아니하고 보이지 아니하고 홀로 하나이신 하나님께 존귀와 영광이 영원무궁하도록 있을지어다."(딤전 1:17)

하나님의 신성에는 성부, 성자, 성령 삼위(三位 /위=person=인격)가 있다. 삼위는 각 위격의 고유성은 다르지만 그 본질은 같고 그 영광과 능력도 같다.

삼위는 본질상 한 분이지만 각 위격의 사역은 다르다. 우리 구원과 관련하여 말한다면, 성부는 영원 전에 우리의 구원을 위해 '계획'을 세웠다. 그리고 성자는 성부의 그 영원한 계획에 따라 때가 차자 이 세상에 사람의 몸을 입고 와서 십자가에서 죽고 또 삼일 만에 부활하여 그 구원을 '성취'했다. 그리고 성령은 성자가 성취한 그 구원을 성자가 재림할 때까지 성자를 증거하며 각 사람에게 '적용'한다.

삼위 하나님은 우리를 구원하기 위해 이처럼 협력하며 사역했다. 우리가 받은 은혜가 얼마나 큰지, 삼위 하나님께 영광의 찬송을 올려드리는 일밖에 없다. 또한 끝까지 성자 예수님을 믿지 않는 것이 얼마나 큰 죄며 그에 따른 심판이 얼마나 엄중할지 생각하게 된다.

* 삼위 하나님의 사랑과 교제 (창 1:26–27 / 마 3:16–17, 28:19 /
고후 13:13)

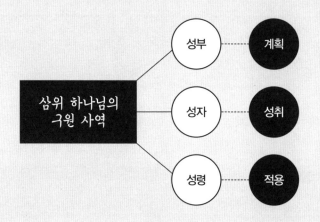

성경의 구조

성경은 구약 39권, 신약 27권으로 모두 66권이다. 구약은 히브리어로 기록되되 일부가(렘 10:11 /단 4장 2절-7장 /스 4장-6장) 아람어로 기록되었고, 신약은 헬라어로 기록되었다.

구약 성경은 BC 500년 에스라 시대부터 정경화되기 시작했다. '구약'과 '신약'이라는 용어는 아프리카 카르타고 출신의 터툴리안이 처음 사용했다. 신약 성경 27권은 아프리카의 히포공의회(393년)와 카르타고공의회(397년)에서 공식적으로 정경으로 확정되었다. 이 두 회의가 정경을 확정하는 권한을 가진 것이 아니라, 그 당시 교회가 이미 정경으로 받은 것을 성령의 주권 아래 그 두 회의가 공식적으로 추인한 것이다. 이 점에서 정경을 확정한 주체는 그 말씀을 기록하게 한 성령이다.

정경으로 확정하는 기준은 다음과 같았다. 사도가 직접 썼거나 그들이 보증했다는 사실의 입증, 교회에서 이미 실제로 널리 받아들여지고 그것이 성경으로 사용되고 있다는 사실, 내용의 일관성 등이었다(마이클 호튼, 이용중 옮김, 『언약적 관점에서 본 개혁주의 조직신학』, 부흥과개혁사, 2012, 199쪽 참조).

구약 성경과 신약 성경은 그 구조가 동일하다. 구약 성경은 '율법서(모세오경)-역사서-시가서(성문서)-예언서(선지서)'로 되어 있다. 신약 성경도 이와 비슷하게 '복음서-역사서-서신서-예언서'로 되어 있다. 즉 율법서(모세오경)와 복음서는 말씀의 토대에 해당한다. 역사서는 그 말씀의 토대 위에서 '하나님 나라'가 어떻게 전개되고 확장되어갔는지 그 역사를 알려준다. 시가서(성문서)와 서신서는 역시 그 말씀의 토대 위에서 성도들이 어떻게 살아갔으며 또 어떻게 살아가야 하는지 그들의 삶을 알려준다. 마지막으로 예언서(선지서)는 그것이 기록된 시대를 향한 말씀과 함께 장차 '하나님 나라'가 이 세상에 어떻게 완성될 것인지, 그리고 그 완성된 '하나님 나라'는 어떠한지를 알려준다. 이처럼 구약 성경과 신약 성경은 동일한 구조를 지니고 있는데, 이것만 봐도 하나님의 지혜와 오묘한 섭리를 느낄 수 있다.

구약 성경	율법서(모세오경 /5)	창세기(창), 출애굽기(출), 레위기(레), 민수기(민), 신명기(신)
	역사서(12)	여호수아(수), 사사기(삿), 룻기(룻), 사무엘상(삼상), 사무엘하(삼하), 열왕기상(왕상), 열왕기하(왕하), 역대상(대상), 역대하(대하), 에스라(스), 느헤미야(느), 에스더(에)
	시가서(성문서 /5)	욥기(욥), 시편(시), 잠언(잠), 전도서(전), 아가(아)
	선지서(17)	〈대선지서〉(5) 이사야(사), 예레미야(렘), 예레미야애가(애), 에스겔(겔), 다니엘(단)
		〈소선지서〉(12) 호세아(호), 요엘(욜), 아모스(암), 오바댜(옵), 요나(욘), 미가(미), 나훔(나), 하박국(합), 스바냐(습), 학개(학), 스가랴(슥), 말라기(말)

신 약 성 경	복음서(4)	마태복음(마), 마가복음(막), 누가복음(눅), 요한복음(요)
	역사서(1)	사도행전(행)
	서신서(21)	〈바울서신〉(13) 로마서(롬), 고린도전서(고전), 고린도후서(고후), 갈라디아서(갈), 에베소서(엡), 빌립보서(빌), 골로새서(골), 데살로니가전서(살전), 데살로니가후서(살후), 디모데전서(딤전), 디모데후서(딤후), 디도서(딛), 빌레몬서(몬)
		〈일반서신〉(8) 히브리서(히), 야고보서(약), 베드로전서(벧전), 베드로후서(벧후), 요한1서(요일), 요한2서(요이), 요한3서(요삼), 유다서(유)
	예언서(1)	요한계시록(계)

* **바벨론 포수(捕手) 이후에 기록된 선지서**

에스겔, 다니엘, 학개, 스가랴, 말라기

* **공관복음(共觀福音)**

사복음서 가운데 마태복음, 마가복음, 누가복음은 요한복음과 달리 같은 관점에서 기록되었다고 하여 '공관복음'이라고 한다. 사복음서 가운데 마가복음이 가장 먼저 기록되었다. 마가복음 이전에 (원)마가복음이 있었다고 주장하기도 하지만, 어쨌든 사복음서 저자는 각자 성령의 감동으로 복음서를 기록했다.

* 교리(敎理) 서신

로마서, 고린도전서, 고린도후서, 갈라디아서

* 옥중(獄中) 서신

에베소서, 빌립보서, 골로새서, 빌레몬서

* 목회(牧會) 서신

디모데전서, 디모데후서, 디도서

* 외경(外經)

개신교에서 정경(正經)으로 보는 구약 성경 39권에서 제외된 유대 문헌을 말한다. 마카베오상, 마카베오하, 므낫세의 기도, 바룩, 벨과 용, 솔로몬의 지혜서, 수산나, 아자리아의 기도 및 세 젊은이의 노래, 에스더 첨가서, 에스드라1서, 에스드라2서(에스라4서), 예레미야 서신, 유딧, 집회서, 토비트 등이다.

* 위경(僞經 /假經)

외경에 포함되지 않는 유대 문헌을 말한다. 마녀의 신탁들, 마카비서, 모세의 가설, 바룩의 묵시, 솔로몬의 시편, 아담과 하와의 생애, 아리스테아스의 서신, 에녹서, 에스라의 묵시, 이사야의 순교, 제2에녹서, 헬라인 바룩, 희년서, 12족장 사화 등이다.

▶ 성경 공부 방법 (관찰-해석-적용)

성경을 깊이 있게 이해하려면 스스로 질문을 하며 읽어야 한다. 하나님 앞에 부끄러울 것이 없는 일꾼으로 인정받으려면 진리의 말씀을 옳게 분별해야 한다(딤후 2:15). 그리고 말씀을 지식으로만 알기보다 믿고 행함으로 그 뜻을 더 깊이 알아가며 하나님의 은혜를 경험해야 한다.

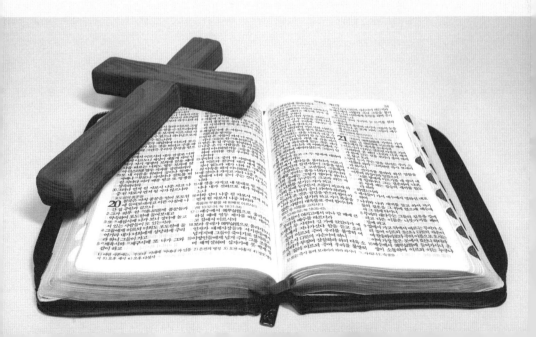

성경 해석의 일반적 원리 ─────────────

① 믿음 우선의 원칙

'믿기 위해서 먼저 알아야 한다'고 하면 내 지혜로 결코 말씀을 제대로 이해할 수도 없고 믿음을 가질 수도 없다. '알기 위해서 먼저 믿는다'는 자세를 가져야 하나님이 주는 지혜로 말씀을 제대로 이해할 수도 있고 믿음도 가질 수 있다. 이것이 말씀이 가진 신비다. 내 지혜로 하나님의 무한한 지혜를 다 헤아릴 수 없다. 처음에는 이해되지 않는 말씀도 믿음 생활을 하며 말씀을 가까이 하다 보면 믿음도 생기고 말씀도 더 깊이 이해할 수 있다.

② 성경으로 성경을 해석하기

어느 구절에 의문이 있으면 그 구절의 뜻을 더 분명하게 말하고 있는 다른 구절을 통해 해석해야 한다.

③ 서로 모순되지 않게 해석하기

요한일서 5장 18절 말씀은 성도에 대해 이렇게 말한다. "하나님께로부터 나신 자가 그를 지키시매 악한 자가 그를 만지지도 못하느니라." "하나님께로부터 나신 자" 즉 예수님이 성도를 지키기 때문에 "악한 자" 즉 사탄이 성도를 만지지도 못한다는 것이다. 그러나 이 말씀을 이 구절만 생각하며 문자대로 해석하면 안 된다. 왜냐하면 사탄은 욥의 자녀 열 명을 죽게 했고 또 욥을 심한 종기로 쳤으며, 오늘에도 우리를 죽게 할 수도 있기 때문이다.

따라서 그 구절은 다른 구절과 서로 모순되지 않게 통합적으로 해석해야 한다. 우선 하나님이 허락하지 않으면 사탄은 결코 우리를 죽게 할 수도 없고 또 어렵게 할 수도 없다는 것이다. 하나님은 욥에 대해 사탄에게 이렇게 말한다. "내가 그를 네 손에 맡기노라, 다만 그의 생명은 해하지 말지니라."(욥 2:6) 즉 하나님이 허락하면 사탄은 우리를 죽게 할 수도 있고 또 어려움을 겪게 할 수도 있다는 말이다. 또한 에베소서 2장 5-6절 말씀처럼 우리는 영적으로 이미 '예수님 안에서' 천국에 앉아 있기 때문에 사탄이 우리를 만지지도 못한다는 것이다.

마태복음 6장 31-33절도 보자. "그러므로 염려하여 이르기를 무엇을 먹을까 무엇을 마실까 무엇을 입을까 하지 말라, 이는 다 이방인들이 구하는 것이라, 너희 하늘 아버지께서 이 모든 것이 너희에게 있어야 할 줄을 아시느니라, 그런즉 너희는 먼저 그의 나라와 그의 의를 구하라, 그리하면 이 모든 것을 너희에게 더하시리라." 그렇다면 이 말씀을 이 구절만 생각하며 문자대로 해석하여 먼저 그의 나라와 그의 의를 구하면 먹고 마시고 입는 것이 그냥 주어질까? 우리는 당연히 그렇지 않다는 것을 알고 있다. 그래서 다른 구절은 또한 이렇게 말한다. "너희에게 명한 것 같이 조용히 자기 일을 하고 너희 손으로 일하기를 힘쓰라, 이는 외인에 대하여 단정히 행하고 또한 아무 궁핍함이 없게 하려 함이라."(살전 4:11-12) "누구든지 일하기 싫어하거든 먹지도 말게 하라."(살후 3:10)

먼저 하나님의 나라와 그의 의를 구해야 한다. 그렇게 할 때 그의 은혜를 받을 수 있다. 다만, 그렇게 한다고 해서 내가 생활하는 문제가 반드시 해결되는 것은 아니다. 오히려 그의 나라와 그의 의를 구하며 말씀을 지키려고 하면 큰 고난을 당할 수도 있다. 하지만 참된 믿음은 그런 상황에서도 하나님의 은혜를 생각하면서 끝까지 그를 의지하며 최선을 다하는 것이다. 요컨대 어느 구절을 다른 구절과 서로 모순되지 않게 통합적으로 해석해야 한다.

④ 문맥 안에서 해석하기

어느 구절을 문맥에서 떼어놓지 말고 그 구절이 속한 문맥 안에서 해석해야 한다. 하나님은 욥의 믿음을 더욱 성숙하게 하기 위해 그에게 고난을 허락했다. 그러나 욥의 친구 빌닷은 욥이 자신의 죄 때문에 고난을 당하고 있고, 따라서 그가 회개하면 하나님이 그를 용서하고 복을 줄 것이라고 하며 이렇게 말했다. "네 시작은 미약하였으나 네 나중은 심히 창대하리라."(욥 8:7)

요컨대 욥기 8장 7절 말씀은 친구 빌닷이 욥에게 회개를 촉구한 문맥에서 한 말이다. 그런데 우리는 가끔 사무실이나 음식점 등에서 이 구절이 기록된 액자를 발견하게 된다. 지금 시작은 미약하지만 장차 사업이 크게 번성할 것이라는 것이다. 이는 그 구절을 그 구절이 속한 문맥에서 떼어놓고 문자대로 해석한 것이다.

욥기 8장 7절을 정확하게 해석하려면, 먼저 그 구절이 속한 단락(8장 1절-7절), 그 단락이 속한 8장, 8장이 속한 욥기 전체, 욥기가 속한 성문서(욥-아) 전체, 성문서가 속한 구약 성경 전체, 나아가 신구약 성경 전체의 시각을 갖고, 그 구절을 그 구절이 속한 문맥 안에서 해석해야 한다.

⑤ 예수님의 '창'을 통해 해석하기

구약 성경은 장차 이 세상에 '올' 예수님을 말하고, 신약 성경은 구약 성경의 그 예언대로 이 세상에 '온' 예수님을 말한다. 구약 성경과 신약 성경은 예표와 실체, 모형과 원형, 약속과 성취 면에서 점진적인 계시를 보여준다. 이처럼 구약 성경과 신약 성경은 다 예수님을 중심으로 기록하고 있기 때문에 예수님의 '창'을 통해 해석해야 한다. 아우구스티누스의 말처럼, 신약 성경은 구약 성경 안에 감추어져 있고, 구약 성경은 신약 성경 안에서 밝히 드러난다.

⑥ 성경(text)과 상황(context)의 관계

하나님은 역사 속에서 어떤 인물과 사건과 제도 등을 통해 점진적으로 계시의 말씀을 주었다. 그는 성경을 기록한 기자들에게 성령으로 감동을 주되, 그들의 인격과 삶의 경험, 그들의 영적 배경과 지성적 통찰력 그리고 그들이 살던 시대의 역사와 문화적 배경 등을 배제하지 않았다. 이것들을 총칭하여 '상황'(context)이라 할 수 있는데, 성경(text)을 정확하게 해석하려면 이 '상황'에 대해서도 깊이 알아야 한다.

성경에 대한 네 가지 견해 ─────────────

① 로마카톨릭주의

교부들과 교황 칙령들에 의해 선포된 교회의 전통도 성경과 같은 권위를 갖는다. 트렌트종교회의(1546)에서는 정경에 포함되지 않는 외경을 정경과 같은 권위를 갖는 것으로 인정했다. 참고로 개신교에서 사용하는 정경에는 포함되어 있지 않지만 개신교와 카톨릭교회가 공동으로 번역한 공동번역성서에는 토비트, 유딧, 지혜서, 집회서, 바룩, 마카베오상, 마카베오하 등의 외경이 포함되어 있다.

② 자유주의

성경의 어떤 부분은 하나님의 말씀이지만 어떤 부분은 사람의 말이라고 믿는다.

③ 신정통주의(바르트주의)

우선 성경 전체는 오류가 있는 사람의 말이라고 전제한다. 다만, 우리가 이러한 오류가 있는 사람의 말을 읽을 때 하나님이 어떻게든지 그것을 그의 말씀으로 받아들이게 한다고 믿는다.

④ 개혁주의

단어와 문장 그리고 내용과 사상 등 성경 전체가 하나님의 말씀이라고 믿는다. 성경 전체가 영감을 입었기 때문에 전혀 오류가 없고 그 자체로 충족하며, 성경 전체가 하나님의 유일한 최종 계시임을 믿는다.

**

성경은 그것이 기록된 시대의 역사와 문화적 배경과 함께 그 시대의 사고 구조와 언어 문법 등을 알아야 정확하게 해석되는 부분도 있다. 그리고 원본이 존재하지 않기 때문에 필사 과정에서 사본간에 차이가 생기기도 하여 숫자나 특정 단어가 서로 맞지 않는 경우도 있다. 하지만 성경은 우리가 구원을 얻는 데 전혀 부족함이 없다.

창조와 과학 ─────────────────────────

창세기는 모세가 기원 전 삼천여 년에 고대 중근동 지방에서 성령의 감동을 받아 기록했다. 창세기는 천지 만물의 창조, 인류의 기원과 타락, 그리고 그 이후 아브라함의 가계를 중심으로 하나님이 타락한 인류를 어떻게 구원하는지 그의 구속사(救贖史)의 전개 과정을 보여준다.

어떤 책이든 그것을 정확하게 이해하려면 그것이 기록된 시대 배경을 알아야 한다. 성경도 마찬가지다. 창세기가 기록된 고대 중근동 지방 사람들은 여러 신을 섬기면서 그들이 섬기는 신이 이 세상과 그들이 사는 지역을 다스린다고 믿었다. 창세기의 1차 독자였던 고대 이스라엘 백성도 이러한 사고 방식에 오염되어 있었다. 따라서 하나님은 그들을 깨우치고 또 나아가 그들을 통해 온 세상에 '하나님 나라'를 확장해가기 위해 특히 창세기 1-2장에서 그가 천지 만물을 말씀으로 창조하고 또 그것을 다스린다고 선포했다.

고대 바벨론의 창조 신화(Enuma Elish)나 일부 고대 이집트 문서들에도 창세기 1장의 기사와 비슷한 내용과 패턴이 나온다. 모세는 고대 이집트의 궁전에서 자라면서 그 당시 학문에 익숙했기 때문에 이것들도 잘 알고 있었을 것이다. "모세가 애굽 사람의 모든 지혜를 배워 그의 말과 하는 일들이 능하더라."(행 7:22) 하나님은 이 모세에게 성령으로 감동을 주어 고대 근동 신화와는 달리 신화적인 요소를 제거하고 창세기 1장에서 그가 천지 만물의 창조주자 또한 역사의 통치자임을 선포하게 했다. "만국의 모든 신들은 우상들이지만 여호와께서는 하늘을 지으셨음이로다."(시 96:5) "너희는 이같이 그들에게 이르기를 천지를 짓지 아니한 신들은 땅 위에서, 이 하늘 아래에서 망하리라 하라."(렘 10:11)

성경에는 시와 노래와 잠언도 있고, 이야기(내러티브)와 역사도 있고, 예언과 환상도 있다. 어떤 구절은 지구 내부에 불이 있다는 사실을 정확하게 기록한다. "음식은 땅으로부터 나오나 그 밑은 불처럼 변하였도다."(욥 28:5) 하지만 하나님은 창세기 1-2장에서 언제, 무엇을, 어떻게 창조했는지 소위 과학적인 지식을 세세하게 기록하지 않았다. 우리는 창세기 1-2장에서 우주와 지구의 나이, 창조된 천지 만물의 세목들, 그리고 그것들의 창조 과정에 대한 과학적인 정보는 정확하게 알 수 없다. 따라서 창세기 1-2장을 오늘의 발달된 과학의 입장에서 비과학적이라고 주장하거나 또는 그것을 과학으로만 증명하려는 태도는 바람직하지 않다.

하나님은 그의 능력의 말씀으로 천지 만물을 창조했다. 우리 지혜로는 이를 다 이해할 수 없다. 그는 우리의 과학적인 사고를 활성화하지만 또한 창조주로서 그것을 초월하여 있다. 오늘의 첨단 과학은 그의 위대한 창조 사역을 끊임없이 탐구하여 우리의 이해의 지평을 넓혀가야 한다. 천문학, 천체물리학, 생물학, 인류학, 고고학, 지질학 등 과학의 발전은 그의 지혜와 권능을 약화시키는 것이 아니라 오히려 그것을 더 풍성하게 할 수 있다. 다만, 과학으로 그의 창조 세계 전체를 다 이해할 수는 없다.

구원에 대한 세 가지 견해 ─────────────

① 로마카톨릭주의

하나님의 은혜로만 예수님을 믿고 구원을 얻는다고 말하지 않는다. 하나님의 은혜와 믿음을 말하지만, 동시에 미사 참여, 일곱 가지의 성례(세례 /성찬 /견진성사 /고해성사 /혼인성사 /성품성사 /종부성사), 헌금과 봉사 활동, 순교자나 죽은 성인들의 공로('은공의 저장') 등을 강조한다.

마카비후서 12장 42-45절에 근거하여 '연옥설'을 주장한다. 즉 순교한 사람들처럼 죽을 때 온전히 순결한 영혼들은 막바로 천국에 가지만, 온전히 깨끗함을 받지 못한 영혼들은 연옥으로 간 뒤에 거기서 이 땅에 살아 있는 사람의 기도와 선행과 미사 참여, 천국에 있는 성인들의 중보 기도, 그리고 사제가 죄인들을 대신하여 드리는 미사 등, 그들의 공로를 힘입어 죄를 씻고 나서 천국으로 옮겨간다고 말한다. 또한 교황은 연옥에 대한 관할권이 있어 그곳에 있는 사람들의 고통을 가볍게 하거나 연옥에 대한 사면을 내릴 수도 있다.

마리아를 그의 중보자 또는 기도의 중개자로 인정한다. 1854년 교황 피우스 9세는 '성모(聖母) 무염(無染) 시태(始胎)'를 주장했다. 즉 성모 마리아는 예수님의 어머니로 선택받았기 때문에 원죄를 포함한 모든 죄와 그 영향으로부터 순수하게 보존되어 죄 없이 태어났다는 것이다. 그리고 1950년에는 교황 피우스 12세가 '몽소 승천(蒙召 昇天)' 교리를 주장했다. 즉 성모 마리아가 죄 없이 태어났을 뿐 아니라, 그 이후에도 은혜가 충만한 상태로 있었기 때문에 죽음을 보지 않고 승천했다는 것이다.

제1차 바티칸공의회(1869-1870) 때 교황 피우스 9세는 교황이 그의 직분에 따라 말할 때 그의 말은 무오하다는 '교황 무오류성'의 교리를 반포했다. 즉 교황은 예수님의 대리자며, 교리에 관한 그의 공적 발표는 전혀 오류가 없다는 것이다.

성례(세례와 성찬)를 통한 구원과 고해성사를 통한 면죄를 주장한다. 즉 성례를 행하고 또 사제에게 고해성사(칭의의 새 출발)를 하고 사제가 그의 죄를 용서해주어야 구원을 얻는다고 주장하며 가르친다. 성경은 예수님이 교회의 머리라고 하는데, 교황이 교회의 머리며, 교황과 사제가 없으면 교회도 없고 구원도 없다.

위의 내용과 관련하여 개혁주의 조직신학자 마이클 호튼은 그것을 이렇게 요약한다.

첫 번째 칭의는 세례 때 발생하며, 이는 원죄의 죄책과 부패 모두를 근절시킨다. 전적으로 하나님의 은혜로 인해 이 최초의 칭의는 은혜의 습관(또는 원리)을 세례받는 자에게 주입시킨다. 우리는 이 내재적인 은혜(실제로는 새로운 성향이나 기질·필자 주)에 협력함으로써 은혜의 증가를 공로로 얻고 최종적인 칭의롤 소망한다. 그래서 최초의 칭의가 오직 은혜로 말미암는 반면, 최종적 칭의는 신자의 행위에도 의존하며, 하나님은 이를 공로적인 행위로 은혜롭게 받아들이신다. 그러나 거룩함에 있어서 신자의 진보는 결코 실제 죄의 책임을 도말하기에 적절하지 않으므로 신자는 천국에 받아들여지기 전에 먼저 연옥에서 정결하게 되어야 한다(마이클 호튼, 이용중 옮김, 『언약적 관점에서 본 개혁주의 조직신학』, 부흥과개혁사, 2012, 623쪽).

종교 다원주의 입장에서 다른 종교에도 구원이 있다고 주장한다. 또한 '만인 구원론'의 입장에서 예수님이 모든 사람을 구원하기 위해 죽었다고 주장한다. 이처럼 그들은 예수님이 십자가에서 성취한 구속의 공로와 은혜의 완전성을 부인한다. 이는 제2차 바티칸공의회(1965)에서 이미 천명된 바 있지만, 참고로 이탈리아 일간 『라 레푸블리카』에 실린 프란체스코 교황의 기고문을 소개한다.

무신론자라 할지라도 선을 행한다면 천국에서 함께 만나게 될 것입니다. 신앙이 없으면 양심에 따라 살면 됩니다. 신의 자비는 한계가 없습니다. 무신론자에게는 양심에 반하는 행동을 할 때 죄가 됩니다. 양심에 귀를 기울이고 이를 지키는 것은 무엇이 선이고 무엇이 악인지를 늘 판단하게 합니다. 남을 개종시키려 드는 것은 실로 허황한 짓입니다. 아무 의미가 없습니다. 서로를 알고 서로의 말에 귀를 기울이고 생각의 반경을 넓히는 것, 우리에게는 바로 그런 태도가 필요합니다(공병호, 「세상 읽기」, 『국민일보』, 2014. 10. 18, 23면에서 재인용).

아담과 하와의 타락 이후 무엇보다 우리 마음(양심)이 심히 타락했다. 우리 마음은 만물보다 거짓되고 심히 부패하다. 우리는 그 거짓되고 부패한 마음으로 하나님이 우리에게 바라는 선을 결코 행할 수 없고, 따라서 우리의 선행으로는 결코 구원을 얻을 수 없다. 우리의 행동이 상대적으로 다른 사람에 비해 더 선해 보일 수는 있지만, 그것을 우리 마음의 동기에 따라 바라보면 악한 것밖에 없다.

하나님은 마지막 심판 때 우리가 어떤 일을 어떤 마음으로 했는지 그 마음의 동기까지 판단한다. "때가 이르기 전 곧 주께서 오시기까지 아무것도 판단하지 말라. 그가 어둠에 감추인 것들을 드러내고 마음의 뜻(동기)을 나타내시리니 그때에 각 사람에게 하나님으로부터 칭찬이 있으리라."(고전 4:5) 그런데 우리 마음의 동기가 악하다. 따라서 구원을 얻으려면 선행이 아니라 예수님을 믿어야 한다. 선행은 그를 참답게 믿는 사람의 당연한 열매며, 결코 구원을 얻는 수단은 아니다.

예수님을 믿으면 우리 양심이 죄에 민감해진다. 따라서 우리 양심의 소리에 귀를 기울이고 그에 따라 살려고 노력해야 하지만, 그 양심으로 선을 행한다고 해도 결코 구원은 얻을 수 없다. 서로를 알고 서로의 말에 귀를 기울이고 생각의 반경을 넓혀야 하지만, 참된 선은 하나님의 은혜로 예수님을 믿고 그 믿음으로 하나님을 사랑하고 이웃을 사랑하는 것이다.

이처럼 로마가톨릭주의는 하나님의 은혜를 말하지만, 동시에 우리 행위와 그에 따른 공로를 적극적으로 강조한다.

② 알미니안적 복음주의

하나님의 '예지'(豫知 /미리 아심)에 근거하여 우리 행위와 그에 따른 공로를 부분적으로 인정하며 '조건적 선택'을 주장한다. 즉 하나님은 어떤 사람이 그 자신의 행위에 따라 예수님을 믿을 것을 미리 알고 그를 선택했다는 것이다.

예수님이 모든 사람을 구원하기 위해 죽었지만 그 자신의 행위에 따라 그를 믿는 사람만 구원을 얻는다고 주장한다. 즉 하나님은 예수님을 통해 모든 사람에게 구원의 은혜를 주지만, 어떤 사람은 그 자신의 행위에 따라 그 은혜를 받아들여 예수님을 믿고 구원을 얻지만, 또 어떤 사람은 역시 그 자신의 행위에 따라 그 은혜를 거부하여 예수님을 믿지 않고 구원을 얻지 못한다는 것이다.

이처럼 알미니안적 복음주의는 우리 행위와 그에 따른 공로를 부분적으로 인정한다. 따라서 어떤 사람은 예수님을 믿다가 끝까지 믿음을 지키지 못해 구원을 잃을 수도 있다.

③ 개혁주의(칼빈주의)

우리는 다 전적으로 타락하여 선을 행할 자유의지나 능력이 전혀 없다고 주장한다. 하나님의 계획과 예정에 따라 그의 은혜를 받은 사람은 구원을 얻고, 그의 은혜를 받지 못한 사람은 구원을 얻지 못한다. 그가 부르는 사람은 그의 은혜를 거부할 수도 없고, 한번 구원을 얻은 사람은 그가 끝까지 지켜주기 때문에 구원을 잃을 수도 없다.

이처럼 개혁주의는 하나님의 전적인 주권과 은혜를 강조한다. 개혁주의에 따르면 우리의 자유의지에 따른 행위는 결과적으로 하나님이 우리 각자에게 계획한 뜻과 예정한 은혜를 이룬다.

**

시대가 악하고 교회가 그 사명을 잘 감당하지 못하면, 구원과 관련하여 '은혜'를 말하면서도 '행위'를 강조하는 경향이 있다. 그러나 윤리 도덕적으로 아무리 '성화'를 강조해도 우리는 결코 온전히 변화되지 않는다. 오직 은혜의 복음의 능력만이 우리를 온전히 변화시킬 수 있다. 우리는 우리의 자유의지로 최선을 다해 선을 행해야 하지만, 동시에 하나님의 전적인 주권을 인정하고 그의 은혜를 간구해야 한다.

구원은 전적으로 하나님의 은혜의 선물이다. 그리고 정말 이 구원의 은혜를 안다면 항상 그의 은혜를 의지하며 죄를 짓지 않기 위해 노력할 뿐 아니라 끝까지 성화의 삶을 살아간다. 항상 은혜가 먼저다. 이 순서가 중요하다.

누가복음 19장을 보자. 삭개오는 예수님을 보고 싶었으나 사람들도 많고 키가 작아 그를 볼 수 없었다. 그래서 그는 돌무화과나무 위에 올라가 그 아래로 지나가는 예수님을 보고자 했다. 이때 그는 예수님이 메시야인지 전혀 알지도 못했고 따라서 그것을 믿지도 않았다. 다만, "예수께서 어떠한 사람인가 하여 보고자"(눅 19:3) 했을 뿐이다. 그런데 예수님은 그런 삭개오를 먼저 쳐다보고, "삭개오야 속히 내려오라, 내가 오늘 네 집에 유하여야 하겠다."(눅 19:5)고 했다. 삭개오는 급히 나무에서 내려와 즐거워하며 예수님을 영접했다. 그는 예수님의 전적인 은혜로 그를 믿고 구원을 얻었다. 그러자, 그는 곧 예수님께 이렇게 말한다. "주여 보시옵소서, 내 소유의 절반을 가난한 자들에게 주겠사오며 만일 누구의 것을 속여 빼앗은 일이 있으면 네 갑절이나 갚겠나이다."(눅 19:8) 그는 구원의 은혜를 알고 나서 그것의 당연한 열매로서 곧 성화의 삶을 살았다.

어떤 학자는 성화의 삶을 강조하며 칭의는 예수님이 재림할 그때 최종적으로 확인된다고 말한다. 이 주장에 따르면, 어떤 사람은 성화의 과정에서 구원을 잃을 수도 있다. 그러나 구원받은 사람은 예수님이 재림하기 전에도 여러 가지 형태로 칭의를 확인하며 구원을 확신할 뿐만 아니라, 끝까지 성화의 삶을 살아간다.

예수님의 보혈의 속죄와 부활의 공로 그리고 그 은혜만으로 구원을 얻는다. 하나님은 한번 선택한 사람은 그가 잘못할 때 그를 징계해서라도 끝까지 그를 견인(牽引)하여 구원으로 인도한다. 정말 이 구원의 은혜를 아는 사람은 결코 하나님을 만홀히 여기지 않는다. 매순간 두렵고 떨리는 마음으로 그를 경외하며 성화의 삶을 살아간다.

성전의 역사 ────────────────

성전이 건축되기 이전, 아벨, 노아, 아브라함, 이삭, 야곱 등은 하나님을 만난 곳에 돌로 제단을 쌓고 그 위에 제물을 드리며 제사를 드렸다. 그리고 하나님은 애굽에서 이스라엘 백성을 구원해낸 뒤에 모세에게 회막(장막/성막)을 만들게 하고 그곳에서 제사를 드리게 했다. 이어 다윗의 아들 솔로몬에게는 예루살렘에 성전(제1성전)을 건축하게 했다.

회막과 성전은 하나님이 그곳에 임재하여 있다는 상징적인 처소였다. 하나님은 그곳에만 있지 않고 온 우주에 충만하여 있다. 따라서 이스라엘 백성이 그를 잘 섬기지 않으면 그 성전은 언제든지 파괴될 수 있었다. 실제로 그들이 범죄하자, 하나님은 그 성전을 파괴하고 그들을 바벨론에 포로로 잡혀가게 했다. 이후 스룹바벨이 다시 예루살렘에 돌아와 성전(제2성전)을 재건하고, 이것을 신약 시대 헤롯 대왕이 대대적으로 증축했다(제3성전). 그 이후 이스라엘 백성이 로마 정부에 반기를 들자, A.D. 70년에 로마의 티투스 장군이 예루살렘을 정복하고 그 성전을 파괴했다. 예수님은 죽기 전에 이를 예언했는데 그 말씀이 정확하게 성취된 것이다. 오늘은 그 성전 자리에 무슬림의 황금 사원이 세워져 있는데, 황금 돔은 실제로 약 500kg의 황금을 덮어 씌워 만들었다고 한다.

아브라함은 그의 나이 백 세 때 아들 이삭을 얻었다. 하나님은 그에게 아들 이삭을 모리아산으로 데리고 가서 거기서 내게 번제로 바치라고 했다. 이삭은 예수님을 예표하는데, 즉 이삭처럼 장차 예수님도 우리를 구원하기 위해 친히 자신의 몸을 십자가에서 희생 제물로 바칠 것이라는 말이다. 그리고 이때 아브라함이 하나님의 말씀에 따라 이삭 대신에 제물로 바친 숫양도 '유월절 어린양'인 예수님을 예표한다.

솔로몬은 이후 그 모리아산에 예루살렘 성전을 건축했고, 예수님은 '참 하나님'으로서 그 성전의 실체가 된다. 선지자 학개는 스룹바벨 성전을 두고, "이 성전의 나중 영광이 이전 영광보다 크리라."(학 2:9)고 했다. 예수님도 자신을 두고 "성전보다 더 큰 이가 여기 있느니라."(마 12:8)고 하며 자기 몸을 성전이라고 했다. "너희가 이 성전을 헐라, 내가 사흘 동안에 일으키리라."(요 2:19) 즉 너희가 나를 죽이면 나는 삼일 만에 부활할 것이라는 말이다.

예수님은 짐승이 아닌 자신의 거룩한 몸을 십자가에서 희생 제물로 드려 하나님께 영원히 온전한 속죄 제사를 드렸다. 그리고 그는 죽은 지 삼일 만에 부활한 뒤에 승천하여 그가 약속한 성령을 우리에게 보내주었다. 성령은 이제 우리 몸을 성전으로 삼고 우리 안에 거한다. 요컨대 죽어 마땅한 죄인이 거룩한 성령이 거하는 성전이 되었다. 이보다 더 큰 은혜는 없다.

예수님은 장차 재림하여 '새 하늘과 새 땅'(새 예루살렘)을 창조하고 우리에게 천국 성전(새 성전)을 줄 것이다. "성 안에서 내가 성전을 보지 못하였으니 이는 주 하나님 곧 전능하신 이와 및 어린 양이 그 성전이심이라."(계 21:22) 우리는 그 천국에서 영생을 누리게 될 것이다.

성찬에 대한 네 가지 견해 ─────────

교회는 네 가지 사명이 있다. 예배(말씀 선포 /성례 – 세례와 성찬), 교제(친교 /성경 공부), 전도와 선교, 구제와 봉사 등이 그것이다.

성찬에 대한 네 가지 견해는 다음과 같다.

① 로마가톨릭교회
1215년 제4차 라테란공의회에서 '화체설'(化體說 /성체 변화설)을 교리로 주장한다. 성찬에 사용하는 떡과 포도주가 예수님의 몸의 살과 피 그 자체로 변화한다고 믿는다.

② 루터교회
'공재설'(共在說)을 주장한다. 예수님이 성찬에 사용하는 떡과 포도주에 '함께, 그 안에, 그리고 그 밑에' 있다고 믿는다.

③ 쯔빙글리
'기념설'(상징설)을 주장한다. 성찬에 사용하는 떡과 포도주는 말 그대로 예수님의 죽음에 대한 '기념'(상징)에 불과하다고 믿는다. 성찬에서 성도들이 말씀대로 살겠다는 확증의 의미를 강조하며, '화체설'과 '공재설'이 지닌 신비적인 요소를 다 제거했다.

④ 개혁교회

'영적 임재설'을 주장한다. 예수님이 성찬에 사용하는 떡과 포도주에 성령으로 임재한다고 믿는다. 즉 성찬에 사용하는 떡과 포도주에 예수님이 그의 신성과 인성을 포함하여 전인격적으로 임재한다고 믿는다.

천년왕국에 대한 네 가지 견해 ─────────────

천년왕국이 존재하는지 그 여부에 따라 천년설과 무천년설이 나뉜다. 즉 천년설은 문자적인 천년왕국이 존재한다고 보고, 일반적으로 개혁주의가 주장하는 무천년설은 천년왕국이 단지 상징적인 표현이라고 본다. 그리고 천년왕국이 예수님의 재림 전이냐 후냐에 따라 후천년설과 전천년설로 나뉜다. 즉 후천년설은 천년왕국이 예수님의 재림 전에 있고, 전천년설은 천년왕국이 예수님의 재림 후에 있다. 그리고 전천년설은 예수님의 재림이 대환난 전이냐 후냐에 따라 다시 미래주의적(세대주의) 전천년설과 역사주의적 전천년설로 나뉜다. 즉 미래주의적(세대주의) 전천년설은 예수님의 재림이 대환난 전에 있고, 역사주의적 전천년설은 예수님의 재림이 대환난 후에 있다.

① 무천년설

현재(천년왕국 /문자적인 천년왕국이 아닌 단지 상징적인 표현) –
*칠년 대환난(대배교) – 재림 –
(성도들과 악인들의 부활) 백보좌 심판 – 영원

천년은 문자적인 천년이 아니라 예수님의 초림부터 재림까지의 전 기간을 가리킨다.

세상에서 권세를 가졌던 사탄은 이 기간 동안 결박되어 무저갱에 갇힌다. 그러나 사탄은 여전히 성도들을 괴롭힌다. 즉 성도들이 영적으로는 이미 '예수님 안에서' 구원을 얻어 하늘에서 안식을 누리지만 이 세상에서는 여전히 사탄과 싸워야 하듯이, 사탄도 하늘에서는 이미 패배하여 무저갱에 갇혀 있지만 이 세상에서는 하나님이 허락하는 범위 안에서 여전히 성도들을 괴롭힌다. 다만, 이 기간 동안 '첫째 부활'(영적 부활)을 한 사람들, 즉 성령으로 거듭난 성도들은 예수님과 함께 세상에서 영적으로 왕 노릇을 한다. 그리고 예수님의 몸된 교회에서도 마지막 추수 때까지는 성도들(알곡)과 악인들(가라지)이 함께 자란다.

예수님의 재림이 가까워질 무렵, 그동안 무저갱에 갇혀 있던 사탄이 잠시 풀려 나와 칠년 대환난(대배교)이 일어난다. 이때 적그리스도와 거짓 선지자가 나타나고, 성도들은 환난을 당하며 일부 가라지 성도들은 배교한다. 그리고 사탄은 적그리스도와 거짓 선지자 그리고 그들을 따르는 악인들을 하수인으로 삼아 '아마겟돈 전쟁'(곡과 마곡의 전쟁)을 일으키나 패하고, 사탄과 적그리스도와 거짓 선지자는 영벌을 받는다.

칠년 대환난의 절정기에 예수님이 재림하면 천년왕국은 끝난다. 예수님이 재림하면 그 이전에 죽었다가(첫째 사망) 그때 신령한 몸을 입고 '생명의 부활'을 한 성도들과, 또 그때까지 세상에 살아 있다가 역시 신령한 몸을 입고 변화된 성도들은 공중으로 휴거되어 재림하는 예수님을 영접한다. 이후 그들은 심판을 받되 '새 하늘과 새 땅', 즉 '새 예루살렘'에서 영생을 누린다. 그러나 예수님이 재림할 때 그 이전에 죽었다가 그때 '심판의 부활'을 한 악인들과, 또 그때까지 세상에 살아 있던 악인들은 심판을 받되 지옥 유황 불못에 던져져 영벌을 받는다(둘째 사망).

② 후천년설

현재 – 천년왕국(문자적인 천년왕국) –
칠년 대환난(대배교) – 재림 –
(성도들과 악인들의 부활) 백보좌 심판 – 영원

천년왕국에 대한 해석만 무천년설과 다르다. 천년은 문자적인 천년으로 복음이 전 세계에 확산되고 이 세상이 이상적인 세계로 변화되는 기간을 가리킨다. 즉 무천년설과 달리 언젠가 문자적인 천년왕국 시대가 오면 이 세상은 교회의 복음 전파로 말미암아 이상적인 세계로 크게 진흥한다. 나머지는 무천년설과 거의 같다.

예컨대 예수님의 재림이 가까워질 무렵, 그동안 무저갱에 갇혀 있던 사탄이 잠시 풀려 나와 칠년 대환난(대배교)이 일어난다. 이때 적그리스도와 거짓 선지자가 나타나고, 성도들은 환난을 당하며 일부 가라지 성도들은 배교한다. 그리고 사탄은 적그리스도와 거짓 선지자 그리고 그들을 따르는 악인들을 하수인으로 삼아 '아마겟돈 전쟁'(곡과 마곡의 전쟁)을 일으키나 패하고, 사탄과 적그리스도와 거짓 선지자는 영벌을 받는다.

칠년 대환난의 절정기에 예수님이 재림하면 천년왕국은 끝난다. 예수님이 재림하면 그 이전에 죽었다가(첫째 사망) 그때 신령한 몸을 입고 '생명의 부활'을 한 성도들과, 또 그때까지 세상에 살아 있다가 역시 신령한 몸을 입고 변화된 성도들은 재림하는 예수님을 영접한다. 이후 그들은 심판을 받되 '새 하늘과 새 땅', 즉 '새 예루살렘'에서 영생을 누린다. 그러나 예수님이 재림할 때 그 이전에 죽었다가(첫째 사망) 그때 '심판의 부활'을 한 악인들과, 또 그때까지 세상에 살아 있던 악인들은 심판을 받되 지옥 유황 불못에 던져져 영벌을 받는다(둘째 사망).

③ 역사주의적 전천년설

현재 – 칠년 대환난(대배교) – 재림 –
(성도들의 부활) 천년왕국(문자적인 천년왕국) –
(악인들의 부활) 백보좌 심판 – 영원

무천년설과 후천년설과 달리 예수님이 재림할 때 성도들이 부활하고 그때 문자적인 천년왕국이 시작된다.

이 세상에서 권세를 가진 사탄은 성도들을 괴롭힌다. 그리고 예수님이 재림할 때가 가까워졌을 때 칠년 대환난(대배교)이 일어난다. 이때 적그리스도와 거짓 선지자가 나타나고, 성도들은 환난을 당하며 일부 가라지 성도들은 배교한다.

칠년 대환난의 절정기에 예수님이 재림한다. 예수님이 재림하면 그 이전에 죽었다가(첫째 사망) 그때 신령한 몸을 입고 '생명의 부활'을 한 성도들과, 또 그때까지 세상에 살아 있다가 역시 신령한 몸을 입고 변화된 성도들은 공중으로 휴거되어 재림하는 예수님을 영접한다. 이때 사탄은 '아마겟돈 전쟁'('아마겟돈 전쟁'과 '곡과 마곡의 전쟁'을 구분한다)을 일으키나 패하여 천년 동안 무저갱에 갇힌다. 그리고 이 세상에는 예수님이 통치하는 문자적인 천년왕국이 시작되고, 이때 휴거된 성도들도 예수님과 함께 이 세상에서 왕 노릇한다.

천년왕국이 끝날 무렵, 그동안 무저갱에 갇혀 있던 사탄이 잠시 풀려 나온다. 사탄은 '곡과 마곡의 전쟁'을 일으키나 패하여 영벌을 받는다. 그리고 천년왕국이 끝나면 '심판의 부활'을 한 악인들과, 또 그때까지 세상에 살아 있던 악인들은 심판을 받아 지옥 유황 불못에 던져져 영벌을 받는다(둘째 사망). 성도들도 심판을 받되 '새 하늘과 새 땅', 즉 '새 예루살렘'에서 영생을 누린다.

④ 미래주의적(세대주의) 전천년설

현재 – 1차 공중 재림 – (성도들의 부활) 휴거 후
어린양의 칠년 혼인잔치 –
칠년 대환난(대배교) – 예수님과 휴거된 성도들의 2차 지상 재림 –
천년왕국(문자적인 천년왕국) – (악인들의 부활) 백보좌 심판 – 영원

스코필드는 성경과 주해서를 한 권에 결합하여 관주 성경을 출판했
는데, 이것이 세대주의를 대중화하는 데 크게 기여했다. 그는 성경
을 일관되게 문자적으로 해석하여 세계 역사를 하나님의 구속 계
획에 따라 일곱 세대로 나누었다. 그것은 무죄-양심-인간 통치-약
속-율법-은혜-천년왕국이다.

역사주의적 전천년설과 달리 예수님의 1차 공중 재림과 2차 지상
재림을 구분한다.

하나님이 계획한 때가 되면, 예수님이 먼저 공중으로 재림한다
(1차 공중 재림). 예수님이 재림하면 그 이전에 죽었다가(첫째 사망)
그때 신령한 몸을 입고 '생명의 부활'을 한 성도들과, 또 그때까지 세
상에 살아 있다가 역시 신령한 몸을 입고 변화된 성도들은 공중으로
휴거되어 재림하는 예수님을 영접한다. 그들은 그곳에서 칠년 동안
어린양의 혼인 잔치를 한다. 이때 이 세상에서는 전삼년 반은 예수님
의 공중 재림에 대한 복음이 전파되고 유대인들이 많이 회심한다. 그
리고 후삼년 반은 적그리스도가 나타나 대환난(대배교)이 일어난다.

대환난(대배교)의 절정기에 예수님은 이미 휴거된 성도들과 함께

이제 지상으로 재림한다(2차 지상 재림). 이때 예수님은 대환난 때 죽은 성도들을 부활하게 한다. 그리고 사탄은 '아마겟돈 전쟁'('아마 겟돈 전쟁'과 '곡과 마곡의 전쟁'을 구분한다)을 일으키나 패하여 천 년 동안 무저갱에 갇힌다. 그리고 이 세상에는 예수님이 통치하는 문자적인 천년왕국이 시작되고, 이때 성도들도 예수님과 함께 이 세 상에서 왕 노릇한다.

천년왕국이 끝날 무렵, 그동안 무저갱에 갇혀 있던 사탄이 잠시 풀려 나온다. 사탄은 '곡과 마곡의 전쟁'을 일으키나 패하여 영벌을 받는다. 그리고 천년왕국이 끝나면 '심판의 부활'을 한 악인들과, 또 그때까지 세상에 살아 있던 악인들은 심판을 받아 지옥 유황 불못 에 던져져 영벌을 받는다(둘째 사망). 성도들도 심판을 받되 '새 하늘 과 새 땅', 즉 '새 예루살렘'에서 영생을 누린다.

※ 7년 대환난

이것을 이해하는 시각은 크게 세 가지다. ①문자적인 의미로 이해하는 견 해, ②예수님의 초림과 재림 사이로 이해하는 견해, ③예수님의 재림과 가까운 특정 기간으로 이해하는 견해가 그것이다. 저자는 ②번의 견해는 열어 놓되, ③번의 견해로 이해하는 것이 타당하다고 본다. 그 이유는 인, 나팔, 대접 재앙이 시간적 순서로 차례대로 진행되는 것은 아니고, 또 각 재앙의 첫째부터 일곱째까지가 반드시 시간적 순서로 진행되는 것은 아니 지만, 각 재앙의 첫째가 예수님의 초림 시기에 해당하고, 마지막 일곱째가 그의 재림 시기에 해당한다고 하면, 7년 대환난은 예수님의 재림과 가까 운 특정 기간으로 이해하는 것이 합리적이라고 보기 때문이다.

■ 구원의 길라잡이 ■

CORE MISSION(코어선교회) 모임 안내

말씀 교재를 원하시는 분은 언제든 연락 주십시오.
거주하시는 곳과 가까운 곳에서 교제하실 수 있습니다.
교재 CORE는 제공해드립니다.

(예수님을 믿지 않으시는 분이나 다시 믿음 생활을 시작하기를
원하시는 분을 적극 환영합니다.)

- CORE 모임 / 매주 1회 (교재 CORE 나눔)
- 북토크 / 매달 1회 (일반 신간 또는 신앙 관련 서적 나눔)

이수은 /서울

H. 010-3765-3121

E. dltlsghk777@hanmail.net

이진우 /경기

H. 010-9127-0776

E. peongan@naver.com

* 코어(CORE):
'핵' 또는 '중심부'라는 뜻으로 성경의 핵심이자 역사의 핵심인 예수님이
우리 각자의 핵심이 되어야 한다는 소망을 담고 있다.

(간사)

서약서

오늘은 단순히 성도가 아니라, 제자 나아가 초대교회인 안디옥교
회처럼 세상으로부터 참된 그리스도인이라 인정받은 '그리스도인'
이 필요한 시대입니다(행 11:19-26).

본인은 이 필요성에 공감하며, 간사로서 회원을 정해진 절차와 규
정에 따라 성실하게 섬길 것을 하나님 앞에 서약합니다.

년   월   일

간사: (인)

CORE MISSION
코 어 선 교 회

(코어 회원)

서약서

공통 과정: 코어-구원 핸드북

오늘은 단순히 성도가 아니라, 제자 나아가 초대교회인 안디옥교
회처럼 세상으로부터 참된 그리스도인이라 인정받은 '그리스도인'
이 필요한 시대입니다(행 11:19-26).

본인은 이 필요성에 공감하며, 위의 과정을 정해진 절차와 규정에
따라 성실하게 이수할 것을 하나님 앞에 서약합니다.

년   월   일

회원: (인)

CORE MISSION
코 어 선 교 회

서약서

과정: − 믿음 생활의 사대 원칙−예배·기도·그리스도인·전도
  − 분별−영적 전쟁 핸드북
  − 성경 훈련: 창세기(1−3장), 룻기, 요한복음, 로마서, 요
   한계시록

오늘은 초대교회인 안디옥교회처럼 세상으로부터 참된 그리스도
인이라 인정받은 '그리스도인'이 필요한 시대입니다(행 11:19−26).
우리는 모두 주 예수 그리스도의 말씀의 군사가 되어 세상에 선한
영향력을 미쳐야 합니다(딤후 2:2−4).

본인은 이 필요성에 공감하며, 하나님 나라의 확장을 위해 말씀
훈련과 전도에 헌신할 뿐만 아니라, 위의 과정을 정해진 절차와 규
정에 따라 성실하게 이수할 것을 하나님 앞에 서약합니다.

년   월   일

회원: (인)

CORE MISSION
코 어 선 교 회

작은 성경 📖

'말씀 앞에 겸손해야 한다.' 이 말을 마음에 새기며 약 십여 년 전에 책을 기획하고 이제 책을 내게 되었다. 혹시 중요한 말씀이 빠지지는 않았는지, 혹시 말씀을 잘못 해석한 것은 없는지, 그리고 어떻게 하면 독자들이 좀 더 쉽고 편하게 성경 말씀을 대하게 할 수 있을지, 그 내용은 물론이고 형식과 구성 방식 등 세밀한 부분까지 생각하면서 성경을 읽고 또 읽으며 원고를 여러 번 수정하고 보완해나갔다. 그 과정에서 무엇보다 하나님께서 주시는 은혜를 너무 많이 누렸다.

성경은 읽고 또 읽어도 은혜가 되고 또 새롭게 깨닫게 되는 것이 너무 많다. 이 모든 것이 하나님의 은혜다. 그래서 책을 내게 된 동기는 두 가지다. 하나는, 하나님의 이 은혜를 독자들과 함께 나누고 싶은 것이고, 또 하나는 하나님의 은혜를 누리기 위해 독자들에게 꼭 필요한 안내서가 필요하다는 생각 때문이었다.

성경은 무엇보다 우리의 구원과 관련한 책이다. '그렇다면 아직 예수님을 믿지 않는 분들이 가장 효과적으로 복음을 접하게 할 수 있는 방법은 무엇일까?' 저자가 고민한 지점은 바로 이것이었다. 그래서 성경을 관통하는 주제들을 정하고, 그 주제들과 관련하여 가장 핵심적인 구절들을 최대한 많이 소개하여 성경의 핵심을 간결하게 설명할 뿐 아니라, 성경을 어렵게 여기는 분들에게 가장 쉽게 그리고 체계적으로 성경을 이해할 수 있는 방법을 생각했다.

성경의 핵심을 일목요연하게 정리한 '작은 성경', 이것이 이 책이 추구하는 바다. 저자의 이런 의도가 얼마만큼 충실하게 반영되어 있는지, 이에 대해서는 오직 독자들의 질정을 바랄 따름이다. 다만, 이 책을 통해 성경을 관통하는 주제들을 읽다 보면 분명히 그 안에서 성경의 핵심인 예수님을 발견하게 될 것이다. 그것은 결코 저자의 역할 때문이 아니라 성경 자체가 그것을 일관되게 증거하고 있기 때문이다. 이 책을 읽는 분 모두 예수님을 발견하고 또한 그를 믿어 구원을 얻기를 다시 한번 간절히 바란다.

'말씀 앞에 겸손해야 한다.' 이 말을 다시 한번 마음에 되새기면서, 이 겸손함으로 우리 모두 계속해서 성경을 깊이 읽고 그래서 그 안에서 구속주 예수님을 발견하고 또한 그를 믿어 구원을 얻자!